# 道义
# 现实主义
## 争论与批判

阎学通　方圆圆　编著

# The Essence of
# Interstate Leadership
### Debating Moral Realism

中信出版集团 | 北京

图书在版编目（CIP）数据

道义现实主义：争论与批判 / 阎学通，方圆圆编著 .
北京：中信出版社，2025.4. -- ISBN 978-7-5217
-7437-5
Ⅰ. D80-53
中国国家版本馆 CIP 数据核字第 2025TA4484 号

道义现实主义：争论与批判
编著者：　阎学通　方圆圆
出版发行：中信出版集团股份有限公司
（北京市朝阳区东三环北路 27 号嘉铭中心　邮编　100020）
承印者：　河北鹏润印刷有限公司

开本：880mm×1230mm 1/32　印张：13.75　字数：221 千字
版次：2025 年 4 月第 1 版　印次：2025 年 4 月第 1 次印刷
书号：ISBN 978-7-5217-7437-5
定价：88.00 元

版权所有·侵权必究
如有印刷、装订问题，本公司负责调换。
服务热线：400-600-8099
投稿邮箱：author@citicpub.com

# 目录

中文版序言 / I

关于撰稿人的说明 / VII

前　言 / 001

## 第一章
### 国际领导、道义现实主义及其批判
阎学通　方圆圆 _ 005

权力、社会契约或影响力 / 009
国际关系道义现实主义：从思想到理论 / 014
对国际关系道义现实主义的批评 / 019
总结 / 025

## 第二章
### 国际关系的道义现实主义是普世性理论
**阎学通 _ 031**

关于"中国学派"问题的分歧 / 033
学术动机而非政治动机 / 036
普世主义而非中国例外论 / 039
文化融合而非中国中心主义 / 042
接受未来国际秩序的检验 / 044
    国家领导与国力之间的关系 / 044
    不同的领导类型采取不同的策略实现相似利益 / 046
    政治领导与国际秩序之间的关系 / 047
总结 / 049

## 第三章
### 道义现实主义：解析施动者-结构问题的新路径
**方圆圆 _ 055**

将施动者带回到现实主义分析 / 058
重视施动者-结构的辩论 / 065
道义现实主义面临的质疑 / 073
总结 / 078

## 第四章
### 道义现实主义的前景、期许与局限
### 王庆新 _ 089

西方主流国际关系理论与道义现实主义的期许 / 092

道义现实主义与新现实主义和建构主义的比较 / 100

道义现实主义的局限性 / 113

总结 / 118

## 第五章
### 道义现实主义的理想道义与现实关注
### 贺凯 _ 123

理论、实践和预测三方面贡献 / 127

  特别强调领导的作用 / 127

  打破唯物主义与唯心主义的界限 / 130

  大胆而细致的预测 / 132

仔细推敲道义现实主义 / 137

  道义与政治领导的概念化 / 137

  国家领导与国际领导之间的互动逻辑 / 142

  领导和规范 / 144

制度是道义现实主义缺失的一环? / 147

总结 / 150

## 第六章
### 道义现实主义的道义观
**张锋 _ 157**

关于道德的四个流派 / 161

    义务论 / 161

    结果论 / 162

    美德伦理 / 164

    角色伦理 / 166

道义现实主义中的道义 / 167

拓展道义现实主义的道义观 / 175

总结 / 182

## 第七章
### 道义现实主义与霸权转移
**阿萨纳西奥斯·普拉蒂亚斯　齐思源 _ 189**

霸权转移和政治改革 / 194

国际政治和结盟 / 199

    中国的结盟战略 / 200

关于内政的理论 / 202

国际政治理论有进展吗？ / 202

领导力、战略信誉与大战略的经典维度 / 208

总结 / 215

## 第八章
### 道义现实主义的创新和与其对话
**马里奥·泰洛 _ 237**

未来全球秩序将出现两极情景？ / 239

是自由主义的危机，还是美国版的自由主义的危机？ / 242

霸权和领导的概念分歧和趋同 / 245

霸权与领导的关系 / 257

总结 / 264

## 第九章
### 道义现实主义与中美关系
**黛博拉·韦尔奇·拉森 _ 271**

中美竞争正在成为一场冷战吗？ / 275

技术竞争 / 277

权力和平转移？ / 279

国际规范的作用　/　283

道义竞争　/　285

总结　/　289

## 第十章
### 回应批评：道义现实主义论国际领导
阎学通 _ 299

国际领导的性质　/　302

  从个人层次分析国际领导　/　302

  国际领导基于国家实力而非合法性　/　304

  国际领导基于伙伴关系而非从属关系　/　306

  国际领导基于共享的利益而非机构的利益　/　307

国际领导道义的相对性　/　309

  道义准则随历史演变　/　309

  国际领导的相对道义　/　312

  国际领导道义是非全体性的　/　313

对国际领导的衡量　/　316

  依据追随者数量衡量受欢迎程度　/　317

  依据追随者实力衡量质量　/　318

  依据结果衡量有效性　/　320

国际领导的体系层次影响　/　321

对国际秩序的理论解释　/　322

　　国际规范是由国际领导建立的　/　324

　　国际格局由国际领导塑造　/　326

制度的作用在于领导　/　327

　　国际领导定义国际制度的功能　/　327

　　国际领导很少被国际制度约束住　/　328

未来的国际领导研究　/　330

　　国际领导的形成　/　330

　　未来十年的国际领导　/　332

总结　/　334

# 附录1
## 拉杰什·拉贾戈帕兰与阎学通笔谈 _ 339

对阎学通2019年所著的《大国领导力》一书的评论　/　341

国际关系道义现实主义的认识论　/　348

　　政治领导特性的界定　/　349

　　国际格局的判断　/　351

　　自由主义影响力下降　/　353

回复阎学通　/　355

# 附录2
## "中国学派"称谓不当
阎学通 _ 361

一个源于命名不当的称谓 / 364
差别超越同一学派 / 366
总结 / 368

参考文献 / 371
索　引 / 401

# 中文版序言

特朗普政府颠覆性地改变了拜登政府的对外战略，这对主流国际关系理论构成重大冲击，使得这些理论无法解释当下的客观现实。自由主义无法解释，为何冷战后美国建立的国际制度无法约束特朗普政府的政策方向。建构主义无法解释，为何特朗普政府的行为不遵循现有国际规范。结构现实主义更是无法解释，为何在相同国际格局里，特朗普政府和拜登政府采取完全不同的对外政策。

与上述主流国际关系理论的境遇不同，此次美国对外政策重大改变却在证明着道义现实主义理论的有效性。道义现实主义将大国领导的类型作为自变量，解释大国对外政策的变化，以及国际秩序的变化。《道义现实主义：争论与批判》中文版在此时出版，恰好为读者深入理解当下国际形势的重大变化提供了一个新的理论分析框架。

对于我国国际关系学的现状，学界同人有一个共识，即缺乏学术批评和争论是妨碍这一学科在我国进步的重要原因之一。文人相轻不利于学术上相互取长补短，但相互不进行学术批评同样也不利于改进提高学术水平。在欧美等国，国际关系学者批评同行学术观点是常态，这在目前已成为学术发表的规范要求。例如，学术文章要求从文献回顾开始，其核心是批评现有研究成果的缺陷。这种批评通常是点名道姓的，目的是确保所批评的错误认知是客观存在的，而非作者无中生有竖起的稻草人。目前，我国国际关系学界不多的学术批评也主要是针对外国学者的，国内学者相互批评和展开争论的现象很少。以往十年，我国国际关系期刊文章的标题里已经罕见"商榷"一词了。因此，推动国内同行相互进行学术批评，刺激学术进步的活力，已成为我国国际关系专业学科建设的重要内容。

《道义现实主义：争论与批判》的英文版 *The Essence of Interstate Leadership: Debating Moral Realism* 于 2023 年出版，参与本书撰写的作者都在国外受过专业的学术训练，习惯于对他人进行学术批评。他们从多个方面对我的理论进行了评论，点名道姓，直言不讳。至今，我国还没有一本以相互批评为主的国际关系学术著作。现将该书译成中文有两个目的。一是推动我国国际关系学界的学术批评，通过批评认识缺陷，从而改进和提高，争取和自然科学一样，形成一些共识性的知识。积累共识性知识，才能提高后人的学术起点。二是争取国内学界同人对道义现实主义理论给予更多的批评，为进一步发展这一理论提供思路和启示。鉴于中国是个崛起大国，生活在这个国家的学者对中国外交行为的理解会与外国学者有所不同，国内学者对我的理论批评应更有利于该理论的改进。

自2018年起，我国大批国际关系学者转向了智库建设，学界对于国际关系理论研究的热情下降了。2022年国务院学位委员会将区域国别学列为一级学科，这使得作为二级学科的国际关系专业的规模进一步萎缩，我国学者对国际关系理论研究的兴趣也进一步弱化。在道义现实主义的国际关系理论形成后，世界各地对其关注程度的差别也反映出这一趋势。根据我所看到的有关道义现实主义的评论和引用情况，关注度由高到低的地区排序是：欧洲、北美洲（美国和加拿大）、大洋洲、亚洲、拉丁美洲和非洲。显然，发达国家学界对该理论的关注度高于发展中国家。这个现象比较好理解，因为发达国家从事国际关系专业研究和教学的人员多于发展中国家。此外，国际关系专业杂志的主编也主要是发达国家的，他们对国际关系理论有较大的学术偏好。与全球视角观察到的情况不同，从亚洲地区来看，发展中国家学界对该理论的关注度高于发达国家学界。例如，印度和中国学界的关注度高于日本和韩国。这个现象似乎反映出实力上升国家的学者比实力下降国家的学者更关注该理论，其原因可能与该理论研究的问题相关，即为何有的弱国能赶超强国，而其他弱国却不能。

道义现实主义理论将领导作为核心自变量,这恰巧与当前国际关系理论学界重新重视领导作用的潮流一致。自古以来,无论在何种文明里,人们都认为领导对于社会发展是重要的。在古代汉语中,"领"字具有"率领"的含义,"导"字具有"引导"的含义,皆为表达行为的动词。[①] 两者合成为现代汉语的"领导"一词首先是指行为,其次才是指担负领导职责的人。领导既然是一种社会行为,在不同性质的社会体系里其行为规律必有所不同。国际体系是无序体系,而国家是上下等级体系,许多学者忽视了两者的性质差别,以致很多文献将国际领导与国家领导混为一谈。本书着重讨论了这两种领导的性质区别,特别是两种领导的道义差别。希望读者能从我们的争论中体会到区分这两种领导的性质差别的重要性。

由于道义现实主义将道义作为国际领导类型的分类标准,因此国际同人对该理论从工具理性角度定义国际道义的做法提出了批评。与哲学的道德实在论相反,国际关系的道义现实主义从外部性角度判断国际道义,即以国际社会多数成员是否认为领导国的行为符合道义为判断标准。只有从外部性角度判断国际道义,才能对其做客观衡量,而从内生性角度判断,则无法进行客观衡量。道义现实主义还认为国际道义

---

① 《古代汉语词典》编写组:《古代汉语词典》,北京:商务印书馆,1998年版,第994页,第294页。

是判断强国行为的依据,而不能用于所有国家,特别是不能用于评价弱国的行为。"仁"是中国传统政治思想中的一个重要道义标准,是指上对下和强对弱所应采取的行为原则。受此观念影响,道义现实主义认为,国际道义是适用于强对弱的行为原则,不可与国内等级体系的忠诚原则混为一谈,后者是下对上原则。故此,道义现实主义认为,道义只适用于盟主而非跟随它的盟友。

除了国际领导类型及其道义,本书讨论的另一个理论问题是国际关系理论的分析层次问题。许多学者接受了肯尼思·华尔兹关于体系、国家和个人三个分析层次不可贯通的观点,因此认为国际关系理论只能建立在具体某一个分析层次之上。然而,道义现实主义理论突破了这种传统观念,通过将大国决策者视为国家的代表者和国际领导的构成者的方法,以一个自变量贯通了三个分析层次。本书作者们对此进行了学理讨论,各抒己见。如果我们观察一下当今世界,就能看到,大国的民粹主义决策者(个人层次),通过制定去全球化的国家政策(国家层次),阻碍全球治理(体系层次)。这三者不仅具有内在的一致性,而且具有一体性特征。这个观察给我们提供的启示是:将个人、国家和体系三个分析层次结合起来,有可能是创新国际关系理论的新途径。

作者们认为中文版的内容应比英文版完善,且应适于中文读者理解。为了更准确地表达我们的观点,在校对译文的过程中，作者们分别对自己的文章进行了修订。最后，我要感谢中信出版社的大力协助，使本书能在 2025 年付梓。

阎学通

清华园

2025 年 2 月

# 关于撰稿人的说明

（以姓氏笔画为序）

**王庆新**

清华大学公共管理学院教授

wangqingxin@tsinghua.edu.cn


**方圆圆**

北京语言大学国际关系学院教师

fyyhbwh@163.com


**齐思源**（Vasilis Trigkas）

清华大学苏世民学院客座助理教授

vasilis.trigkas@sc.tsinghua.edu.cn


**张锋**

耶鲁大学麦克米伦中心研究学者

feng.zhang@yale.edu

黛博拉·韦尔奇·拉森（Deborah Welch Larson）

加利福尼亚大学洛杉矶分校政治学教授

dlarson@polisci.ucla.edu

贺凯

澳大利亚格里菲斯大学政府与国际关系学院教授

k.he@griffith.edu.au

马里奥·泰洛（Mario Telò）

意大利路易斯·圭多·卡利大学和比利时布鲁塞尔自由大学国际关系学教授

阎学通

清华大学文科资深教授

yanxt@mail.tsinghua.edu.cn

阿萨纳西奥斯·普拉蒂亚斯（Athanasios Platias）

希腊比雷埃夫斯大学战略学教授

platias@unipi.gr

# 前　言

为了加强对道义现实主义国际关系理论的研究，本书发表了我与八位对该理论感兴趣的国际关系学者进行的讨论。自2019年英文版《大国领导力》[①] 出版以来，针对此书已有40多篇评论。我认为有必要对道义现实主义国际关系理论进行讨论，并将部分结果汇集成册。这既有助于澄清对该理论的某些误解，也有助于进一步发展该理论。

然而，这些评论文章的观点多种多样，涉及的内容非常广泛，如道德、意识形态、领导类型、领导的形成、政治体制、权力结构、分析层次、国际规范、国际秩序、中美竞争等。很明显，将如此大量的有关道义现实主义的优秀文章汇集于一书的确很难。要使讨论集中特定的理论主题，就需要重新撰写文章。为了让读者理解道义现实主义理论，我特邀了八位国际关

---

① Yan Xuetong, *Leadership and the Rise of Great Powers*, Princeton: Princeton University Press, 2019. 该书简体中文版于2020年由中信出版集团出版。——编者注

系学者为这个项目撰写新文章。这些学者都有扎实的国际关系理论基础并对中国政治文化有独到见解,他们在国际关系理论和中国对外政策方面都发表过文章或有著作出版。

本书旨在为理解和讨论道义现实主义国际关系理论搭建平台。这些讨论还将为国际关系研究人员提供有关国际关系理论构建中的本体论、认识论和方法论的新见解。对于其他读者来说,这本书有助于他们深入理解国际领导和国内领导的差别、领导与政治体制的关系、领导的道义对国际政治历史趋势的影响,以及大国领导对当前世界秩序的影响。

2022年爆发的俄乌冲突从实践维度提高了本书的理论意义。自冲突发生以来,许多国际关系学者日益关注世界领导人们在战争影响下的国际秩序中的作用。由于道义现实主义将国际变化归因于大国的领导,因此,本书许多作者特别关注卷入冲突的国家或国际领导。

在编辑本书的过程中,我注意到学界对国际领导的独特性质关注不足。不区分国内领导和国际领导的做法也是形成对国际关系道义现实主义误解的原因之一。为了加深人们对国际领导性质的认识,我把对各种批评的回应分成以下几方面内容:国际领导的性质、国际领导的道义、国际领导力的衡量和国际领导的影响。为了突出核心主题,回应的一章无法涵盖前面几章的所有批评,但对每位作者提出的主要问题都做了回应。

此外,我在回应中还探讨了国际领导与国际制度之间的关系。道义现实主义认为，政治领导具有建立、维持、修改及摧毁政治制度的作用。当前的逆全球化趋势为这一看法提供了多方面的证据。自 2016 年英国公投脱欧以来，现有的国际制度未能阻止大国决策者们采取去全球化的政策。在缺少开明的全球领导的情况下，大国选择脱钩政策维护自身经济安全。因此，逆全球化趋势不断增强。

我不同意将道义现实主义视为国际关系理论的"中国学派"的一个分支的流行看法。民族文化主义对国际关系理论的认识是有碍国际关系理论研究健康发展的，我在第二章中具体解释了为何道义现实主义是普世的理论而非国别的理论。除此之外，我还附上了一篇短文作为附录 2，论述为何"中国学派"是个不恰当的称谓。附录 1 是拉杰什·拉贾戈帕兰教授和我的笔谈，讨论了道义现实主义的认识论，这也说明了该理论是普世性的。

我想对参与本书的作者们表示真诚的感谢。他们的文章所表达的独特学术视角确立了本书的价值。我尤其感谢方圆圆博士对本书的编辑工作，她为此与每一位作者保持着密切联系。没有她的帮助，本书很难按计划完成。我还要感谢中国人文社会科学基金的支持。最后，我要感谢布里斯托尔大学出版社对这本书的学术潜力的赏识。

阎学通
2022 年 9 月

# 第一章
## 国际领导、道义现实主义及其批判

阎学通　方圆圆

伴随着大国竞争的加剧、国际关系的不稳定性上升、民主制度的削弱、去全球化的蔓延以及新冠疫情的破坏性影响，众多新兴的全球问题正变得愈加棘手。在这些日益升级的挑战面前，国际社会迫切需要强有力的领导力，然而遗憾的是，这种领导力却明显缺失。关于新冠疫情的全球蔓延，世界卫生组织总干事谭德塞指出，我们目前面临的主要威胁并非来自新冠疫情本身，而是全球领导力的缺失。[1]现实可能更加严峻——大国普遍出现民粹主义领导，这使世界正在走向一个更加冲突而非合作的秩序。

正面的全球领导力的缺失，其根源既在于权力结构，也在于个人因素。从结构上看，随着权力转移过程的推进，衰落中的霸权国与崛起中的大国都面临着领导困境。在相对综合国力不断下降的情况下，霸权国难以继续承担为维护全球秩序提供必要公共物品的责任。然而，违背这些承诺将削弱其领导地位，并给崛起国留下取而代之的机会。对于崛起国来说，同样存在领导困境，因为如果它在国际事务中争取领导地位，将会引发霸权国及其盟国的敌意和遏制。与此同时，崛起中的大国由于物质实力不及霸权国，无法为世界提供与后者相同数量的公共物品。由于领导困境，在大国权力转移过程中很可能出现国际领导真空。

另一个经常被忽视的因素是大国领导人的战略偏好，这在特朗普于美国执政期间得到了生动的体现。当从奥巴马政府手中接过政权时，特朗普政府拥有与其前任相同的权力资源。然而，在特朗普执政的第一年，美国的全球影响力和领导力急剧下降。事实上，特朗普政府既不是第一个，也不是最后一个民粹主义领导。在特朗普于美国执政之前，这种类型的领导已经在其他大国出现。这种现象未能及时引起国际关系学界的注意，是因为这些国家的全球影响力远小于美国。

自从特朗普政府接管美国的全球领导以来，越来越多的学者认识到将国际领导作为一项独立课题进行研究的必要性和紧迫性。近年来，在所有国际关系领域关于国际领导的研究中，道义现实主义理论是主要的研究成果之一。道义现实主义运用科学方法，借鉴中国古代思想，结合对当代国际关系的观察，对国际领导进行了系统性和理论性分析。这不仅推动了国家间领导力研究的发展，在更广泛的意义上也具有范式上的创新性。从本体论上讲，道义现实主义提出了一种二元论理论，将结构与行为体视为影响领导国地位及其行为的共存变量。从方法论上讲，它采取的是一种动态而非静态的、相对的而非绝对的视角来观察和论述国际领导。

本书以道义现实主义为焦点，对国际领导的几个关键问题进行探讨。本章首先简介一下学界从不同角度讨论国际领导力的情况，然后再阐述道义现实主义对这个议题的研究，最后概述本书的意义。

## 权力、社会契约或影响力

2019年出版的我著的英文版《大国领导力》，以及2020年出版的约瑟夫·奈著的《美国总统及其外交政策》[2]，这两本著作都聚焦于国际领导和道义。虽然领导力问题在维护国际关系的稳定和繁荣方面重获重视，但对国际领导的性质及功能的研究还远远不够。目前关于国际领导的研究有两条路径：一条是实用路径，与特定国家及其对外政策密切相关；另一条是理论路径，探究领导力的影响以及来源。实用路径研究的成果较多，而且由于它具有实践价值，其重要性在很大程度上被认为是理所当然的。然而，理论研究的重要性常常被主流国际关系理论忽视，其主要原因是多数国际关系学者喜欢从环境因素而非认知因素来解释国际关系的差异和变化。对于那些"极度强调国内或国际环境带来激励和约束"[3]的人来说,领导力并不重要。贾雷德·M. 戴蒙德的《枪炮、病菌与钢铁：人类社会的命运》[4]一书能如此流行充分说明了这种社会偏好。

  国际领导力理论发展迟缓的原因不仅在于关注不足,还在于缺乏共识的概念,如国际领导力的定义、分类和衡量的标准,以及这项研究应在哪个分析层次上进行。诚然,国际关系理论中其他的一些关键概念,如权力和利益,同样缺乏统一的定义,但国际领导力的理论研究受到的影响更大,因为领导具有主观艺术性,而非一个纯客观事务。正如本书第三章所反映的那样,虽然我和约瑟夫·奈都在研究领导和道义,但我们两人对领导的概念有着明显差异。

  学者们对国际领导力的定义和分类尚未达成共识,即便是那些将国际领导力概念化为权力的学者,对此也持有不同的观点。霸权稳定论者,如查尔斯·金德尔伯格,将国际领导力视为一种权力形式,认为权力的合法性可以来源于领导国的军事和经济实力,并可以直接影响其他国家在国际政治中的行为。[5]作为国际治理领域的学者,奥兰·扬采取以领导者为中心的视角,强调合法性在国家间谈判中的重要性,并将国际谈判中的权力划分为结构型领导、创业型领导和智力型领导。[6]约瑟夫·奈将领导力定义为"引导和动员他人以实现某个目标的能力"[7]。在讨论美国国际领导力的前景时,约翰·伊肯伯里认为,尽管在未来美国可能不会像过去那样发挥直接领导作用，但二战后在美国支持下建立的政治体制和关系结构，仍将为合作提供渠道和惯例。[8]

那些将国际领导视为社会契约的人认为，合法性既是领导国权力的来源，也是对其的约束。赫德利·布尔论证说，大国在行使其治理职能时需要遵循两个原则：第一，它必须是在具有共同利益和价值观的国际共同体中发挥作用；第二，它必须得到其他国家的承认。[9] 布尔的理论认为国际契约具有松散性，但与他相反，戴维·莱克则认为国家间关系具有更强的结构性和稳定性，默认追随国的安全得到了提升，作为对领导国的回报，追随国得让渡部分政策主权。领导国虽然享有制定规则的特权，但代价可能同样不小，因为它们必须为追随国提供足够的利益。[10]

除了权力和社会契约，一些国际关系学者还将国际领导力视为影响力。陈志敏和周国荣在各种定义和分类的基础上，将国际领导力定义为国际体系中的行为体通过运用关键影响力来领导和推动该体系的成员国实现特定目标的行为和过程。他们从国际领导国的数量及其目的、手段、方式、领域、运作以及国际领导的合法性和认可度等方面全面研究了国际领导。[11] 俞沂暄将国际领导与霸权区分开来。她认为，国际领导依靠合作和谈判，而不是强制力，它存在于特定区域和问题中，而不是对整体的控制或支配。[12] 常健和殷浩哲提出了"领导者-追随者-领导竞争者"的三角模型，并将国际领导的更替周期划分为四个不同阶段：领导国实力减弱、领导国以武力弥补实力不足、崛起国与领导国激烈竞争领导地位和新领导国脱颖而出。[13]

除了在定义上的分歧外，学者们对国际领导的分类标准也不同。如上所述，扬将国际领导分为结构型领导、创业型领导和智力型领导。[14] 伊肯伯里也把国际领导分为三类：结构型领导、制度型领导和情境型领导。[15] 奈将国际领导只分为两类：偏好硬实力的领导者被归类为交易型领导，而偏好软实力的领导者则被归类为具有变革能力的领导。[16]

政治心理学学者批评国际关系学者对领导力的研究总是狭隘地关注于"权力均衡、力量对比和国际体系的其他结构特征"[17]。政治心理学学者关注领导人、决策班子和官僚程序，此种研究试图打开决策过程的黑匣子，探索领导层如何以个人和团队的形式影响一个国家的内外政策。[18] 例如，詹姆斯·戴维·巴伯认为："通过了解总统潜在的性格、世界观和行事风格，可以预测国家政治的整体趋势和方向的关键性差异。"[19] 玛格丽特·G. 赫尔曼研究了45位政府首脑的6种个人特质（民族主义、对自身控制事件能力的信念、权力需求、亲和需求、概念复杂性、对他人的不信任）对其国家外交政策行为的影响，并展示了这些国家领导人的6种个人特质如何相互作用，形成两种外交事务取向：独立取向和参与取向。[20]

政治心理学为国际关系领导力的研究做出了重大贡献，因为它将微观层面的分析重新引入国际政治研究，挑战了理性主义理论家们对领导者的看法，使国际关系的研究更加人性化。巴伯认为，政治心理学的使命应当是"追求全人类的生命、自由与幸福，同时认识到理性必须在政治现实的背景下得到培育"[21]。然而，政治心理学也有其不足之处，例如仅仅用心理学方法很难充分解释国际冲突和战争的原因。此外，当今大多数精神分析理论仅限于欧洲和美国的文化背景，而很少考虑发展中国家和东方文化背景。[22]另一个缺陷是，他们的分析是基于现代的案例，对历史案例的关注有限，因此难以用于解释古代历史上的决策。

很少有研究明确指出，国际关系中的国际领导与其他组织的领导（如企业领导和政府领导）有性质区别。任何类型的领导都可以从三个核心方面进行分析——行为体、关系和情境。[23]国际领导与组织机构的领导至少在三个方面有所不同。第一，国际领导的主要行为体，包括领导国和追随国，都是有独立权力的自治体。这些行为体可以是作为个人的国家领导人、作为群体的政府，也可以是作为单一行为体的国家。第二，由于每个国家都拥有独立的物质力量，在无政府体系中无法在领导国与追随国之间建立绝对的强制性上下等级关系。因此，国际领导是一种非上下等级性和非从属性的领导-追随关系。第三，国际领导的凝聚力建立在领导国和追随国之间的共同利益之上。企业领导或政府领导则不同，建立和维持其领导地位的最重要因素是赋予领导者合法性的制度环境；而国际领导作为一种非机构性的领导，是靠国家的物质力量和领导者的权威建立和维系的。

## 国际关系道义现实主义：从思想到理论

道义现实主义谨慎地区分了国际领导和国内领导，将三个分析层次联系起来，构建了一个新的解释机制，用来说明作为大国政治领导人的个人如何在体系层面改变权力结构。要理解道义现实主义，需要先回顾一下它研究国际领导力的认识过程和采用的方法。道义现实主义是政治决定论理论，它假设政治领导是一种操作性变量，可以强化或弱化资源要素（即军事、经济和文化）的作用，因此，政治领导对国家综合实力的增长或下降起着决定性的作用。这种政治决定论源于对中国古代国家之间关系的思想的研究，尤其是可以追溯到先秦的思想。

先秦是指公元前221年秦始皇统一中国之前的中国历史时期。史学界通常将先秦历史的最后500多年分为春秋时期（约公元前770—前476年）和战国时期（约公元前475—前221年），在此期间，各国努力保护自己的安全，并"寻求发展和决定彼此之间的关系……因此，他们积累了丰富多彩的政治经验"[24]。这一时期复杂的政治格局和变化为学者们提供了审视国际制度、国际关系和国际政治哲学的空间。通过研究先秦诸子的国际政治思想,我们发现中国先秦思想家将国际主导权的转移归因于君主国的统治者。孔子注重统治者的道德修养;孟子关注的是统治者是否施行仁政;荀子关注统治者所采用的政治原则;墨子强调统治者应任人唯贤;管子关注的是统治者的战略的合理性;老子珍视统治者的道德积累,本质上主要是和平主义者;韩非子关注的是统治者是否依法治国。[25] 尽管先秦思想家关注的政治要素各不相同,但他们都是政治决定论者,认为领导层直接影响国家政策,从而改变国家之间的权力结构。

2011 年出版的英文著作《古代中国思想与当代中国力量》(*Ancient Chinese Thought, Modern Chinese Power*)进一步阐述和讨论了这些先秦国际政治思想。[26] 该书的研究催生了新的国际关系思想,书中的理论观点随后被国际关系学界称为"道义现实主义"[27]。该书受到了从事学术研究的教师和政策分析人士的关注。主流国际关系理论源自古代的苏格拉底、柏拉图和亚里士多德以及现代的霍布斯、洛克、卢梭、韦伯、马克思等欧洲哲学家和政治思想家,与之不同,道义现实主义基于中国的古代政治思想,它丰富了当前的主流国际关系理论。2011 年,时任美国副总统拜登在成都机场拿着这本书的照片,似乎证实了它对外国政治家的现实意义。

然而,有两种批评促使我将这些思想进一步发展成为理论。首先,有必要解释一下在国际关系中道义的工具性作用,因为一些批评者认为道义现实主义不是真正的现实主义,原因在于道义现实主义卷入了道义的理论分析。[28] 国际关系的道义现实主义是从现有的国际关系理论发展起来的,与哲学上的"道德实在论"无关,虽然两者的英文均为 moral realism。在哲学辩论中,道德实在论(或道德客观主义)是指一种元伦理观点,认为道德事实和道德价值观是客观存在的,这些事实和价值观独立存在,与人类的感知、信仰、偏好或特征无关。而在国际关系学科中,道义现实主义认为,道义(对应道德实在论中的道德)是受人类的感知、信仰、偏好和历史背景影响的。国际关系的道义现实主义从工具性角度定义道义,即大多数人接受的符合规范的行为被视为"道义的"。因此,什么是"道义的"在客观上并不是不变的,而是根据当时的国际规范由人们主观认定的,是由同一国际体系内的其他国家从外部对一国行为进行判定的。

国际关系的道义现实主义认为,"讲道义的"领导,即遵循既定时期国际规范的领导,将变得强大和持久,而"不讲道义的"领导,即违背国际规范的领导,将走向衰落。这一思想源于中国古代思想:得道多助,失道寡助(正义的事业会得到广泛的支持,而非正义的事业则只能得到很少的支持)。国际关系的道义现实主义将国际变化归因于大国政治领导类型的变化。

其次,一些学者怀疑道义现实主义是专门为中国构建的理论，无法用于解释中国以外的案例。[29] 这些批判激励我将现有的思想发展成一种严格的理论，使其普遍适用于那些希望在国际体系中获得国际领导地位的国家。经过七年的工作，我写出了《大国领导力》一书，其英文版于2019年出版，在这本书中，我将自己的思想发展成了一种理论，即政治领导力理论，用以解释世界政治中大国的兴衰。在该书中，我致力于使用双变量方法来构建一个既能解释过去又能解释现在的严格的理论模型，旨在使其具有普世性。

国际关系的道义现实主义将大国的领导视为决定国际格局、国际规范和国际秩序的关键变量。从方法论上说，道义现实主义将政治领导视为自变量，其变量值是领导类型，领导类型是依据政府的道义特征划分的。当一个大国的领导类型发生变化时，该国的综合国力及其国际地位也会随之变化，这种变化也会导致国际格局变化。因此，道义现实主义认为，仅凭政治领导就足以解释"为什么在同一历史阶段，主导国会衰落，某个国家的崛起会成功，而其他国家的崛起会失败"[30]。当国际格局发生变化时，会出现新的国际领导。如果新的领导与原来的领导类型不同，它将用自己偏爱的规范塑造一个新的秩序。这就是为什么国际领导的类型决定国际规范和国际秩序的特征。

虽然用同一标准划分国家领导和国际领导的类型是最理想的，但由于国内与国际的社会体系性质不同，这难以实现。国家领导是建立在上下等级体系的合法性基础之上的，而国际领导则建立于无政府体系之中，以强于他国的力量为基础。因此，我将国家领导分为无为型、守成型、进取型和争斗型，[31]而将国际领导分为王道型、霸权型、昏庸型和强权型。[32]

　　道义现实主义对领导的分析是动态的，而非静态的。根据道义现实主义，进取型国家领导和王道型国际领导是最理想的领导类型，有可能带来一个国家的和平崛起。崛起国的进取型领导倾向于采取"扩大国际支持的战略以实现崛起"[33]并"通过政治改革……提高本国的国际地位"[34]。如果崛起国的领导是进取型的，能够有效地利用其现有的军事、经济和文化实力，朝着正确的方向提高本国的综合国力，那么该国就有可能缩小与主导国的实力差距。如果崛起国能够以普遍接受的道义标准（重视战略信誉和国内外政策一致）建立起王道型国际领导，它就可以获得较多的国际支持。加之主导国提供的国际领导道义水平较低，在这种情况下，崛起国将能获得更高的国际威望，这意味着它很可能最终超越主导国。然而，理想的领导类型并不一定毫无疑问地带来崛起国的成功，因为权力转移是一个动态的过程，取决于竞争双方的领导类型和战略决策。我还注意到，由于政权更迭或领导自我转型，领导类型可能会发生变化。[35]

　　道义现实主义将中国的崛起归因于中国政府在1976年后的40年里比美国政府有更大的改革能力。道义现实主义视改革为一种以人为本的政府道义。根据道义现实主义的理论逻辑，如果中国政府能够保持比美国政府更大力度的改革，中美之间的实力差距将继续缩小。目前的形势表明，中国的崛起和美国的相对衰落，两者共同推动了美国主导的单极世界向中美竞争的两极世界转变。因此，两国政策制定者未来面临的主要挑战是如何以和平的方式管理他们对全球领导地位的竞争。两极格局意味着，无论是中国领导还是美国领导，都无法为世界提供主导价值观。自由主义价值观在未来十年恢复其全球影响力的可能性较小，不同地区可能会有各自的主导价值观。[36]

## 对国际关系道义现实主义的批评

国际关系的道义现实主义试图从理论上系统地探讨国际领导的本质、类型及其功能。道义现实主义在得到学界同人认可的同时，也受到来自多方面的批评。如前所述，道义现实主义具有规范性和实践性双重价值，因此，对其的批评也是两方面的：一方面是对理论概念化及其方法的批评；另一方面针对的是该理论可能产生的影响，包括对政策的影响和对预测未来国际秩序的影响。一些学者，如张锋、贺凯、马里奥·泰洛、齐思源和阿萨纳西奥斯·普拉蒂亚斯，一直密切且批判性地关注着我对中国古代思想的研究。[37] 本书邀请这些学者发表他们对道义现实主义的看法和批评，目的有两个：首先，为了让国际关系学者对道义现实主义和相关辩论有一个整体的理解,有必要搜集最近新发表的关于道义现实主义的辩论,主要是关于《大国领导力》一书以及我的其他相关文章的辩论;其次,为了进一步发展道义现实主义理论,需要聚集来自不同角度的批评意见。受邀为本书撰稿的学者有着不同的理论研究经历,他们对道义现实主义提出了各种有价值的见解。

在第二章中,我回顾了纯粹由学术探索而非政治关切驱动的道义现实主义的构建过程,并解释了为什么将道义现实主义置于国际关系理论"中国学派"的称谓之下会导致误解。道义现实主义不是中国例外主义的理论,而是一种普世的理论,它试图解释体系层次的国际变化,这是全世界国际关系研究人员共同关注的问题。它也不是一个中国中心主义的理论,因为它既借鉴了中国古代哲学思想也借鉴了外国文献。道义现实主义并没有论证中国将提供一个优于其他国家的世界领导,而是提出了一个适用于所有领导国的战略方案,包括崛起国和霸权国。鉴于道义现实主义与其他的普世性理论或科学理论一样,面临着时间的检验,我在这一章中通过正在进行的俄乌冲突,检验了道义现实主义三个推论的有效性。

方圆圆在第三章中指出了阎学通和奈关于道义领导力的研究有趋同之处,但她强调了两人在分析层次和道义概念化方面的差异。她认为道义现实主义含蓄地强调了结构决定国家利益的作用,将体系变化视为因变量;这种二元主义理论,通过探讨施动者与结构的互动关系，为解决国际关系中的施动者-结构难题提供了一个方法。道义现实主义者和建构主义者在分析施动者-结构关系时存在着显著的本体论和认识论差异。然而，方圆圆指出，领导力的概念化存在模糊之处，并且道义现实主义对国家领导力和国际领导力这两类领导力的因果框架解释有限。

在第四章中，王庆新采用比较视角，将道义现实主义与新现实主义和建构主义进行了比较。他同意建构主义的观点，即国家利益是社会建构的，也就是说，国家领导人的决策会受到各种复杂因素的影响，政治领导的质量并不是决定国家兴衰的唯一因素。此外，他认为道义现实主义关于政治领导影响国际变化的经验论据是有缺陷的。他认为，历史表明，美国经历艰难阶段后仍有可能恢复其实力，因此我们还无法判断特朗普政府外交政策的影响。王庆新认为，阎学通可能高估了中国的实力，同时低估了美国的能力，而且阎学通对未来中美关系和国际体系变化的方向所做的判断也是有争议的。同时王庆新认为，道义现实主义理论中的霸权概念具有负面含义，可能对美国霸权有误解。

在第五章中，贺凯将道义现实主义视为对现实主义、自由主义和建构主义三种国际关系范式的发展，提出了启发性挑战，同时对现实层面的政策实践做出了大胆的预测。贺凯对道义现实主义的概念和逻辑等问题提出疑问，他认为道义和政治领导的概念不清晰，政治领导的内部互动逻辑模糊，道义规范的概念和机制没有定义，以及该理论忽视了制度的重要性。他认为，从个人、政府和国家不同层次进行分析时，"道义"和"政治领导"这两个道义现实主义的关键概念相当模糊。此外，他认为，国家领导和国际领导之间可能存在互动逻辑，这便可能形成 16 种结果，应该对所有互动结果进行分别的深入分析。同时，他还提出了一些关于规范的问题，特别是"道义规范"。最后但同等重要的是，他注意到道义现实主义在多边机构和国际秩序中的重要性，并认为阎学通忽视了这一点。

在第六章中，张锋从建构主义的角度，结合在中西思想史上占主导地位的四个道德流派——义务论、结果论、美德伦理和角色伦理，批判性地分析了道义现实主义的道义观。张锋认为，尽管阎学通的道义观受到了中国传统思想的启发，但它逐渐脱离了儒家思想，倾向于西方狭隘的工具化现实主义传统，忽视了正直与道义的关系。张锋还注意到阎学通和奈的道义外交政策理论有相似之处，并对他们的道义观进行了比较和对照。张锋认为，由于将道义视为实现利益和权力的工具，阎学通忽视了道义价值的真正含义，违背了荀子的道义价值观。荀子提出的"义"表明的是道德伦理与基于原则的义务相结合的概念。在第四章中，王庆新也有同样的批评。同时张锋认为，荀子说的"信"是强调要在建立关系的过程中养成诚信和信任的美德或习惯，而阎学通提出的战略信誉概念将关于建立关系的"信"转变为实行道义原则的国际领导力。

在第七章中，与方圆圆不同，普拉蒂亚斯和齐思源不仅将道义现实主义视为一种二元论的理论，且视其为建立在施动者的本体论之上，与华尔兹的基于体系的本体论截然相反。他们从新古典现实主义的理论出发，指出道义现实主义低估了体系这个维度在领导人决定中的作用，并建议将政治领导作为中介变量，而非自变量。这两位作者对中国古典文献和希腊经典进行了比较分析，发现关于古代中国和古希腊当时存在的相互独立的国际体系，两国的经典著作中的论述有广泛的相似之处。例如，修昔底德以细致入微的笔法详细描绘的塞密斯托克利斯的案例，印证了阎学通的论点，即领导力可以重塑国际格局、秩序、规范、体系中心，甚至是整个国际体系。他们还发现，在描述塞密斯托克利斯培育雅典联盟体系和提升雅典战略信誉的方式时，修昔底德也提到了战略信誉这一概念。古希腊和古代中国哲学家对领导力和战略信誉的相似看法进一步证明了道义现实主义的普世价值。

泰洛在第八章中对道义现实主义的一些关键概念（如两极格局、自由主义和霸权）的构思进行了评论。泰洛就阎学通关于中美两极格局的预测提出了异议，认为阎学通低估了美国、印度、日本、巴西、俄罗斯和欧盟的实力，以及复杂的相互依赖和制度韧性的作用。从欧洲的角度来看，他认为西方社会内部严重分裂，这是自由主义的危机，他批评阎学通没有意识到这一点。此外，他还批评了阎学通对自由主义的定义，认为这是对政治理论的狭隘历史化。与王庆新相似，泰洛认为阎学通给霸权概念附加上了负面含义，与西方政治学中的意义相悖，并且他提到了新制度主义、新现实主义以及意大利马克思主义的相关理论。在此基础上，他还质疑阎学通对霸权型领导的概念化和分类。

在第九章中，拉森从实证的角度，将道义现实主义与权力转移等其他现实主义理论进行了比较，以阐明当前的中美关系。拉森认为，与冷战时期美苏之间的竞争不同，中美之间的竞争更多的是地位和技术之争，而不是军事和领土之争。特别是，拜登承诺通过再度强调自由主义价值观和规范来恢复美国的道义领导，以便提高与中国竞争塑造全球规范的可能性。鉴于中美两国的实力强大，历史经验告诉我们，对话是避免中美两国持久冲突的最佳途径。因此，她建议这两个超级大国应该以注重和平与稳定的方式来追求国际领导地位。

在第十章中，我通过讨论国际领导的独特性质、相对道义、质量衡量、功能性条件以及进一步的研究来回应前面八位学者提出的批评。回应的目的是解释清楚我著述中模棱两可或令人困惑的论点，而不是辩护。针对贺凯、普拉蒂亚斯、齐思源和方圆圆对道义现实主义分析层次的批评，我的解释是：道义现实主义认为国际领导属于个人层次，它是由一群个体决策者组成的。在承认结构对决定国家利益有强大作用的同时，道义现实主义在既定条件下"将权力结构视为常量，而非变量"。关于泰洛、王庆新、普拉蒂亚斯和齐思源提出的霸权含义问题，本章将探讨霸权含义的历史变化。针对拉森和王庆新对国际领导评估方法的质疑，以及如何改进或评价国际事务中领导力下降的相关问题，我强调，衡量国际领导力不仅要看追随者的数量，而且要看追随者的相对实力和领导国的信誉。针对泰洛和贺凯强调国际机构的独立作用及其对国家的影响，我探讨了国际领导与国际机构之间的关系，指出前者是后者形成和发挥作用的先决条件。

正如几位作者所述，关于国际领导的问题仍有许多困惑尚未解决，我提出了两条相互关联的研究国际领导的路径：一条是理论路径，另一条是经验实证。除了研究国际领导作为自变量的功能外，我还同意将国际领导"视为一个因变量，研究其形成、延续、衰落和消亡的过程"。从经验实证方面讲，我接受泰洛和方圆圆的观点，即将美国领导依据各届政府进行分类时，可以不考虑它们的相似之处。我也接受贺凯的建议，即在研究现行国际领导的竞争时应考虑意识形态因素。

## 总结

不同于大多数现实主义理论家用环境因素解释大国的兴衰，道义现实主义者将国家领导视为赢得大国竞争的关键因素。该理论认为，实行王道型领导以赢得国际支持是获得国际领导地位的最重要方面，这比用物质实力赢得军事竞争更为关键。王道型领导需要领导国在国内和国际上都践行王道规范，正如贝淡宁所指出的，这与软实力或文化实力不同，因为它是一种增强国家实力和国际稳定的政治领导力。[38]尽管该理论提出了一个美好的愿景，但本书的撰稿者普遍质疑它是否能够在实践中得以实现。

尽管本书的作者对道义在国际领导中的重要性没有异议，但他们在道义的构成、如何评价道义以及与环境制约作用相比道义在多大程度上有重大影响等方面存在着分歧。尽管我承认美德是道义的一个重要因素，但我仍然认为将国际领导的道义视为责任而非美德会更为实际，因为不服从国际领导是无政府体系的主要特征。在本书中，关于道义性质的辩论揭示了现实主义与其他国际关系理论（如自由主义和建构主义）之间在认识论上的根本差异。目前，数字技术的进步伴随着民主在全球的衰落，这一事实提醒我们，科学研究国际领导的结论会比规范认知更加符合残酷的现实。

本书的目的不是就有关国际领导的理解达成共识，也不是为了寻找解决中美竞争领导地位的方案，而是为了激发读者对相关议题的深入思考。在制度决定论仍然是最具影响力的思维方式的情况下，如果本书能够促进更多人研究国际领导，那将是一个重大的成就。从经验实证分析的角度来看，我希望这本书能引发更多关于领导的研究，不论是由中国政府还是由美国政府提供的领导，因为现如今两国政府共同领导是不现实的。

## 注释

1. "WHO Director-General opening remarks at the Member State Briefing on the COVID-19 pandemic evaluation," World Health Organization, July 9, 2020, https://www.who.int/director-general/speeches/detail/who-director-general-opening-remarks-at-the-member-state-briefing-on-the-covid-19-pandemic-evaluation---9-july-2020.
2. Joseph S. Nye Jr, *Do Morals Matter? Presidents and Foreign Policy from FDR to Trump*, New York: Oxford University Press, 2020.
3. Robert Jervis, "Do Leaders Matter and How Would We Know?" *Security Studies* 22, no. 2 (2013): 153.
4. Jared M. Diamond, *Guns, Germs, and Steel: The Fates of Human Societies*, New York: W. W. Norton & Company, 1997.
5. Charles P. Kindleberger, "Dominance and Leadership in the International Economy: Exploitation, Public Goods, and Free Rides," *International Studies Quarterly* 25, no. 2 (1981): 242–54; Robert Gilpin, *The Political Economy of International Relations*, Princeton: Princeton University Press, 1987.
6. Oran Yang, "Political Leadership and Regime Formation: On the Development of Institutions in International Society," *International Organization* 45, no. 3 (1991): 285. 转引自陈志敏、周国荣：《国际领导与中国协进型领导角色的构建》，《世界经济与政治》，2017年第3期，第18页。
7. Joseph S. Nye Jr, *The Powers to Lead*, New York: Oxford University Press, 2008, p. 19.
8. G. John Ikenberry, "The Future of International Leadership," *Political Science Quarterly* 111, no. 3 (1996): 385.
9. Hedley Bull, *The Anarchical Society: A Study of Order in World Politics*, London: Macmillan, 1977.
10. David A. Lake, "Regional Hierarchy: Authority and Local International Order,"

*Review of International Studies* 35 (2009): 35–39.

11. 陈志敏、周国荣：《国际领导与中国协进型领导角色的构建》，第 21 页。
12. 俞沂暄：《超越霸权：国际关系中领导的性质及其观念基础》，《复旦国际关系评论》第 27 辑，上海：上海人民出版社，2020 年版，第 42 页。
13. 常健、殷浩哲：《国际领导地位新更替周期研究》，《复旦国际关系评论》第 27 辑，上海：上海人民出版社，2020 年版，第 21—22 页。
14. Oran Yang, "Political Leadership and Regime Formation: On the Development of Institutions in International Society".
15. G. John Ikenberry, "The Future of International Leadership": 388–396.
16. Joseph S. Nye Jr, *The Powers to Lead*, p. 21.
17. Ole R. Holsti, "The Political Psychology of International Politics: More than a Luxury," *Political Psychology* 10, no. 3 (1989): 497.
18. 尹继武：《心理与国际关系：个体心理分析的理论与实践》，《欧洲研究》，2004 年第 1 期，第 69 页。
19. Ruth P. Morgan, "Reviewed Work(s): The Presidential Character: Predicting Performance in the White House by James David Barber," *The Journal of Politics* 37, no. 1 (1975): 305.
20. Margaret G. Hermann, "Explaining Foreign Policy Behaviour Using the Personal Characteristics of Political Leaders," *International Studies Quarterly* 24, no. 1 (1980): 7–46.
21. James David Barber, "The Promise of Political Psychology," *Political Psychology* 11, no. 1 (1990): 183.
22. 尹继武：《心理与国际关系：个体心理分析的理论与实践》，第 78—79 页。
23. Peter G. Northouse, *Leadership: Theory and Practice*, 7th Edition, California: SAGE Publications, Inc, 2015.
24. Yang Qianru, "An Examination of the Research Theory of Pre-Qin Interstate Political Philosophy," in Yan Xuetong, Daniel A. Bell and Sun Zhe (eds), Edmund Ryden (trans), *Ancient Chinese Thought, Modern Chinese Power*, Princeton: Princeton University Press, 2011, p. 148.
25. 阎学通：《世界权力的转移：政治领导与战略竞争》，北京：北京大学出版社，

2015 年版，第 180—182 页。

26. Yan Xuetong, Daniel A. Bell and Sun Zhe (eds), Edmund Ryden (trans), *Ancient Chinese Thought, Modern Chinese Power*, Princeton: Princeton University Press, 2011.

27. 张锋是第一个使用这个词的人。参见 Feng Zhang, "The Tsinghua Approach and the Inception of Chinese Theories of International Relations," *The Chinese Journal of International Politics* 5, No. 1 (Spring 2012): 73–102.

28. 凤凰大学问：《阎学通对话米尔斯海默：中国能否和平崛起？》，清华大学国际关系研究院，2013 年 12 月 9 日，http://www.tuiir.tsinghua.edu.cn/info/1091/4203.htm。

29. Svetlana Krivokhizh and Elena Soboleva, "The Past Serving the Present: Yan Xuetong's Theory of Moral Realism and the Future of the Global Order," *World Economy and International Relations* 61, no.11 (2017): 76, https://www.imemo.ru/en/publications/periodical/meimo/archive/2017/11-t-61/china-domestic-and-foreign-policies/the-past-serving-the-present-yan-xuetongs-theory-of-moral-realism-and-the-future-of-the-global-order.

30. Yan Xuetong, *Leadership and the Rise of Great Powers*, Princeton: Princeton University Press, 2019, p. 14.

31. 同上，第 29 页。
32. 同上，第 40 页。
33. 同上，第 35 页。
34. 同上，第 193 页。
35. 同上，第 37—40 页。
36. 同上，第 197—206 页。

37. Kai He, "A Realist's Ideal Pursuit," *The Chinese Journal of International Politics* 5, No.2 (Summer 2012): 183–97; Feng Zhang, "The Tsinghua Approach and the Inception of Chinese Theories of International Relations"; Mario Telò, "Building a Common Language in Pluralist International Relations Theories," *The Chinese Journal of International Politics* 13, no. 3 (Autumn 2020): 455–83.

38. Daniel A. Bell, "Introduction," in Yan Xuetong, *Ancient Chinese Thought, Modern Chinese Power*, pp. 1–18.

# 第二章
# 国际关系的道义现实主义是普世性理论

阎学通

自从 2012 年倪宁灵发表《国际关系有"中国学派"吗？》一文至今已经过去了 10 年有余。[1] 现在，国际关系研究领域的许多学者都把国际关系的道义现实主义作为"中国学派"的一个主要理论，并认为它具有该学派的共同缺陷。这其实是对道义现实主义的常见误解。因此，本章将针对这些批评进行评论，并解释一下为何这些批评并不能用于道义现实主义。

## 关于"中国学派"问题的分歧

在 2004 年，中国国际关系学者举行了一次以"建构中国理论，创建中国学派"为主题的会议。[2] 面对构建中国国际关系理论的新热潮，我采取了与大多数中国国际关系学者相反的立场。也许是因为我在这个问题上的看法太与众不同，《世界经济与政治》杂志在 2006 年邀请我写篇文章谈谈我的看法。在文章的开头，我就写道："国际关系理论本身是没有国家性的，因此创建中国国际关系理论的目标是无法实现的。"[3]从那时起，"中国学派"的主要倡导者秦亚青和我一直在就这个问题进行争论。

目前，国内外坚持"中国学派"的学者们已经广泛地接受了秦亚青的观点，而支持我的观点的则寥寥无几。越来越多的文章、学位论文和著作使用"中国学派"或"中国国际关系理论"这样的概念。[4]虽然这个概念使用得非常普遍，但这并不意味着将道义现实主义纳入"中国学派"是合理的。尽管道义现实主义、关系理论和天下体系通常被视为中国国际关系思想的"三大"理论，但这三种理论在本体论、认识论和方法论方面都不一样。[5]正如张勇进所说："中国学派内部在认识论和方法论上明显是多种多样的，即使是'中国学派'这个概念似乎都有着相反的含义。"[6]此外，彼得·J.卡赞斯坦等学者指出："一些像秦亚青这样的著名学者致力于建立一个中国学派。而另外一些像阎学通那样的学者则认为没必要这样做，甚至认为这样做是有害的。这个分歧在其他的国家学派内部和国家学派之间都引起了广泛的争论。"[7]

我在《为何没有"中国学派"的国际关系理论》一文中明确表达了我不同意建立"中国学派"的想法，并将该文作为 2011 年出版的《古代中国思想与当代中国力量》一书的附录。

尽管如此，一些人仍坚持认为我是"中国学派"的倡导者。例如，叶夫根尼·N.格拉奇科夫承认，"阎学通是唯一反对创建'中国学派'的，他强调国际关系理论应是普世的"[8]，但他还是说，"尽管他们的路径不同，阎学通和秦亚青都被视为'中国学派'的主要学者"[9]。萨尔瓦托雷·巴博内斯说："众所周知，阎学通是中国国际关系理论中坚定的实证主义者，他将社会科学理解为一门普世的、对假设可进行检验的，并对未来能进行预测的实证科学。他同时以避免发展中国特有的观念而闻名，与倡导中国学派相反，他希望通过引进成熟的西方理论和方法来促进中国学科的发展。"[10]2021年，黄义杰表示："阎学通、赵汀阳、秦亚青等中国学派的主要倡导者确实将中国和西方并置，认为可以建立一个'独特的'中国式的世界秩序。"[11]

秦亚青认为，中国国际关系学者"都明显地探索内嵌于中国文化的传统哲学和思想，以获得他们的智力灵感和理论建构。正是因为这一特征，他们都有相同的文化烙印"[12]。同样，张勇进认为："（中国学派）不是个统一的学派，而是一场关于如何从一个不同视角建立理论来解释世界政治的对话，这个对话借鉴了中国文化资源，以中国将崛起为全球大国的历史环境为背景。"[13]然而，历史表明，共有的文化背景并不能让中国学者或外国学者建立属于同一学术流派的国际关系理论。

与共同文化论的看法不同，我同意贝亚特·雅恩的观点，即"没有统一的中国理论或统一的西方理论，相反是各自内部的理论分歧很多，存在不同的学派"。[14]我提出了几个反对"中国学派"这一概念的理由，这些理由都遭到巴博内斯的批评，他说："我必须说，阎学通的理由似乎很肤浅：他认为学派不应该由其创建者们自己命名，学派很少以国家命名（尽管有'英国学派'），中国太多样化了，无法由一个学派代表。"[15]

## 学术动机而非政治动机

对"中国学派"或"中国国际关系理论"的普遍批评是，创建者们的动机是政治性的而不是学术性的。然而，并没有证据可以表明道义现实主义是一种政治驱动的理论。

有人认为，建立"中国学派"或"中国国际关系理论"的政治动机是：为中国的国家利益服务，提高中国的软实力，以及去除西方国际关系知识的殖民化。倪宁灵说，"寻求国际关系理论的'中国'范式是中国追求国家认同和全球地位的一部分"，也是为了"维护中国的国家利益"。[16]持相似看法的马泰奥·迪安说："中国学派尤其倾向'为权力说话'，它所提出的概念和所做的分析可被认为是具有使中国政府推动的政治叙事合法化的功能。"[17]雅恩认为："这些中国国际关系理论有两个目标，一个是学术目标，即让人们'更好地'理解国际关系，另一个是政治目标，即挑战西方国际关系理论的霸权地位，进而挑战由西方理论支撑的国际等级秩序。"[18]巴里·布赞不赞成建立国际关系国家学派的想法,[19]他说,中国学派的目的"还可解读为是辅助中国政府更大的政治目的,即在学术和政治两方面提高中国抵抗西方霸权和与其竞争的能力"[20]。

诚然,有许多中国学者渴望通过建立中国国际关系理论宣传政府的战略和维护国家的利益。[21]在"软实力"概念引入中国后,中国学者和官员中都有人将建设中国的国际关系理论视为提高国家软实力的一种方式。[22]根据《中国新闻周刊》的采访,这些想法主要在不同领域的左派人士中流行。[23]2022年,中共中央宣传部和教育部联合发布了一份官方文件,这些人的想法得到了支持。该文件要求中国的大学建设满足提高国家文化软实力需求的学术体系,并建立一个引导国际交流使用中国概念的话语体系。[24]

与之相反,道义现实主义理论在建立、形成的过程中并无此种动机。2004年,我和徐进开始将中国先秦哲学用于现代国际关系理论的研究。起初,我们无意建立一个新的理论模型,我们仅是希望从一个新角度丰富现代国际关系理论。2008年,我们合编的《中国先秦国家间政治思想选读》出版。我在《编者的话》中说:"如果能从中国古代先贤的政治思想中汲取营养,将可以丰富现有的国际关系理论。"[25]

随后,我和清华大学的同事们依据现代国际关系概念解读先秦哲学思想。2009年,我们编著了另一本论文集。在该书的《编者的话》中，我重申了我们的学术动机："编辑本书的核心目的，就是希望通过重新挖掘中国先秦时期的国家间政治思想，为中国学者丰富现有国际关系理论提供传统思想资源。"[26] 这本书中的三篇文章被翻译成英文，成为2011年出版的《古代中国思想与当代中国力量》一书的主要内容。这本书受到了国外国际关系学者的广泛关注，随之而来的是关于"中国国际关系理论"的新一波讨论。2012年，张锋将该书中的理论思想称为"道义现实主义"。[27]

依据许多对道义现实主义的批评，我开始有意识地构建一个系统性的理论。卡赞斯坦说："哥本哈根学派和中国学派都不是为了解决问题而建立理论的……它（中国学派）对前工业化、工业化和后工业化进程中出现的独特问题不感兴趣。"[28] 而实际上，我是从《古代中国思想与当代中国力量》出版后就开始思考道义现实主义的核心理论问题了。张勇进说得对，"道义现实主义需要破解的核心理论问题是，为什么崛起国能够取代占主导地位的霸权国，甚至是在其经济实力、技术发明、教育体系、军事实力和政治制度方面不如后者的情况下做到的"[29]。面对这个难解的问题，我把研究集中于大国之间的国际权力转移问题，特别是在中美两极格局出现之后。我的初期研究结果是于2015年出版的《世界权力的转移：政治领导与战略竞争》一书。[30] 在这本书的序言中，我强调："本书对道义现实主义的国际关系理论进行了全面阐述，并建议中国选择王道的崛起战略。然而，我在此并不是说，今后中国政府必将采取王道战略，而是说中国政府有了采取王道战略的基础。"[31] 在这本书之后，《大国领导力》于2019年出版。在后一本书中，我说：

> 与美国相比，政治机构对中国领导人的约束力要小，所以当前两极化趋势有两种可能。如果中国政府比美国政府进行更多的政治改革，两极化在今后10年将加速；反之，如果中国政府比美国政府犯更大的战略错误，有更大倒退的话，两极化将停止。[32]

## 普世主义而非中国例外论

许多外国学者贬低"中国学派"或"中国国际关系理论"的理论成果。例如，张勇进说："承认其存在，但并不认为它是与其他（美国）理论一样的理论……与多元化的美国国际关系理论相比，这些学派看上去都充满了无可救药的狭隘和单调的地方色彩。"[33] 对"中国学派"或"中国国际关系理论"的一个主要的批评是，它们都是"中国例外论"。金宪俊说："中国学派对历史文献和经典的引用要么不准确，要么过于浪漫化。这是一种过时的观念，透出一种盛气凌人的中国例外论——一种一厢情愿的想法,认为中国将在行为或气质上都不同于任何其他大国。"[34]

道义现实主义也被批评为中国例外论,这并非因为其理论内容,而是因为被误认为属于"中国学派"。例如,迪安说:"例外主义混合于政策建议和文字描述之中的现象,在阎学通的文字中清晰可见。"如下是他引用的我对中国外交政策提出的建议:[35]

> 借鉴先秦时期王道型领导与霸权型领导的区别,中国崛起战略的外交政策应在三个方面与美国不同。第一,中国应推动建立责权平衡原则的国际秩序。第二,中国应考虑逆向双重标准原则,即较发达国家应比不发达国家更为严格地遵守国际规范。第三,中国应推动天下一家的传统观念中的开放原则,即中国应向全世界开放,世界上所有国家应向中国开放。[36]

迪安误将我建议中国采取与美国不同的战略的观点等同于支持中国例外论。建议中国走一条不同的崛起之路,其本身并不意味着中国不受规律影响。我建议中国政府采取与美国不同的对外政策,正是源于假定两国对外关系的客观环境有相似之处(因而担心中国因环境相同而效仿美国)。研究中国古代哲学得出的建议并不是只能用于中国,而是适用于包括美国在内的所有领导国。中国只是用来举个例子,因为在撰写那篇文章时，中国是崛起国，而美国是霸权国。道义现实主义从未认为中国文明优于其他文明，也未暗示中国文明是国家兴衰规律的例外。道义现实主义理论主张将以身作则作为所有王道型国际领导的战略。无论中国还是外国，这个建议都适用。

道义现实主义并没有断言中国将会为世界提供一个比美国更具道义的领导。道义现实主义的确建议中国政府依据王道型领导原则制定对外政策，但它并未对中国的外交产生影响。以结盟战略为例：多年来，道义现实主义一直认为，只要中国坚持不结盟原则，"不为任何国家包括其邻国提供安全保护"，就无法"在未来十年内提供全球领导"。[37] 然而，中国政府坚定地坚持了不结盟原则。[38]

关于大国战略竞争，道义现实主义认为，不论是在古代中国还是当今世界，最重要的都是人才竞争。[39] 道义现实主义理论假定，采用王道原则是获取国际领导地位的一种策略，这种策略对中国和其他主要大国都适用。吉列尔梅·维拉萨说："近来出现两个并行的现象，一个是关注领导人或高层官员的任用及他们的道德水平，另一个是国际关系和国际法文献转向讨论道德伦理，讨论国际组织是如何靠发挥领导力和最高级别官员们的美德来提高其声誉的。"[40] 他还说："在这方面，尽管阎学通的建议主要是针对中国的制度提出的，但这很容易用于国际层面，不用说，较有能力的中国官员和领导也起到了间接的示范作用。"[41]

## 文化融合而非中国中心主义

对"中国学派"或"中国国际关系理论"的另一个批评是，这些理论是以中国为中心的。巴博内斯说："一个更为可能的解释是，中国的国际关系学者偏爱借鉴以中国为中心的那些时代的经验，如果不是世界的中心，至少是其邻国的中心。如果不是中国中心论，中国学派就没意义了。"[42] 黄义杰说："中国学派这个团体的确专注于'中国文化'，有可能成为一个以中国中心主义为思想基础的理论霸权。"[43] 鲁鹏评论了中国中心主义是如何阻碍"中国学派"发展的，他说："进展缓慢是由于中国国际关系学界内的中国中心主义盛行，这种心态认为中国在知识创造和知识评估方面的国际经验比其他国家优越……在这种心态的影响下，尽管中国学派很难取得科学成果，中国国际关系学者依然吹嘘这个学派的建设。"[44]

中国中心主义是以中国历史和中国文献为基础的理论建设，这与古代中国的国家间主导地位有关。虽然道义现实主义确实受中国古代哲学灵感的启发，但它并不是精心建构中国中心主义理论的例子。首先，道义现实主义的文献基础立足中外，特别是有美欧学者写的现代国际关系著作。例如，我和徐进在研读中国古代文献时，我们比较了古代中国政治思想家和现代欧洲政治思想家之间的异同。我们发现，中国先秦思想家和现代国际关系学者在国际事务上有些相似的观点，例如

"现代国际关系理论认为，国际体系处于无政府状态，因此各国为利益而发生冲突和战争。这与荀子的'群而无分则争'的认识是一致的"[45]。在《大国领导力》一书中，我将道义现实主义的假定、逻辑、推论和领导类型系统化，在该书参考书目中的外国文献比中国文献多。其次，道义现实主义借鉴了中国先秦历史和现代国际关系的历史记录。在《大国领导力》一书中，我特意既用中国的也用外国的案例来解释四种类型的国际领导：西周早期政府和富兰克林·罗斯福政府是王道型领导，齐桓公统治下的齐国政府和冷战期间的美苏政府是霸权型领导，西周晚期的周幽王政府和特朗普政府是昏庸型领导，由嬴政建立的第一个中国帝制国家——秦朝政府和由希特勒领导的德国纳粹政府是强权型领导。[46]我所举的例子既有中国的也有西方的，就是希望表明这种分类不是以中国为中心的，而是普遍适用的。再次，道义现实主义理论的目的不在于解释中国的崛起，而是旨在总结历史上所有大国的兴衰机制。现代中国的崛起不过是众多案例中的一个。道义现实主义想讨论一个现代国际关系理论中的缺陷，即无法解释一个崛起大国是如何超越霸权国的。道义现实主义将政治领导设为自变量，以此解释大国兴衰的原因。[47]该理论将中国的崛起归因于以邓小平为核心的国家领导，于1978年开始推行改革开放战略，而不认为中国崛起靠的是1957年至1976年以毛泽东为核心的国家领导。[48]同样，在冷战后的美国，以克林顿和特朗普为首的两种类型的政治领导分别带来了美国全球领导力的上升和下降。前者提高了美国的国际战略信誉，而后者削弱了美国的国际战略信誉。[49] 中国和美国这两个案例说明，道义现实主义理论也可用来解释中国之外的大国兴衰。

# 接受未来国际秩序的检验

所有国际关系理论的假设都要面临时间的检验，那些经过了检验幸存下来的通常被认为是普世的或科学的理论。当下的俄乌冲突正在改变国际秩序，这对道义现实主义将是一次新的检验。本节将检验道义现实主义理论的如下三个结论的有效性：国家领导决定着国家实力的变化方向；不同类型的国家领导会采取不同的战略去实现相同的战略利益；不同类型的国际领导会倡导不同的国际秩序。[50]

### 国家领导与国力之间的关系

道义现实主义认为，负责任的决策者能比不负责任的决策者提供更为强有力的领导。[51] 负责任政府的特点是以身作则，即在困难的情况下带头做它号召追随者去做的事。对比一下泽连斯基领导的乌克兰政府和加尼领导的阿富汗政府便不难看出政府责任感的作用。前者组织全国努力抵抗俄罗斯，而后者则放弃了其政权。

有关实力的常见教条观念是，军事实力强的一方必然在军事冲突中获胜。因此在 2022 年 2 月，基于俄乌军事实力的巨大差距，几乎所有人都预测，乌克兰政府将在俄罗斯发动袭击一周后垮台。这种判断在拜登政府官员的讨论中很常见。他们与乌克兰政府制订计划，想将泽连斯基从首都基辅迁至靠近波兰边境的利沃夫，以应对俄罗斯的出兵。[52] 俄罗斯总统普京决定通过特别军事行动实现目的，这表明他也同样低估了泽连斯基的领导能力。与人们的预测相反，泽连斯基拒绝逃离，并宣布他和他的家人会留下来，与其国民一起保卫国家。[53] 在接下来的两周里，乌克兰军队成功抵抗住了俄罗斯对基辅的进攻，随后北约成员国才大规模地提供军事援助。

乌克兰的军事实力弱于俄罗斯，但在初期取得了成功。道义现实主义认为这个结果是因为泽连斯基政府的责任感。这一成功不能归因于外国军事援助，因为北约成员国在头两周没有向乌克兰提供实质性援助。同样，成功的抵抗也不能归因于民主体制的韧性，因为 2014 年 3 月代理总统图尔奇诺夫领导下的政治体制未能阻止俄罗斯在克里米亚半岛采取的行动。鉴于唯一变化了的因素是乌克兰的国家领导，因此唯一合乎逻辑的结论是，泽连斯基政府的领导类型带来了头两周的相应结果。

加尼政府在美国从阿富汗撤军时的责任感与泽连斯基政府

形成了鲜明的对照。塔利班在 2021 年 8 月加尼逃离喀布尔的当天就接管了阿富汗政府。[54] 在美军撤离阿富汗时,加尼政府的军队拥有比塔利班先进得多的军事装备。除了北约的援助,加尼政府还有联合国安理会五个常任理事国的支持,而泽连斯基政府是无法得到联合国五常集体支持的。尽管拥有军事和公共关系方面的优势,但是加尼政府仍然抵御不住装备比其差的塔利班部队的攻击,这再次表明依据军事实力因素是无法准确预测成败的。

**不同的领导类型采取不同的策略实现相似利益**

在 2012 年普京再任俄罗斯总统后,我依据道义现实主义理论将其定类为争斗型领导[55],并说这类领导倾向于军事扩张[56]。道义现实主义理论认为,俄乌冲突是由普京的战略偏好引发的。1962 年的古巴导弹危机和 2022 年的乌克兰危机形成了鲜明对比,两者最终的结果不同。2022 年,俄罗斯迫切希望阻止乌克兰加入北约,因为如果乌克兰成为北约成员国,美国在乌克兰部署的武器系统将对俄罗斯构成重大战略威胁。1962 年,肯尼迪政府也迫切希望阻止苏联在古巴部署短程导弹,因为这将对美国构成重大战略威胁。古巴导弹危机最终以和平方式解决,而乌克兰危机则于 2022 年升级为军事冲突。

为何两起有着相似战略利益的国际事件会导致两种不同的

结果？对于这个问题，并不是每种国际关系理论都能给出令人满意的解释的。例如，进攻性现实主义认为，所有大国决策者都有相同的偏好，即在预见到对手将制造危险时，他们都会选择事先打击策略来维护国家安全。米尔斯海默说："当大国认为自己处于水深火热之中时，人们永远不应该低估他们的无情程度。"[57] 尽管进攻性现实主义成功地预测了俄罗斯会发动军事行动，但它并不能解释为什么肯尼迪政府在古巴导弹危机期间没有采取与普京政府相同的行动。相比之下，道义现实主义则认为，在基于自身利益的国际体系中，不同类型的领导在维护国家安全方面会做出不同类型的战略选择。[58] 普京偏好军事解决方案，而肯尼迪偏好外交解决方案。

## 政治领导与国际秩序之间的关系

在 2019 年，道义现实主义依据国际秩序在 21 世纪前 20 年的两个重大变化建立了理论模型。第一个变化是国际战略不确定性上升，原因是："在大国流行的个人决策的做法将在未来 10 年使战略信誉贬值并增加国际政治的不确定性"[59]。俄乌冲突及其对当前世界秩序的干扰可以支持这个预测。国际战略的不确定性不仅反映在冲突本身，也反映在全球能源、食品和化肥、海运和铁路运输的突然短缺上。[60] 冲突引发对全球经济相互依存的担忧，这表现为采取脱钩政策以重组国际供应链。即使是曾经坚定倡导全球化的欧盟，也决定加强内部供应链，减少国际供应链。在 2022 年 3 月举行的欧洲理事会会议上，欧盟成员国领导人呼吁减少在重要原材料、半导体、医疗卫生、数字技术和食品等关键领域的战略依赖。[61]

第二个变化是主权价值观重新兴起，因为"当领导国缺乏战略信誉时，多数国家可能会像冷战时期一样重视自己的主权"[62]。冷战结束时，美国建起了单极主导格局，西方国家集体推动人权高于主权的规范。北约和美国以保护非民主国家的人权为借口发动战争，如科索沃战争（1999 年）、伊拉克战争（2003 年）、利比亚战争（2011 年）和叙利亚战争（2011 年）。到了 2022 年，俄罗斯同样是以保护人权为理由出兵乌克兰。普京声称，俄罗斯发动军事行动的目的是保护乌克兰的俄罗斯族人，他说乌克兰政府对俄罗斯族人实行了八年的欺凌和种族灭绝。[63]对此，北约成员国不再提保护人权，而是转向谴责俄罗斯侵犯乌克兰的领土主权。除了口头谴责外，它们还向乌克兰政府提供经济和军事援助，以抵抗俄罗斯的行动。[64]欧洲理事会称："欧盟领导人多次要求俄罗斯立即停止军事行动，无条件从乌克兰撤出所有部队和军事装备，并充分尊重乌克兰的领土完整、主权和独立。"[65]当西方国家认为主权高于人权时，他们采取了与非西方国家相同的立场。主权优先原则重新兴起将不可避免地影响新国际秩序的形成。

# 总结

在加利福尼亚大学伯克利分校接受的方法论教育使我认识到，科学的国际关系理论要有普世的解释力，能解释任何时期和任何地区发生的同类现象。P. M. 克里斯滕森和 R. T. 尼尔森表示，他们尊重中国国际关系学者有关"中国国际关系理论"这个概念的争论，并说：

> 阎学通是知名的坚决反对者，他强调国际关系研究的普世性。例如，在 2003 年的一次关于建立中国国际关系理论的会议上，阎学通强烈主张科学方法，时殷弘支持人文历史方法，而秦亚青则采取了中间立场，在科学方法和人文方法的交叉中提出了"第三种文化"。[66]

然而，由于道义现实主义被视为"中国学派"或"中国国际关系理论"的一部分，尽管其方法是科学的，但它也受到了连带的批评。我觉得有必要澄清，道义现实主义理论并非出于政治动机，也不属于例外论和中国中心主义。此外，我澄清道义现实主义不应被归为"中国学派"或"中国国际关系理论"，并不表明我同意上述的批评适用于其他中国学者的理论，甚至不一定适用于一些自称为中国国际关系理论的理论。

尽管道义现实主义的影响力尚不如现有的主要国际关系理

论，但它仍是个普世的理论。进攻性现实主义的确比道义现实主义影响力更大，但它从未被视为某国的国际关系理论，也从未被怀疑过是普世的国际关系理论。然而，针对同类安全危机导致不同结果的现象，道义现实主义比进攻性现实主义有更强的解释力。故此，我相信道义现实主义为现代国际关系理论的发展提供了另一种现实主义范式。

## 注释

1. Nele Noesselt, "Is There a 'Chinese School' of IR?" *GIGA Research Programme* 188 (March 2021), pp. 1–28, https://www.jstor.org/stable/resrep07521#metadata_info_tab_contents.
2. 郭树勇：《国际关系：呼唤中国理论》，天津：天津人民出版社，2005 年版，第 357 页。
3. 阎学通：《国际关系理论是普世性的》，《世界经济与政治》，2006 年第 2 期，第 1 页。
4. Yongjin Zhang and Teng-Chi Chang (eds), *Constructing a Chinese School of International Relations: Ongoing Debates and Sociological Realities*, New York: Routledge, 2016; 中国国际关系学会、上海市国际关系学会：《国际关系理论的中国探索》，上海：上海人民出版社，2018 年版。
5. Salvatore Babones, "Taking China Seriously: Relationality, Tianxia, and the 'Chinese School' of International Relations," *Oxford Research Encyclopedias*, 26 September 2017, p. 6, https://doi.org/10.1093/acrefore/9780190228637.013.602.
6. Yongjin Zhang, "The Chinese School, Global Production of Knowledge, and Contentious Politics in the Disciplinary IR," *All Azimuth* 9, No. 2 (2020): 294.
7. Peter J. Katzenstein, "The Second Coming? Reflections on a Global Theory of International Relations," *The Chinese Journal of International Politics* 11, No. 4 (2018): 382–3.

8. Yevgeny N. Grachikov, "Chinese School of International Relations: How Theory Creates Diplomatic Strategy and Vice Versa," *Russia in Global Affairs* 17, No. 2 (April-June 2019): 160.
9. 同上。
10. Salvatore Babones, "Taking China Seriously: Relationality, Tianxia, and the 'Chinese School' of International Relations," p. 4.
11. Yih-Jye Hwang, "Reappraising the Chinese School of International Relations: A Postcolonial Perspective," *Review of International Studies* 47, No. 3 (2021): 16, https://doi.org/10.1017/S0260210521000152.
12. Yaqing Qin (ed), "A Multiverse of Knowledge Cultures and IR Theories," in *Globalizing IR Theory: Critical Engagement*, London: Routledge, 2020, p. 150.
13. Yongjin Zhang, "The Chinese School, Global Production of Knowledge, and Contentious Politics in the Disciplinary IR": 289.
14. Beate Jahn, "Chinese International Theory-A Politics of Knowledge Approach," presented at the webinar on "Chinese School" in August 2021, p. 6.
15. Salvatore Babones, "Taking China Seriously: Relationality, Tianxia, and the 'Chinese School' of International Relations," p. 3.
16. Nele Noesselt, "Revisiting the Debate on Constructing a Theory of International Relations with Chinese Characteristics," *The China Quarterly* 222 (2015): 430.
17. Matteo Dian, "The Rise of China between Global IR and Area Studies: An Agenda for Cooperation," *Italian Political Science Review* 52 (2022): 253, https://www.cambridge.org/core/services/aop-cambridge-core/content/view/B6A319ECD1FE8CD46F33E1FD34B91DA2/S0048840221000319a.pdf.
18. Beate Jahn, "Chinese International Theory-A Politics of Knowledge Approach," a speech presented at the webinar on "Chinese School" held on 27 April 2021, p. 1.
19. Barry Buzan, "How and How Not to Develop IR Theories: Lessons from Core and Periphery," in Yaqing Qin (ed), *Globalizing IR Theory: Critical Engagement*, p. 60.
20. Barry Buzan, "The 'Chinese School': An Outsider Perspective," presented at the webinar on "Chinese School" held on 27 April 2021, p. 2.
21. 郭树勇：《国际关系：呼唤中国理论》，第 357 页。

22. 郭树勇:《中国国际关系理论建设中的中国意识成长及中国学派前途》,《国际观察》, 2017 年第 1 期, 第 20 页。
23. 蔡如鹏:《吹响中国学派的总号角》,《中国新闻周刊》, 2017 年第 46 期, 第 16 页。
24. 《中共中央宣传部、教育部联合印发〈面向 2035 高校哲学社会科学高质量发展行动计划〉》,《光明日报》, 2022 年 5 月 28 日, 第 2 版。
25. 阎学通、徐进:《中国先秦国家间政治思想选读》, 上海: 复旦大学出版社, 2008 年版, 第 1 页。
26. 阎学通、徐进等:《王霸天下思想及启迪》, 北京: 世界知识出版社, 2009 年版, 第 1 页。
27. Feng Zhang, "The Tsinghua Approach and the Inception of Chinese Theories of International Relations," *The Chinese Journal of International Politics* 5, No. 1 (2012): 95–6.
28. Peter J. Katzenstein, "The Second Coming? Reflections on a Global Theory of International Relations": 377–8.
29. Yongjin Zhang, "The Chinese School, Global Production of Knowledge, and Contentious Politics in the Disciplinary IR": 290.
30. 阎学通:《世界权力的转移: 政治领导与战略竞争》, 北京: 北京大学出版社, 2015 年版。
31. 同上, 第 3 页。
32. Yan Xuetong, *Leadership and the Rise of Great Powers*, Princeton: Princeton University Press, 2019, pp. 82–3.
33. Yongjin Zhang, "The Chinese School, Global Production of Knowledge, and Contentious Politics in the Disciplinary IR": 294.
34. Hun Joon Kim, "Will IR Theory with Chinese Characteristics be a Powerful Alternative?" *The Chinese Journal of International Politics* 9, No. 1 (2016): 59–79.
35. Matteo Dian, "The rise of China between Global IR and Area Studies: An Agenda for Cooperation": 8.
36. Yan Xuetong, Daniel A. Bell and Sun Zhe (eds), Edmund Ryden (trans), *Ancient Chinese Thought, Modern Chinese Power*, Princeton: Princeton University Press,

2011, p. 219.
37. Yan Xuetong, *Leadership and the Rise of Great Powers*, p. 199.
38. 《国防部谈美盟体系：坚决反对冷战思维和零和博弈理念》, 中国新闻网, 2020年10月29日, https://www.chinanews.com.cn/mil/2020/10-29/9325773.shtml.
39. Yan Xuetong, *Ancient Chinese Thought, Modern Chinese Power*, p. 67.
40. Guilherme Vasconcelos Vilaça, "Strengthening the Cultural and Normative Foundations of the Belt and Road Initiative: The Colombo Plan, Yan Xuetong and Chinese Ancient Thought," in Wenhua Shan, Kimmo Nuotio and Kangle Zhang (eds), *Normative Readings of the Belt and Road Initiative Road to New Paradigms*, Cham, Switzerland: Springer International Publishing AG, 2018, pp 30–1.
41. 同上，第37页。
42. Salvatore Babones, "Taking China Seriously: Relationality, Tianxia, and the 'Chinese School' of International Relations," p. 7.
43. Yih-Jye Hwang, "Reappraising the Chinese School of International Relations: A Postcolonial Perspective": 19.
44. Lu Peng, "Chinese IR Sino-Centrism Tradition and Its Influence on the Chinese School Movement," *Pacific Review* 25 (2018): 150, https://www.tandfonline.com/doi/full/10.1080/09512748.2018.1461681.
45. 阎学通、徐进：《中国先秦国家间政治思想选读》，第1页。
46. Yan Xuetong, *Leadership and the Rise of Great Powers*, pp. 43–7.
47. 同上，第191页。
48. 同上，第133页。
49. 同上，第41—42页。
50. 同上，第56，62—63页。
51. 同上，第24，29—30页。
52. Carol E. Lee, Courtney Kube and Kristen Welker, "US Officials Discussed Ukrainian President Leaving Capital if Russia Attacks," NBC NEWS, 22 February 2022, https://www.nbcnews.com/politics/white-house/us-officials-discussed-ukrainian-president-leaving-capital-russian-att-rcna17094.
53. "President Zelensky Refuses to Leave Ukraine, Asks for Ammunition Instead of 'a

Ride'," *MARCA*, 26 February 2022, https://www.marca.com/en/lifestyle/world-news/2022/02/26/6219c92aca4741db0e 8b461b.html.

54. Ken Bredemeier, "Ghani Says He Fled Afghanistan to Avoid Kabul Bloodshed," *VOA*, 8 September 2021, https://www.voanews.com/a/south-central-asia_ghani-says-he-fled-afghanistan-avoid-kabul-bloodshed/6219383.html.

55. Yan Xuetong, *Leadership and the Rise of Great Powers*, p. 38.

56. 同上，第 36 页。

57. "John Mearsheimer on Why the West Is Principally Responsible for the Ukrainian Crisis," *The Economist*, 19 March 2022, https://www.economist.com/by-invitation/2022/03/11/john-mearsheimer-on-why-the-west-is-principally-responsible-for-the-ukrainian-crisis.

58. Yan Xuetong, *Leadership and the Rise of Great Powers*, pp. 193–4.

59. 同上，第 204 页。

60. "Brief No 1: Global Impact of War in Ukraine on Food, Energy and Finance Systems," United Nations, 13 April 2022, https://unctad.org/system/files/official-document/un-gcrg-ukraine-brief-no-1_en.pdf; Tan Weizhen, "How the Russia-Ukraine War Is Worsening Shipping Snarls and Pushing up Freight Rates," CNBC, 11 March 2022, https://www.cnbc.com/2022/03/11/russia-ukraine-war-impact-on-shipping-ports-air-freight.html.

61. "European Council, 24-25 March 2022," *European Council*, https://www.consilium.europa.eu/en/meetings/european-council/2022/03/24-25/.

62. Yan Xuetong, *Leadership and the Rise of Great Powers*, p. 204.

63. Paul Kirby, "Why Has Russia Invaded Ukraine and What Does Putin Want?" BBC News, 9 May 2022, https://www.bbc.co.uk/news/world-europe-56720589.

64. Katharina Buchholz, "Where Military Aid to Ukraine Comes From," *Statista*, 2 June 2022, https://www.statista.com/chart/27278/military-aid-to-ukraine-by-country/.

65. "EU Response to Russia's Invasion of Ukraine," *European Council*, 3 June 2022, https://www.consilium.europa.eu/en/policies/eu-response-ukraine-invasion/.

66. P. M. Kristensen and R.T. Nielsen, "Constructing a Chinese International Relations Theory: A Sociological Approach to Intellectual Innovation," *International Political Sociology* 7, No. 1 (2013): 5–6, https://doi.org/10.1111/ips.12007.

# 第三章
# 道义现实主义：
# 解析施动者-结构问题的新路径

方圆圆

施动者-结构这一分析层次的问题长期以来一直是国际关系理论中的争议焦点。在中世纪晚期，有关个人和国家分析层次的争论已然存在，而在当代，则在认识论和政治本体论基础上引发了元理论的争论。虽然有关"施动者-结构""部分-整体""微观-宏观"的争论并不完全一样，但它们都反映出对元理论的迫切需求，即需要解释社会行为体或施动者（指国家）与社会结构（指国际体系）两者之间在本体论和认识论上的关系。施动者-结构的问题"目前已演变成了人们所说的社会理论和政治理论的关键问题"[1]。

塞缪尔·纳弗认为，施动者-结构的争论表明，将权力的结构概念融入与施动相关的社会变化中是非常困难的。他坚持认为，过度强调社会的再生动力，就使结构性权力这种概念很难成为解释社会变化的原因了。[2] 道义现实主义将政治领导视为自变量来解释大国兴衰以及潜在的国际规范和国际制度的变化，为国际社会变化提供了答案，并通过将个人、国家和体系三个层次的分析联系起来，为现有的施动者-结构争辩提供了另一视角。[3] 道义现实主义并非简单地将施动者作为结构内关系的决定性因素，而是通过分析领导人在决策中的重要性以及国家在国际体系中的相对实力和地位的重要性，建立了一种二元理论。

本章从三个关键层面对道义现实主义的理论内涵及其在国际关系中的应用进行批判性分析。首先，通过回顾古典现实主义与中国古代哲学的融合，探讨了道义现实主义如何重新将施动者——特别是领导者——带回到现实主义分析的核心位置，强调了领导者在国家兴衰中的决定性作用。其次，本章详细探讨了施动者-结构的辩论，分析了道义现实主义在解释国际体系变化时如何处理施动者与结构之间的复杂关系，并将其与其他国际关系理论进行了比较，揭示了该理论的独特贡献。最后，本章批判性地分析了道义现实主义面临的问题和质疑，并为进一步发展这一有价值的理论提供相关建议。

## 将施动者带回到现实主义分析

结合古典现实主义和中国古代哲学，道义现实主义以政治领导为关键自变量解释大国的兴衰，从而将施动者层次的分析带回到现实主义分析。新现实主义者认为，是国际结构定义的国家利益决定国家政策。国家通常被理解为一个统一的理性行为体。所以，领导者是谁都不重要。[4]结构决定论就其本身而言指的是物质实力的潜在分布，这种分布使国家这种行为体有能力塑造世界政治秩序的整体形态。尽管结构主义理论对领导地位的解释各不相同，但它们有一个共识：领导地位根植于以物质实力定义的权力分布和国际体系的结构。真正导致区别的不是人或政策，而是结构本身。简而言之，道义现实主义与新现实主义的关键区别在于，前者强调领导者在国际关系中的重要作用。

回顾古典现实主义的论述，人们可以发现，古典现实主义非常重视施动者层次的行为体，通过探索人性来解释国际关系的本质，即为了生存和权力而进行持久的争夺。古典现实主义对国际政治有两个基础关注点，即如何解释国家行为和国际秩序问题，对这两个问题的思考促使古典现实主义者探究个体的本性。[5]帕特里克·尼尔认为，个人主义和工具主义是现实主义的两个核心原则，他将这两点追溯到霍布斯。[6]霍布斯认为，古典现实主义者所寻找的国家原动力的核心是人的本性，即对权力的渴望，这是驱动世界的唯一动力。[7]尼布尔直白地说，战争源于"人类心理中的黑暗和无意识的冲动"[8]。摩根索不仅将国家之间的摩擦和战争归因于人性，还将国内的诸多问题也归咎于人性，他认为"人类行为中的普遍邪恶"源于人类无法消除的权力欲，以及将"教会转化为政治组织……革命转化为独裁……对国家的爱转化为帝国主义"[9]。虽然他悲观地将政治问题归因于人性，但他还是乐观地认为理性推理和道德有可能促成合作并消除战争。[10]

在先秦哲学思想中，孔子和孟子的分析侧重于个人层面，特别是统治者的层面。孔子认为，世界秩序的稳定完全依赖于政治领导人的道德修养。孟子延续了孔子的分析，将世界秩序的失衡和国家的生存状况归因于统治者是否施行仁政，而不仅仅是他们的个人道德修养。孟子指出，夏、商、周三朝的开国君主因施行仁政而崛起为国家领导人，末代君主则因不施仁政而丧失了王位。[11]荀子的分析同样主要集中在个人层面。分析国际社会的性质时，荀子认为主导国统治者及其大臣的品性是决定性因素，即主导国统治者及其大臣的品性决定了国际社会是王道还是霸道。[12]

阎学通深受中国古代哲学的影响，同样专注于施动者层次，从这一层次出发对大国兴衰进行解释。[13]道义现实主义不仅是对古典现实主义或中国古代思想的重新解读和理论发展，更是旨在解释当今国际关系中的新形势和新变化的新理论。道义现实主义发展的现实背景是2008年金融危机后中国的崛起和美国的相对衰落。冷战后由美国主导的国际秩序正在发生变化，解释这一变化的原因并预测其发展趋势成为该理论探究的动力。关于大国兴衰的现有文献将权力的转移归因于外部变量，如结构变化，或内部变量，如对外政策的过度扩张。[14] 然而，这些变量都不足以解释当前中美竞争的动因。首先，中国是怎么能在不改变其政治制度的情况下缩小与美国的实力差距的？其次，美国怎么会在拥有最强大物质实力的情况下，国际领导力急剧下降？阎学通为了发展一个用单一自变量解释大国兴衰的简约理论，将国际政治领导力作为分析的关键决定因素。

道义现实主义理论区分了实力和权威的不同，以此为基础形成两个平行逻辑（见图 3.1）。第一，政治领导，具体而言就是政治领导类型，是个决定国家战略偏好和综合国力的操作变量，领导的改革能力决定了国家的综合实力。第二，道义现实主义中的道义概念是指政治领导层的政府公共道义。战略信誉是国际道义中最低标准的道义，是主导国建立国际权威的前提。道义赋予一个国家作为领导的权威，从而增强了该国的实力。[15]

将施动者，即领导，界定为决定结构变化的首要因素，这使道义现实主义不仅可以解释全球领导的崛起，也可以解释全球领导的衰落。从本体论的角度来看，在施动层面的领导被视为政体的自主性和基础性构成要素，而不是与结构并存的要素或受结构约束的要素。道义现实主义遵循古典现实主义的传统，将施动者，特别是领导者和主导国家，视为理性行为体，其决策过程旨在最大化自身利益。如果有人仍然对阎学通将施

**图3.1 政治领导类型与国家国际地位**

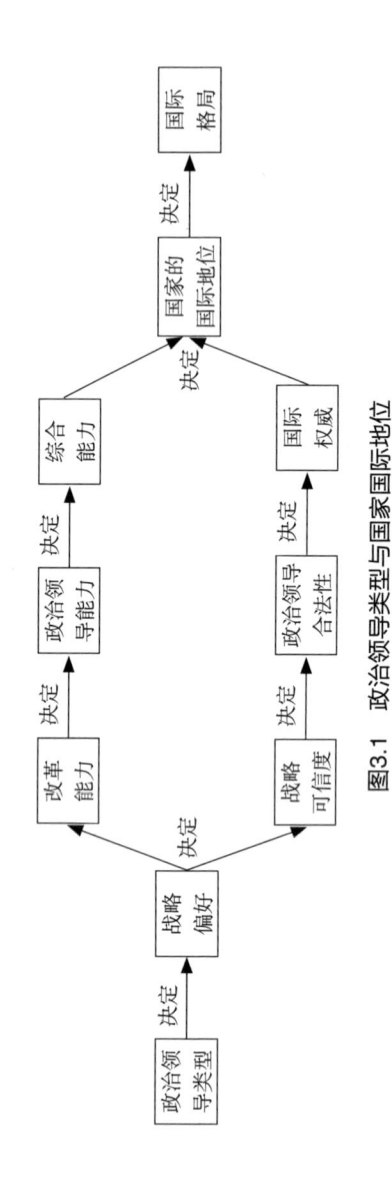

政治领导类型 →决定→ 战略偏好 →决定→ 改革能力 →决定→ 政治领导能力 →决定→ 综合能力 →决定→ 国家的国际地位 →决定→ 国际格局

战略偏好 →决定→ 战略可信度 →决定→ 政治领导合法性 →决定→ 国际权威 →决定→ 国家的国际地位

来源：方圆圈根据阎学通的理论阐释绘制

动者视为理性的观点有所怀疑，那么他在道义现实主义中对道义的理解足以证明这一点。

有意思的是，尽管约瑟夫·奈和阎学通的理论背景不同，但他们的理论都集中于对领导层面的分析，特别是在领导层的道德方面。奈在 2020 年出版了《美国总统及其外交政策》（英文书名直译为《道德重要吗？》）一书，书中他研究了自 1945 年以来的历任美国总统——从罗斯福到特朗普，探讨了道德在美国对外政策中的作用。在该书中，他强调了道德的重要性，并建立了一个关于道德判断的综合标准，这个标准包括意图（所陈述的目标，以及总统陈述的价值观和个人动机）、手段（根据质量和效率所做的评估）和结果（对美国人和其他人来讲是道德的）。[16] 尽管两者都集中于对领导层道德的分析，但奈和阎学通的道德观念存在着差异，奈将道德视为一种自主的概念，而阎学通则认为道义是一种他律的概念。

有些批评者怀疑现实主义理论是否能容纳道义这一要素，认为阎学通如此强调道义意味着他已变成一个自由主义者或建构主义者。[17] 从以下两点可以看出，阎学通的道义观是与现实主义传统一致的。首先，道义现实主义将道义仅仅解释为"政府道义"[18]，因此，判断领导人的行为是否道义的通行标准是他们的行为是否符合国家利益和国家实力。"因此，政府道义是一种公共道义，而非个人道义。国际道义是一种普世道义，而非民族性的道义。"[19] 与建构主义和自由主义不同，道义现实主义评判的是领导者的政策，而非他们的个人品格或信仰。其次，道义现实主义分析道义是从工具属性的角度，而非从价值属性的角度。与詹尼卡·布罗斯特伦不同，[20]阎学通不谈论界定国家利益或国家利益优先顺序的领导者们的个人道德（道义）表现，而是说道义具有工具性，因为它"在应该如何获得国家利益方面影响决策者，而非在哪些是国家利益的问题上影响决策者"[21]。以如此工具化的方式看待道义，阎学通使理性和道义相兼容。

尽管奈和阎学通都将领导层视为决定性的自变量，并集中在这一层面上进行分析，但他们对领导的认知在分析层次上仍存在着差异。奈认为，领导者是帮助团队创造和实现共同目标的人，而领导行为则应是个互动"过程"，是在领导者和追随者相互依存中发挥作用的过程。[22]因此，领导被认为是一种社会关系，领导者和追随者是这种关系的构成要素，他们在这种关系中自由互动。然而，阎学通认为领导的概念更加复杂，不仅限于个人层次，还涵盖了国家层次。

此外，道义现实主义研究领导的目的是理解当前的权力转移，而这是一个结构层次的问题。根据道义现实主义，崛起国和主导国的国家领导类型在国际格局的变化中共同发挥作用。阎学通甚至认为，主导国的领导变更有可能导致国际格局的改变，因为破坏本国的综合国力比提高它更容易。随着国际权力结构的变化，可能形成新的国际领导，新领导可能导致国际规范改变。国际规范是否改变,取决于之前的和现在的国际领导类型是否一致。如果新的国际领导引起国际规范的改变,那么权力结构的变化和国际规范的改变合起来将导致体系转型。阎学通认为,即使中国取代美国成为新的国际领导,国际体系也不太可能转型,因为中国政府无意改变雅尔塔体系。[23] 权力转移有可能改变国际秩序的类型,这是个自下而上的改变过程,是由理性施动者引起的过程。于是,这为有关施动者-结构的辩论提供了一个新答案。

## 重视施动者-结构的辩论

施动者-结构的问题由三个相互关联的问题组成:两个是本体论问题,另一个是认识论问题。第一个问题,也是最根本的问题,涉及施动者和结构的本质,换句话说,它们是什么样的实体?这个问题的核心在于如何为施动者和结构选择适当的解释形式,而这种选择在很大程度上取决于它们的特性,这些特性被认为具有重要的因果关系。采用理性选择理论等社会研究路径时,人类被视为具有反思性和目标导向的群体,施动者作为自变量,其目标、信念和自主性被用来进行解释。另一种方法,如行为主义理论,认为人类不过是处理刺激的复杂生物体,这种理论对施动者的解释具有更强的机械性因果关系。在道格拉斯·V.波尔波拉对结构分析的基础上,科林·怀特巧妙地提出了五种不同的"结构"概念,并指出使用"结构"这一术语带来的相互矛盾。[24] 第二个问题,也是更重要的问题,是关于施动者和结构两者是如何相互关联的。一直以来存在一个基本的共识,即"施动者和结构在某种程度上相互牵连,是相互关联关系"[25]。不过,国际关系学界对于它们是怎样相互关联的尚无共识。第三个问题是关于如何处理施动者-结构的问题,这是一个认识论的问题。有两种基本方法:要么"将两者之一当作本体论上的最根本的分析单位,要么赋予两者在本体论中以平等的因而不可化约的地位"。[26] 依据将何者作为原始本体,可以形成三种处理施动者-结构这一问题的方法:结构主义、个体主义和结构化。

根据对结构复杂性和结构与施动者关系的不同本体论认知,国际关系的结构分析可以分为三派。第一派是建构主义者,通常将结构概念理解为规则和资源。[27] 戴维·德斯勒和尼古拉斯·奥努夫明确且系统地提出将结构视为规则和资源的理由。[28] 德斯勒认为,科学现实主义者解决施动者-结构问题的方法建立在一个单一前提之上,即所有社会活动都是以社会形式为前提的。因此,"只有能实施国家行为的工具是存在的,国家行为才是有可能的和可信的"[29]。结构是指"先于行为存在的社会形式"[30]。将结构概念化为规则和资源的思想也嵌入在英国学派中,同时也被罗伯特·基欧汉采用,并且可以说这一思想与新自由主义的总体方法一致。[31] 这种观点也体现在葛兰西主义和新葛兰西主义学派中。[32]

第二派结构现实主义和后结构主义对于结构的概念是关系性的。[33] 华尔兹认为,结构的定义要求我们专注于单元之间的相互关系、它们的排列或定位方式,而非单元的特性。单元如何排列是体系的一个特性。[34] 罗克珊·多蒂则认为,施动者和结构都被看作实践的效果。她说,"研究对象即施动者是被决定的而不是决定性的"[35];实践是自主的和具有决定性作用的;能阻止决定论起作用的东西才是决定性的,实践起决定性作用是因为实践本身具有径向的不确定性。[36]

第三派是以伊曼纽尔·沃勒斯坦为首的新马克思主义者和结构马克思主义者,他们用结构主义者的术语,而不是基本个体之间的关系和它们的属性来界定结构。[37] 沃勒斯坦遵循路易·阿尔都塞坚持的整体相对于部分具有绝对本体论优先性的观点,并提出在比较政治经济学或国际政治经济学中,唯一有意义的分析单位是整体性的世界体系。新现实主义将体系结构定义为已有国家间的实力分布。与之不同,世界体系理论家们定义世界体系结构则是依据世界经济的基础组织原则,特别是国际分工,国家和阶级这两个施动者的构成和产生都源于国际分工。[38]

尽管对结构的性质存在不同的理解,但所有结构分析者通常都优先关注体系层次的分析,并且在研究社会现实时,更加重视结构的作用，而非施动者的影响。此外，他们的本体论观念使得他们偏爱用体系方法研究国际关系，而不是施动者层次的分析方法。例如，华尔兹认为："自由落体加速度的公式并不能解释物体是如何坠落的。要想解释……就得观察整个牛顿体系……一旦领悟了这个体系……就能解释这个现象了。"[39]虽然华尔兹提出了三个分析层次——个人、国家和体系，但他反对还原主义，将关注点限于国际体系的结构理论，避免与对外政策理论相关联。华尔兹认为，对外政策分析将体系视为因变量、侧重于分析几个自变量的做法是还原主义。[40]新现实主义是个简约理论，因此它在解释体系变化、变量、不同单位层次的互动，以及利益和偏好方面的缺陷都受到了批评。[41]道义现实主义克服了新现实主义的这些缺陷，优先考虑施动者，将对外决策与结构变化联系起来，建立了一个还原理论。阎学通认为，对外决策是个重要过程，决定着一国物质实力的上升、维持和衰败，领导在这一过程中发挥着决定性作用。阎学通同意华尔兹的观点，即国家之间的物质实力发展是不平衡的，但他将不平衡发展现象归于领导者的改革能力不同，而不是结构的原因。[42]

与阎学通一样，亚历山大·温特注意到结构分析在基本假设和逻辑上有局限性，他将这种局限性归因于结构分析者在本体论和认识论上对施动者-结构这一问题的立场。温特是第一位明确地将施动者和结构的争论引入国际关系的学者，他讨论这一争论是从批评两个关键国际关系理论入手的，即结构现实主义理论和世界体系理论。[43] 温特为施动者理论化开辟了一条通往国际关系研究的"很有前途的路径"[44]，这带起国际关系社会研究的微观分析浪潮，或者说微观分析的回归。[45] 除了温特的影响外，罗伊·巴斯卡尔与伊恩·哈金也认为，"人类施动者与结构具有不同的特性，我们应该注意区分它们"[46]，他们也推动了国际关系中的施动者性质研究。从施动者的角度回应这个本体论问题将认知论的问题简化为一种选择，即要么将行为体完全视为客观效用最大化者，要么将行为体视为追求个体目标的主观解释性施动者，这种方法深深根植于现象学、解释学和维特根斯坦后期哲学，以及当代建构主义国际关系理论。[47]

理性施动者是政治学中古典现实主义、自由主义和理性选择理论的关键汇合点。理性主义和个体主义的本体论嵌入这些理论流派之中，这种本体论认为可以脱离个人的社会来理解个人，"人的基本特征不是他们社会存在的产物"[48]。人的自我行为是社会单位基础，并构建了社会。[49] 于是，个人被理解为"在概念上是先于政治社会的，但也先于所有社会互动"[50]。沿着这个思路，理性的个体被理论化为自利的效用最大化者。[51] 古典现实主义者，甚至新现实主义者，对世界政治的理解都是将理性的个人和国家类比为理性的行为体，阎学通将个人和国家两个层次的领导混合为一的做法也反映了这一点。

建构主义者和后建构主义者强烈质疑将国际关系中的施

动者视为理性行为体的观念，他们提出了建构性理解个体的观念。[52] 从此，建构主义者和决策分析者在很大程度上主导了施动者层次的分析，他们不仅探索施动者如何行动和影响结构，更重要的是，解构了施动者是什么。[53] 建构主义者对施动的理解深深根植于人的意识，认为施动者是社会建构的和主观的而非理性的东西。使施动者方法兴起的三个不同传统是后结构主义、行为体-网络理论和行为表现研究。这些理论展示了社会实践是如何制造出研究对象的。尽管它们有所不同，但它们都认为施动是情境性的、关系性的和反射性的。[54] 其结果是，当下施动者分析方法被引入各种各样的分析层次和相应的施动者，包括国家、地区、人类、官僚机构和全球体系，[55] 范围之广使得国际体系中的几乎每个行为体都可以被认为是施动者。

在任何情况下，个人都被视为社会结构的主要构成，于是，所有关于施动者和社会结构之联系的概念最终都归于对个人行为的解释。卡尔·波普尔的经典阐述是："所有社会现象，尤其是所有社会机构的运作，都应始终被理解为产生于个人的决定、行动、态度等……我们永远不应满足于以所谓集体为变量的解释。"[56]

通过引入结构化理论，温特试图在施动者和结构之间找到一条对等的或中间的道路。然而，在寻找这样一条中间道路时，效仿温特的学者们虽然研究了施动者的各个方面，但他们的分析主要是施动者的身份构成和利益构成。[57]他们建议研究团体身份的内化,研究"政治行为体的出现和消失及其转型的边界"。[58]这些研究动议基本上都是全新的。正如詹姆斯·费伦和温特所说,"与理性主义者一样,现代建构主义者在很大程度上同意将他们所研究的某类行为体视为'外生的',无论是国家、跨国社会活动、国际组织,还是其他行为体。于是,在建构主义理论里,这条中间道路成了一条'单行道'"[59]。批评者认为,在关于国家行为和由其构成的国际体系的问题上,建构主义既没有实质性的知识贡献,也没有提出假设。到了20世纪90年代中期,一些国际关系理论家才开辟新的研究,从而使得建构主义发展成为一种关于国际行为的实质性理论。[60]

经仔细阅读道义现实主义,可以发现该理论是用二元论的方法解决施动者-结构问题的,这类似温特的结构化理论,认为施动者和结构之间的关系是对等的。在道义现实主义理论框架中,结构显然是个因变量,因为该理论意在解释国际格局的变化,或许还想解释国际体系的变化。当然,道义现实主义并不是简单地将结构视为施动者行为的结果。阎学通认为,道义现实主义提供了"一种二元论理论,既强调政治领导在决策中的重要性,也强调国家实力的重要性"。[61]道义现实主义者认为,国家实力更多的是一个结构概念,而不是以施动者为中心的概念,因为它不是由一国的绝对综合国力决定的,而是取决于它在国际体系中的相对实力和地位。阎学通进一步解释说："一方面，国际体系的无政府性要求各国决策者根据各国实力审慎地界定本国的战略利益；另一方面，它为政策制定者提供了创造独特战略以实现国家利益的空间。"[62] 根据这一逻辑，一国在体系中的地位决定其实施领导的环境，这就使道义现实主义既是个结构理论又是个施动者理论。

尽管道义现实主义者和建构主义者都将施动者和结构视为相互决定的，但在对施动者和结构的分析上，他们之间存在着本体论和认识论上的差别。第一，温特不仅将施动者和结构解释为相互决定的，而且将它们视为共存的；[63] 然而，阎学通认为施动者和结构是分别影响一国对外决策过程不同方面的变量。第二，建构主义认为结构是社会建构的，而道义现实主义认为它是一个客观的无政府体系，其特征不会改变。第三，建构主义将个人视为主观的，而道义现实主义遵循现实主义的传统，将领导视为客观存在的一个理性集体。阎学通认为，客观的国家综合实力决定国家利益，而建构主义者通常认为国家利益是社会建构的。[64] 第四，由于将个人看作和社会结构同等重要，当前研究施动者的人探讨的是施动者是如何构建的、如何竞争的和如何转化的，但是道义现实主义则认为个人在不同层面的重要性不同，将领导视为仅对结构有影响的施动者。

## 道义现实主义面临的质疑

通过重视动施动者层面的分析和关注施动者与结构之间的互动关系,道义现实主义对权力转移理论做出了贡献,但该理论的施动者概念存在着问题。道义现实主义未能明确哪个层次的领导是最主要的行为体单位:是作为个人的首脑、作为团体的政府,还是作为集体的国家。目前的论述似乎将这些混合为一,然而这些行为体并不一样,首脑不能简单地等同于政府或国家。

如巴斯卡尔所说,"构成国际体系的结构有其兴起动能;构成该体系结构的国家拥有其兴起动能;人类施动者则有一套不同的兴起动能……每个实体的结构形成的方法不同,这使具有的特殊性不同于其他结构的实体"[65]。概念化的模糊不清来自三个方面:对领导的定义、对领导行为体的解释和对领导力范围的界定。很明显,道义现实主义将政治领导视为自变量,用以解释国家相对地位的变化。然而,领导这个概念折中了各种各样的定义,这个概念可指领导一组人或一个组织的行为体,或指控制一组人的地位或状态,又或指领导能力。在《大国领导力》一书的开头,阎学通谨慎地澄清了几个关键概念,包括权力、实力和权威;遗憾的是,领导作为道义现实主义的关键因素却未被囊括在内。

乍一看,阎学通似乎更倾向于认为领导是决策者;正如他所说，道义现实主义将国家领导视为"决定国家外交政策、政治原则、官方意识形态和政治制度的关键因素，而不同类型的领导人对改革和战略取向有着各自的态度。因此，主导国和崛起国的不同领导类型可以重塑国际格局、秩序、规范、世界中心乃至整个国际体系"[66]。在《大国领导力》的中文版中，阎学通谨慎地将 political leadership 翻译成"政治领导力"，这是指领导能力。

道义现实主义需要澄清它讨论的是哪类行为体。既然该理论主要从行为体的角度界定政治领导，这就引出了本节最初提到的问题：道义现实主义如何定义一个施动者？在《大国领导力》第二章中，阎学通明确表示，他将决策视为集体行为，而不是某个领导人的个人行为；换句话说，政治领导指的是作为集体行为体的一组决策者，而不是该决策小组里的最高领导人。此外，阎学通试图将道义现实主义关于领导的研究与政治心理学关于领导者的研究区分开来，这是显而易见的。阎学通指出："政治领导的分类依据其具体的政策而不是最高领导人的个性或信仰。"[67]然而，当他开始对国家领导类型进行分类时，他给出的大多数例子都是领导者个人，如唐太宗、特朗普等，而不是集体行为体。

如前所述，道义现实主义是以回顾中国古代有关国内关系和国家间关系的思想为基础的。值得注意的是，道义现实主义借鉴了孔子和荀子有关领导的思想，然而，他们两人所说的领导主要是领导者个人，而非集体领导。正如《大国领导力》一书的开头引用的孔子的话，"为政以德，譬如北辰，居其所而众星共之"，这里谈的是最高领导人如何吸引追随者。[68] 孟子说："君子之守，修其身而天下平。"他进一步说："君仁，莫不仁；君义，莫不义；君正，莫不正。一正君而国定矣。"[69] 皇帝作为天子，是代表最高道义标准的样板，有责任用以身作则的方法领导所有追随者，既包括官员，也包括百姓。

仔细阅读可以发现，阎学通下意识地将领导者的行为和影响等同于集体决策班子的行为和影响，这是受中国古代文化影响的结果。中国古代文化将治理视为一种等级关系，在这种关系中，位于等级顶端的领导人可以决定决策集体的政策和行动，忽视班子内部分歧。诚然，强势领导人可以决定和引导集体思维，就像书中的例子，如唐太宗，但弱势领导人可能就做不到。在书中，阎学通还提到了集体思维，试图将领导者简单等同于集体决策班子的做法理性化；然而，领导者并不一定总是最具有挑战性思维和引领集体思维的人，其他角色，如利益集团，也可能影响决策，尽管他们在官僚体制上可能不被视为国家决策班子的一部分。因此，深入微观层面的分析，探索国家领导和国际领导的核心行为体是什么，而不是将它们混为一谈，这将有助于道义现实主义的进一步发展。

如前所述，道义现实主义理论由两个平行的推理逻辑组成，其核心是区分国家领导和国际领导，也就是国内领导和国际领导。因此，阎学通对国家领导和国际领导做了不同类型的分类。国家领导分为四种类型：无为型、守成型、进取型和争斗型。国际领导同样分为四种类型：王道型、霸权型、昏庸型和强权型。[70] 然而，阎学通没有探讨这两种领导之间的因果关系，甚至没有探讨它们之间的相互作用，且国家领导的类型和国际领导的类型也无对应性。他说："能够增强领导国实力的国家领导并不一定是会提供王道的国际领导，也不一定能建立稳定的国际秩序。同理，削弱本国国际地位的政府也不必然是强权型的国际领导。"[71] 这意味着对国家领导和国际领导只能做分别独立的分析。

  阎学通以不同的类型划分这两个不同层次的领导也有其合理性，因为两种领导是在不同的环境里实施的，一个是在上下等级的权力结构里，另一个则是在无政府体系里。然而，以平行的方式对待这两个层次的领导会显著降低道义现实主义的实用价值，因为很难将一国领导做全面分类，也很难以简约方式预测其偏好和决策结果。例如，人们公认特朗普使美国的国际战略信誉显著降低，但他实施了他所承诺的国内政策，并在一定程度上稳定了美国的就业率。当存在这样的矛盾时，我们应该如何对其进行评估呢？

  在有关权力转移和崛起国的文献中，道义现实主义的一个主要理论突破是，它以政治领导为解释变量，简明有效地解释了一国的兴衰。然而，一国的相对综合实力是如何经历不同领导类型仍保持不变的呢？在微观层面上，道义现实主义如何解释一国的对外政策在不同类型政治领导人的领导下保持连续性呢？虽然小布什和奥巴马是不同类型的领导，但罗伯特·S.辛格断言："奥巴马政府在进行'全球反恐战争'时，其积极性与小布什一样，如果不是更大。"[72]这说明，奥巴马的对外政策是小布什政策的延续，而不是改变。[73]如诺亚·史密斯所说，罗斯福和里根两位总统其实完成的都是他们前任开始的变革，而他们的前任都是对立政党的而且是不同类型的领导人。里根扩大了卡特的成果，罗斯福抓住了胡佛启动的良好开端。[74]此外，尽管特朗普政府和拜登政府之间存在巨大差异，但在某些问题上，如对华政策，他们的政策具有较大连续性。特朗普政府与拜登政府在对华政策上有着相似的愿景。无论是特朗普还是拜登，在解决贸易失衡和国家安全问题上都持强硬立场。

到2024年为止，拜登一直在延续特朗普的印太战略框架，不断构建与韩国和日本的双边关系以及印太战略架构内的四方安全对话机制。[75]也就是说，政治领导类型的变化并不一定会带来战略偏好的变化，至少不是在所有问题上。那么，在何种条件下，领导类型的变化会引发战略偏好的转变，并最终影响国家的兴衰？如果道义现实主义能够通过进一步的研究精确界定结构和领导者各自的影响范围，这将有助于更好地理解这一问题。哪些事务是由结构性因素决定，哪些则更多依赖于施动者的作用，可能取决于具体问题的性质，尤其是其与国家核心利益的关联程度。这种分析能够为解释领导层更迭对国家战略走向的影响提供更为严谨的框架。

此外，阎学通的观点面临着和结构决定论所面临的相似问题，他认为地区大国受主导国的约束，小国无力行使任何领导权，这些看法可能过于悲观。[76] 具体而言，面对气候变化和一系列环境问题，中小国家在启动、维持和实施国际合作以及推动建立具体规则和条例等方面做出了重要贡献。如果有兴趣查看联合国气候提案的记录，人们会发现，中小国家提出的提案总数实际上超过了崛起国中国和主导国美国。小岛屿国家联盟成员等小国通过充分发挥小国在制度设计和知识塑造方面的优势，以及努力实现小国在气候谈判中占据主导权，提高了自身集体谈判能力，进而促成有利于它们自己的议程。[77] 道义现实主义如何解释中小国家在特定国际政治问题上的领导作用？道义现实主义目前的理论解释在很大程度上将中小国家视为追随者，忽视了它们的领导作用。

## 总结

结合国际关系研究中有关施动者-结构的辩论背景，本章对道义现实主义进行了批判性分析。从施动者-结构的角度评论该理论的目的，是解读该理论的本体论和认识论背景，更加聚焦于观察隐蔽的逻辑缺陷，但这绝不意味着有关道义现实主义的讨论和发展应限于施动者-结构的争论。相反，在当今国际环境日益复杂化、全球治理面临多重挑战的背景下，道义现实主义为理解和应对这些挑战提供了一种独特且重要的视角。正如许多学者所指出的那样，世界正在走向倒退，全球秩序的稳定性正受到多方威胁：大国竞争加剧，地区冲突频发，气候变化的压力日益增加，国际合作的基础被不断侵蚀。与此同时，正如亨廷顿所说的，冷战后的"第三波"民主化正面临着强人推动的逆转。埃尔多安、杜特尔特和欧尔班分别在弱化土耳其、菲律宾和匈牙利的民主规则，这样的领导人还有很多。在这样的背景下，依靠传统的权力政治和结构性因素已经不足以应对当下的复杂局面。要扭转这一趋势，重新引导世界回到正轨，道义领导是一剂关键解药。

安明傅曾指出，在全球普遍对特朗普领导下的美国、对西方、对整体世界感到失望和焦虑的背景下，阎学通的道义现实主义通过聚焦于领导这一关键变量，为国际关系理论做出了及时且重要的贡献。[78] 阎学通指出，鉴于美国霸权的终结和中国谨慎避免战争，中美两极秩序将表现为依具体事务调整的动态联盟而非固定的对立集团，这意味着大多数国家将采取对冲战略，即在某些事务上站在美国一边，而在另外一些事务上则与中国站在一起。[79] 奈则强调，实现这一假设性局面的关键在于双方领导人的能力，即他们是否具备有效管理当前中美冲突的技能和智慧。只有在具备这种高效领导能力的情况下，世界才能避免陷入大国冲突的旋涡，并确保国际秩序的稳定。[80] 因此，我们可以清楚地看到，领导在动荡的时代尤为重要，不仅是解决冲突的关键因素，而且是全球治理与和平发展的核心支柱。在当前充满挑战和不确定性的国际环境中，领导者的作用不仅限于传统的政策制定和执行，更在于其能否通过道义领导引导国际社会走出困境，构建更加公正、和平与稳定的全球秩序。

当前国际社会面对多重全球性挑战，各国利益纠葛错综复杂，然而国际领导力的赤字越发凸显，主要大国在应对全球性挑战时缺乏有效的协调和统一行动。无论是气候变化、全球公共卫生危机，还是地缘政治冲突，均暴露出国际社会在领导力上的分裂与不足。美国自二战后建构起的国际领导力逐渐衰落，在拜登执政期间，一系列事件考验了他对美国全球领导地位的愿景。然而，迄今为止，美西方联盟未能在乌克兰赢得这场军事冲突，美国的实力和影响力也未能阻止中东地区的人道主义灾难。与此同时，新兴大国虽然崛起，但尚未有效填补全球治理的空白，美国对华全面竞争进一步压缩了其领导空间，全球领导力的分裂格局日益加剧。正如道义现实主义所指出的，主导国领导人更替可能对国际格局带来影响，那么随着美国新一届大选结果出炉，未来美国领导人将如何管控中美关系，是否会重新定义美国的全球领导角色，这对国际格局会带来什么样的影响，都是验证这一理论的关键问题。与此同时，新兴大国能否在国际事务中承担更为积极的领导责任？如何在激烈的地缘政治竞争中找到合作的契机，建立道义领导以应对共同的全球性挑战？这些问题不仅关乎当前国际秩序的稳定，更决定着未来国际社会发展的方向。

### 注释

1. Walter Carlsnas, "The Agency-Structure Problem in Foreign Policy Analysis," *International Studies Quarterly* 36, no. 3 (1992): 245–70.
2. Samuel Knafo, "Critical approaches and the legacy of the agent/structure debate in international relations," *Cambridge Review of International Affairs* 23, no. 3 (2010): 493–516.
3. 道义现实主义的英文 moral realism，在哲学领域译作"道德实在论"，最早是作为对客观上存在道德标准这一观点的系统辩护而提出的。张锋借用了这个词，他将西方现实主义理论与中国古代道义思想相结合，进一步发展了这个概念。其他关于此概念的研究可见 Pavlos Kontos, *Aristotle's Moral Realism Reconsidered: Phenomenological Ethics*, New York: Routledge, 2011; Feng Zhang, "The Tsinghua Approach and the Inception of Chinese Theories of International Relations," *The Chinese Journal of International Politics* 5, no. 1 (Spring 2012): 95–6。本文中的道义现实主义仅指阎学通在一系列文章和书籍中发展起来的理论，如 Yan Xuetong, Daniel A. Bell and Sun Zhe (eds), Edmund Ryden (trans), *Ancient Chinese Thought, Modern Chinese Power*, Princeton: Princeton University Press, 2011；阎学通：《改革能力影响国家实力》，载阎学通、张旗编著《道义现实主义与中国的崛起战略》，北京：中国社会科学出版社，2018年，第267–270页。
4. Kenneth N. Waltz, *Man, the State and War*, New York: Columbia University Press, 1954.
5. Charlotte Epstein, "Theorizing Agency in Hobbes's Wake: The Rational Actor, the Self, or the Speaking Subject?" *International Organization* 67, no. 2 (2013): 287–316.
6. Patrick Neal, "Hobbes and Rational Choice Theory," *Western Political Quarterly*

41, no. 4 (1988): 635–52.
7. Hans J. Morgenthau, *Politics Among Nations: The Struggle for Power and Peace*, 3rd edition, New York: Knopf, 1960.
8. Reinhold Niebuhr, *Beyond Tragedy*, New York: Charles Scribner's Sons, 1938, p. 158.
9. Hans J. Morgenthau, *Scientific Man vs. Power Politics*, Chicago: University of Chicago Press, 1946, pp. 194–55, cited in Kenneth N. Waltz, *Man, the State and War*, p. 24.
10. Saint Augustine, *The City of God*, Marcus Dods (trans), 2 volumes, New York: Hafner Publishing Co, 1948.
11. 阎学通、徐进等:《王霸天下思想及启迪》,世界知识出版社 2009 年版,第 109–129 页。
12. Yan Xuetong, *Ancient Chinese Thought, Modern Chinese Power*, p. 28.
13. Paul Kennedy, *The Rise and Fall of the Great Powers*, New York: Random House, 1987; Charles A. Kupchan, "Empire, Military Power, and Economic Decline," *International Security* 13, no. 4 (1989): 36–53; Jessica T. Mathews, "Power Shift," *Foreign Affairs* 76, no. 1 (1997): 50–66; Vassilis K. Fouskas and Bülent Gökay, "The Power Shift to the Global East," in *The Fall of the US Empire: Global Fault-Lines and the Shifting Imperial Order*, London: Pluto Press, 2012, pp. 111–32; David A. Lake, "Legitimating Power: The Domestic Politics of US International Hierarchy," *International Security* 38, no. 2 (2013): 74–111.
14. 同上。
15. Yan Xuetong, *Leadership and the Rise of Great Powers*, Princeton: Princeton University Press, 2019, pp. 1–51.
16. Joseph S. Nye, *Do Morals Matter? Presidents and Foreign Policy from FDR to Trump*, New York: Oxford University Press, 2020.
17. Amitav Acharya, "From Heaven to Earth: 'Cultural Idealism' and 'Moral Realism' as Chinese Contributions to Global International Relations," *The Chinese Journal of International Politics* 12, no. 4 (2019): 467–94.
18. 为了澄清道义的概念,阎学通指出道义判断分为个人、政府和国际三个层次。

因为国际关系的道义现实主义是一个专门论述国际关系的理论,"道义"特指政府道义。参见 Yan Xuetong, *Leadership and the Rise of Great Powers*, p. 7。

19. Yan Xuetong, *Leadership and the Rise of Great Powers*, p. 24.
20. Jannika Brostrom, "Morality and the National Interest: Towards a 'Moral Realist' Research Agenda," *Cambridge Review of International Affairs* 29, no. 4 (2015): 1624–39.
21. Yan Xuetong, *Leadership and the Rise of Great Powers*, p. 6.
22. Joseph Nye, "Transformational Leadership and US Grand Strategy," *Foreign Affairs* 85, no. 4 (2006): 68.
23. Yan Xuetong, *Leadership and the Rise of Great Powers*, pp. 165–71.
24. 波尔波拉指出术语构造的四个最通常的用法:第一,随着时间的推移而稳定的总体行为模式;第二,支配社会实际行为的类似法律的规律;第三,构成行为的共同规则和资源;第四,社会地位决定的人际关系系统。怀特又增加了一个术语的用法作为构成和定义元素属性的差异关系。参见 Douglas Porpora, "Four Concepts of Social Structure," *Journal for the Theory of Social Behaviour* 19, no. 2 (1989): 195–212; Colin Wight, *Agents, Structures and International Relations: Politics as Ontology*, Cambridge: Cambridge University Press, 2006。
25. Alexander Wendt, "The Agent-Structure Problem in International Relations Theory," *International Organization* 41, no. 3 (1987): 335–370.
26. 同上。
27. Alexander Wendt, "Anarchy is what States Make of it: The Social Construction of Power Politics," *International Organization* 46, no. 2 (1992): 391–425; Alexander Wendt, *Social Theory of International Politics*, Cambridge, UK; New York: Cambridge University Press, 1999.
28. David Dessler, "What's at Stake in the Agent-Structure Debate?" *International Organization* 43, no. 3 (1989): 441–73; Nicholas Onuf, "World of our Making: Rules and Rule," in *Social Theory and International Relations*, Columbia, SC: University of South Carolina Press, 1989; Vendulka Kubalkova, *Foreign Policy in a Constructed World*, New York: Routledge, 2001.
29. David Dessler, "What's at Stake in the Agent-Structure Debate?": 453.

30. 同上，第 452 页。
31. Robert Keohane and Joseph Nye, *Power and Interdependence: World Politics in Transition*, Boston; Toronto: Little, Brown, 1977; Robert Keohane, *International Institutions and State Power: Essays in International Relations Theory*, New York: Routledge, 1989; Quddus Z. Snyder, "Taking the System Seriously: Another Liberal Theory of International Politics," *International Studies Review* 15, no. 4 (2013): 539–61.
32. Jonathan Pass, "Gramsci Meets Emergentist Materialism: Towards a Neo Neo-Gramscian Perspective on World Order," *Review of International Studies* 44, no. 4 (2018): 595–618.
33. Kenneth Waltz, *Theory of International Politics*, New York: McGraw-Hill, 1979.
34. 同上，第 80 页。
35. Roxanne L. Doty, "Aporia: A Critical Exploration of the Agent-Structure Problematique in International Relations Theory," *European Journal of International Relations* 3, no. 3 (1997): 365–92.
36. 同上，第 377 页。
37. Louis Althusser and Etienne Balibar, *Reading Capital*, London: New Left Books, 1970, pp. 180–1; Steven Smith, *Reading Althusser*, Ithaca: Cornell University Press, 1984, pp. 192–200.
38. Alexander Wendt, "The Agent-Structure Problem in International Relations Theory": 346.
39. Kenneth Waltz, *Theory of International Politics*, p. 9.
40. Ole R. Holsti, "Theories of International Relations and Foreign Policy: Realism and Its Challengers," in *Controversies in International Relations Theory*, London: Red Globe Press, 1995.
41. Robert Keohane (ed), *Neorealism and Its Critics*, New York: Columbia University Press, 1986; Steven M. Walt, *The Origin of Alliances*, Ithaca: Cornell University Press, 1987; Joseph Grieco, *Cooperation among Nations*, Ithaca: Cornell University Press, 1990.
42. Yan Xuetong, *Leadership and the Rise of Great Powers*, pp. 20–85.

43. Alexander Wendt, "The Agent-Structure Problem in International Relations Theory".
44. 结构理论认为施动者和结构是相互构成的，并将施动者和结构具体化为具有不同本体论性质的实体。欲了解更多讨论，参见 Alexander Wendt, "The Agent-Structure Problem in International Relations Theory"。
45. Barry Buzan, "The Level of Analysis Problem in International Relations Reconsidered," in Ken Booth and Steve Smith (eds), *International Relations Theory Today*, Cambridge: Polity, 1995; Bryan Mabee, "Levels and Agents, States and People: Micro-Historical Sociological Analysis and International Relations," *International Politics* 44 (2007): 431–49; Jennifer L. Selin, "What Makes an Agency Independent?" *American Journal of Political Science* 59, no. 4 (2015): 971–87; Colin Wight, *Agents, Structures and International Relations: Politics as Ontology*; Jan-H. Passoth and Nicholas J. Rowland, "Who Is Acting in International Relations?" in Daniel Jacobi and Annette Freyberg-Inan, *Human Beings in International Relations*, Cambridge: Cambridge University Press, 2015, pp. 266–85.
46. Roy Bhaskar, *The Possibility of Naturalism: A Philosophical Critique of the Contemporary Human Sciences*, 2nd edition, Brighton: Harvester, 1979, p. 62.
47. James Fearon and Alexander Wendt, "Rationalism v. Constructivism: A Skeptical View," in Walter Carlsnaes, Thomas Risse, and Beth Simmons, *Handbook of International Relations*, London: Sage, 2001.
48. David Gauthier, "The Social Contract as Ideology," *Philosophy and Public Affairs* 6, no. 2 (1977): 139.
49. Jean Hampton, *Hobbes and the Social Contract Tradition*, Cambridge: Cambridge University Press, 1986.
50. 同上，第6页。
51. Thomas Hobbes, *Leviathan*, edited by Michael Oakeshott, Oxford: Basil Blackwell, 1946[1651].
52. Charlotte Epstein, "Theorizing Agency in Hobbes's Wake: The Rational Actor, the Self, or the Speaking Subject?".
53. 关于建构主义分析，参见 Alexander Wendt, "The Agent-Structure Problem in International Relations Theory"; Alexander Wendt, *Social Theory of International Politics*;

Cynthia Weber, "Performative States," *Millennium-Journal of International Studies* 27, no. 1 (1998): 77–95。关于决策分析，参见 Graham Allison, *Essence of Decision: Explaining the Cuban Missile Crisis*, Boston: Little, Brown, 1971; Walter Carlsnaes, "The Agent-Structure Problem in Foreign Policy Analysis," *International Studies Quarterly* 36, no. 3 (1992): 245–70。

54. Christian Bueger and Felix Bethke, "Actor-Networking the 'Failed State': An Enquiry into the Life of Concepts," *Journal of International Relations and Development* 17, no. 1 (2014): 30–60; Bernd Bucher, "Moving beyond the Substantialist Foundations of the Agent-Structures Dichotomy: Figuration Thinking in International Relations," *Journal of International Relations and Development* 20, no. 2 (2017): 408–33; Jan-H. Passoth and Nicholas J. Rowland, "Who Is Acting in International Relations?".

55. Benjamin Braun, Sebastian Schindler, and Tobias Wille, "Rethinking Agency in International Relations: Performativity, Performances and Actor-Networks," *Journal of International Relations and Development* 22 (2019): 787–807.

56. Karl Popper, *The Open Society and Its Enemies: Vol 2*, London: Routledge & Kegan Paul, 1966, p. 98.

57. Mary F. Katzenstein, *The Culture of National Security: Norms and Identity in World Politics*, New York: Columbia University Press, 1996.

58. Lars-Erik Cederman and Christopher Daase, "Endogenizing Corporate Identities: The Next Step in Constructivist IR Theory," *European Journal of International Relations* 9, no. 1 (2003): 6.

59. Benjamin Herborth, "Die via media als konstitutionstheoretische Einbahnstraße: Zur Entwicklung des Akteur-Struktur-Problems bei Alexander Wendt" (The via Media as a One-Way Street in Constitutional Theory: On the Development of the Agent-Structure Problem in Alexander Wendt's work), *Zeitschrift für Internationale Beziehungen* 11, no. 1 (2004): 61–87.

60. Erik Ringmar, "How the World Stage Makes Its Subjects: An Embodied Critique of Constructivist IR Theory," *Journal of International Relations and Development* 19, no. 1 (2016): 101–25.

61. Yan Xuetong, *Leadership and the Rise of Great Powers*, p. 61.
62. 同上。
63. Alexander Wendt, "The Agent-Structure Problem in International Relations Theory": p. 350.
64. Yan Xuetong, *Leadership and the Rise of Great Powers*; Alexander Wendt, "The Agent-Structure Problem in International Relations Theory".
65. Roy Bhaskar, *The Possibility of Naturalism: A Philosophical Critique of the Contemporary Human Sciences*, p. 62.
66. Yan Xuetong, *Leadership and the Rise of Great Powers*, p. xiv.
67. 同上，第 28 页。
68. 同上，第 1 页。
69. 《孟子·尽心下》，第三十二章；《孟子·离娄上》，第二十章。
70. Yan Xuetong, *Leadership and the Rise of Great Powers*, pp. 25–52.
71. 同上，第 52 页。
72. Timothy J. Lynch and Robert S. Singh, *After Bush: The Case for Continuity in American Foreign Policy*, Cambridge: Cambridge University Press, 2008.
73. 有几项研究也认同这一观点，例如 Mike Aaronson, "Interventionism in US Foreign Policy from Bush to Obama," in Michelle Bentley and Jack Holland (eds), *Obama's Foreign Policy: Ending the War on Terror*, Abingdon: Routledge, 2014; Aiden Warren and Adam Bartley, *US Foreign Policy and China: The Bush, Obama, Trump Administrations*, Edinburgh: Edinburgh University Press, 2021。
74. Noah Smith, "Trump Blazed a Trail That Clears the Way for Biden," *Bloomberg Opinion*, 20 April 2021.
75. 2021 年 1 月 20 日，美国国务院发布了《美利坚合众国和大韩民国关于共同努力促进印太战略和新南方政策之间合作的声明》，其中提到，"大韩民国（韩国）和美利坚合众国继续共同努力，在开放、包容、透明、尊重国际规范和东盟中心地位原则的基础上，通过大韩民国的新南方政策和美国的印太战略之间的合作，创建一个安全、繁荣和充满活力的印太地区"，参见 https://www.state.gov/the-united-states-of-america-and-the-republic-of-korea-on-working-together-to-promote-cooperation-between-the-indo-pacific-strategy-and-the-new-southern-policy/；

2021 年 3 月 12 日，拜登在四方领导人视频峰会上表示，"我们面前有一个重大议程……四方会谈将成为印太合作的重要舞台"，参见 https://www.whitehouse.gov/briefing-room/speeches-remarks/2021/03/12/remarks-by-president-biden-prime-minister-modi-of-india-prime-minister-morrison-of-australia-and-prime-minister-suga-of-japan-in-virtual-meeting-of-the-quad/；2021 年 3 月 16 日，美国国务卿安东尼·布林肯和日本外务大臣茂木敏充重申了美日联盟作为印太地区和平、安全与繁荣基石的至关重要性，参见 https://www.bbc.com/zhongwen/simp/world-56412684。

76. Yan Xuetong, *Leadership and the Rise of Great Powers*, pp. 59–61.
77. Louise van Schaik, Stefano Sarris, and Tobias von Lossow, *Fighting an Existential Threat: Small Island States Bringing Climate Change to the UN Security Council*, The Netherlands: Clingendael Institute, 2018.
78. Amitav Acharya, "From Heaven to Earth: 'Cultural Idealism' and 'Moral Realism' as Chinese Contributions to Global International Relations".
79. Yan Xuetong, *Leadership and the Rise of Great Powers*, pp. 198–206.
80. Joseph S. Nye, "Perspectives for a China Strategy," *PRISM* 8, no. 4 (2020): 120–31.

# 第四章
# 道义现实主义的前景、期许与局限

王庆新

阎学通教授借鉴儒家道义，建立了雄心勃勃的道义现实主义理论，旨在通过将道义纳入国际政治的新现实主义理论来改进新现实主义。深受古代儒家思想的影响，阎学通强调负责任的国家政治领导在改变国际政治中有重要作用，并认为王道型国际领导能促进普世性道义规范的形成。然而，他的理论并非仅限于合成新现实主义理论与儒家道义。阎学通强调道义对国际政治的影响，这在一定程度上也与关注道义规范的建构主义者形成共鸣。[1]

本章考察了阎学通的道义现实主义的基本假定和论点，通过将道义现实主义与西方两种主流国际关系理论——新现实主义和建构主义进行比较，分析其前景和希望，并批判性地评估道义现实主义的局限性。本章第一部分概述了主流国际关系理论以及道义现实主义的潜在贡献。第二部分从道义现实主义与西方主流国际关系理论的跨文化学术对话角度观察该理论，一侧是道义现实主义，另一侧是新现实主义和建构主义，将二者进行详细的比较。第三部分对道义现实主义进行批判性评价，并指出其局限性。

## 西方主流国际关系理论与道义现实主义的期许

主流国际关系理论界一直由三大理论主导：新现实主义、新自由主义和建构主义。华尔兹以国际政治的以下三个重要假定为基础，建立了有影响力的新现实主义理论。第一，国际政治是无政府性的，这意味着没有世界政府。第二，国家是国际政治中的行为体单位，国内政治在国际政治中并不重要。第三，国家是理性的效用最大化者，这意味着国家倾向于最大限度地实现以实力定义的国家利益。衡量实力的主要标准是经济资源和军事资源。于是，华尔兹推测认为，既然国际政治是无政府性的，决定国家行为的主要因素就是国际体系的无政府性和国际体系中的国家实力（或物质实力）分布。其结果是，各国倾向于以平衡战略应对世界无政府状态下的安全困境。

在华尔兹的新现实主义的基础上，罗伯特·吉尔平提出了霸权稳定论，用以解释国际变化。吉尔平强调，不同的经济增长速度导致国家在国际体系中的权力和能力的兴衰，最终带来国际变化，并可能引发战争。许多国际关系学者依据该理论预测国际政治的未来方向，特别是预测中国崛起对世界政治的潜在影响。吉尔平聚焦于以物质资源作为国家实力的唯一衡量标准，以实力解释国际变化，而很少关注国际思想和规范对国际变化的影响作用。正如吉尔平所强调的那样，规则和规范是由领导国制定的，是用来在国际秩序的维护中实现自身国家利益的，这些规则和规范没有独立持续的力量，无法独立于创立它们的物质实力而存在。当领导国的物质实力下降时，规则和规范的作用也会下降，因为领导国不再有物质实力来维护这些规则和规范。[2]

有批评者认为，新现实主义过于强调国际体系中物质实力分布，将其视为国家利益和国家行为的唯一决定因素，忽视了许多重要因素，如国内政治、制度、意识形态、文化、规范和身份等。新自由主义者认同新现实主义的假定，即国际政治是无政府性的，国家是理性的，且是效用最大化者。尽管如此，新自由主义者强调国际制度的约束作用，认为通过问题关联制度可以降低交易成本，从而促进国家之间的合作。他们还认为，各国更倾向于获取绝对收益，而非相对收益。[3]

建构主义对新现实主义提出更难应对的挑战。它不承认新现实主义关于国家是理性的且是效用最大化者的假设。建构主义认为，国家利益是社会建构的。主观因素，如观念、信念、规范和身份，是可能影响国家决策和行动的重要因素。在互动和实践过程中，国家赋予实物以主体间的意义，在此基础上国家构建其利益和身份。除了国家赋予的主体间的意义，实物自身没有独立的意义。换句话说，观念、规范和身份是国家实力和利益的组成部分。此外，建构主义还拒绝新现实主义的这样一个观点，即无政府性质必然引发自助和竞争的权力政治。相反，它认为自助是一种从国家间互动和实践中产生的主体间结构，而不是一种物化结构。换句话说，自助不必然是无政府性质的逻辑结果。无政府性质可以引发自助和权力政治，但如果各国有共同的价值观、规范和身份认同，也可以引发合作。简言之，权力政治也是社会建构的，"无政府性质是由各国造就的"[4]。

在新现实主义和建构主义之外，阎学通的道义现实主义提供了另一种选择。阎学通的主要论点是，国家的政治领导是国际体系变化的重要动力。正如他所说，国家有了责任感强的政治领导，就很可能主动进行必要的改革，这可能加快其经济增长，在国际权力竞争中吸引到国际支持，最终提高其综合国力，甚至带来国际体系的重大改变。

与新现实主义者的定义不同，阎学通所说的综合国力远不限于物质实力资源。如他所说，综合国力是国家经济资源、军事资源、文化资源和政治实力综合作用的结果。政治实力至关重要，因为它是一种操作性要素，而不是资源性要素，可加倍提高三种资源性要素总和的效力。政治实力取决于国家政治领导的效率，而后者的主要衡量标准是能否采取良好的改革政策以及能否有效且坚定地推进这些改革政策。一国的政治领导有可能提高、维持或削弱该国的政治实力，所以，一国的综合国力取决于政治领导如何有效并负责任地行使其职责。[5] 阎学通没有接受新现实主义者将实力定义为仅由资源要素构成的观点，而是遵循宋明理学的传统，强调人在提高国家综合国力中的重要作用和最终带来重大国际变化的重要作用。

阎学通的理论中最具创新性的，或许也是最具争议的问题是，他认为，在促进国内积极变革、争取国际支持和最终实现国际变化方面，政治领导起着至关重要的作用。在阎学通看来，道义意味着"政府的道义，据此，领导行为将根据公认的有关国家利益和国家实力的行为准则来判断"[6]。如他所定义的，"政治领导是指一个领导团队，这个团队有能力赢得其他个人、团队或组织的支持，以完成共同的任务"[7]。阎学通强调，一国的"政治领导……对增强、维持或削弱国家实力起着至关重要的作用"[8]，因此这关系到国际格局的变化。

阎学通认为，衡量政治领导要看其领导效果，好的政治领导"能赢得国内外的支持，从而增强国家的实力并扩大其国际权力"；借鉴中国古代哲学家管子的思想，阎学通进一步提出，各国政治领导的不同效率可从两个方面导致国家间实力的不平衡增长："一是不同的国家领导效率导致资源性要素以不同的速率增加，二是不同的国家领导效率使相同规模的资源性要素起到不同的实力作用。"[9] 阎学通说，苏联在 1991 年解体，是其国家领导效率低下的直接结果，这最终导致了国际格局从两极转变为单极。[10]

换句话说，阎学通认为，一国的资源性实力要素不会自动转化为实力和影响力，而是需要通过有效行使政治领导权，将资源性实力要素转化为实际的能力和影响力。道义的和负责的政治领导是指有效且高效地将资源性实力要素转化为实力和影响力；从道义上讲，不负责的政治领导是指不能有效地将资源性实力要素转化为实力的，或是削弱本国综合国力的。

如阎学通所假设，一个崛起国有了有效的政治领导，其综合国力可能会超越主导国的实力，挑战主导国建立起来的国际秩序。如果崛起国胜了主导国，成为新的主导国，它可能会创建一种新型的国际领导和相应的国际规范，从而带来重大的国际变化。[11]

总的来说，阎学通建立了一个有鲜明中国视角的国际关系理论。他用有道义的国家领导解释国际变化，这是对新现实主义有益的纠正，因为新现实主义仅将物质实力分布的变化作为国际变化的主要原因。阎学通的论点很有原创性和挑战性。《大国领导力》这本书写得很好，充满智慧，条理清晰。具体而言，他的研究为国际关系研究做出了三个潜在的贡献。

第一，阎学通强调国家政治领导对国际权力分配变化的重要性，这使未来关于这一主题的研究大有希望。他认为，国家的政治领导，即负责任和有效地运用政治领导权的过程，能够在国内建立起政治共识,在国际上能争取到对其政策改革的支持。这一论点超越了有关国内政治研究的一个传统观点,即认为国家的对外政策可能受到国内政治的严重制约。以往许多西方的研究表明,国家不是一元化的,因为政治领导人在制定对外政策时总是面临着各种各样的政治反对和官僚阻力。这些研究结论支持阎学通对国家政治领导的看法。

范亚伦做了一项重要研究,聚焦于第一次世界大战前,英国在适应其霸权相对衰落时的对外决策所呈现的非理性特质。他说,由于派系内讧和官僚争吵,英国领导人们未能采取有效的对外政策来遏制其相对衰落的趋势。他认为,如果英国领导人们增加国防开支并实行全民兵役制,英国是有可能避免从 20 世纪初世界霸主的地位上衰落的命运的。[12] 通过研究美国 19 世纪后期的对外政策,法里德·扎卡里亚提供的案例是内政如何影响即将成为霸主国的国家的对外政策决策。他的研究表明,美国国家财富的增长并不必然转化为果断的对外政策和国际影响力。令人惊讶的是,在 1889 年之前,美国作为世界上最富有的国家之一,并没有采取果断的对外政策以将其国际影响力提升到与其经济实力相称的程度。他认为,美国采取维持国际地位现状的保守对外政策,其主要原因是联邦政府和州政府之间的分权制。美国之所以在 1889 年后采取果断对外政策并成为世界领导国,其主要原因是,通过将各州权力集中于联邦,即宣称联邦政府的权力高于州政府权力,美国的决策者们获得了对外政策决策权。因此，是国内政治因素解释了1889年后美国在国际上的崛起，而不是因为当时的美国政治领导人们负责任地履行了职责。[13]

阎学通则认为，国内政治可归入政治领导这个变量里。那些领导不力的人会遭到政治反对派的强烈抵制；而那些有能力的领导人则能克服反对派的抵制，为特定的改革政策或对外政策提供强有力的领导。除了苏联这个例子，阎学通还用另外三个案例证明他的论点。

第一个例子是富兰克林·罗斯福政府，其政策得到了国内外的大力支持，从而大大加强了美国在二战后早期的全球领导地位。阎学通还认为，改革开放时期的中国政治领导也是个有效政治领导的例子。邓小平领导下的中国政治领导在国内进行了良好的改革，使国家走上了正确的经济增长道路，并采取了积极的对外政策，扩大了外部支持，负责任地执行这些政策，最终使中国与美国国际地位上的差距快速缩小。谢淑丽研究了邓小平改革的政治逻辑，其研究结论当然支持阎学通的论点。[14]阎学通认为，特朗普无力的政治领导削弱了美国的全球领导力。这是因为特朗普采取了歧视妇女和少数族裔的社会政策，如反对堕胎和同性婚姻，造成社会分裂，这还大大削弱了民主党的支持，并导致共和党在众议院失去多数席位。在国际上，特朗普对欧洲采取了孤立主义的外交政策，让北约盟友履行其军事预算承诺，这在某种程度上导致了北约盟国之间的摩擦和分裂。

阎学通在书中没有讨论拜登政府,但我认为拜登政府的例子可能也支持了阎学通的论点。内政上,与特朗普政府的分裂社会的政策相反,拜登自就职总统以来一直试图让不同宗教和种族的美国社会团结起来。拜登政府试图弥合种族和政治分歧,这反映在其政府人事任命上。其内阁成员中出现了数量空前的少数族裔,在某种程度上安抚了因特朗普政府的种族主义色彩和反堕胎政策而疏远的黑人少数族裔和女性。在国际上,拜登利用俄乌冲突强化北约的团结,针对俄罗斯的行动采取一致的严厉制裁措施。在北约面临失去存在意义的危险之际,他允许芬兰和瑞典加入北约,加强美国在东欧的军事存在,特别是在波兰的军事存在,为北约注入了新的活力。拜登政府还成功地推行一个印太战略,激活了美国在该地区的联盟。这样,拜登在国内和国际提供了有效的政治领导,可能已增强了美国的全球领导力。

第二,阎学通的研究具有重要的现实价值。《大国领导力》一书出版得很及时,因为它恰逢中国经济和政治的迅速崛起导致中美关系日益紧张之际。中美两国在加强经济和地缘政治竞争,这可能导致灾难性文明冲突,故两国的政治领导者们和对外政策分析家们有责任寻找方法避免灾难发生。当前中美外交政策界正在进行中美关系未来走向的争论,阎学通的研究对这个问题是一种贡献。既然西方自由主义和儒家政治意识形态都无力主导整个世界，阎学通强调中西之间的文明对话是必要的，从而避免潜在的灾难性冲突发生。他认为，这两种不同的意识形态也许真能形成互补，中美间的和平可以得到强化，条件是这两种意识形态变得相辅相成，西方自由主义价值观的平等、民主和自由与儒家文化规范的仁、义、礼相结合，发展成一种新的统一的政治意识形态。

第三，阎学通的道义现实主义必将深化中国国际关系学者与西方主流国际关系学者的认知对话。当代主流国际关系领域一直被基于西方传统和西方历史经验发展起来的理论主导，因此这一领域被批评为种族中心主义的。由于中国当代对外政策行为深深根植于中国古代传统，许多主流国际关系学者和分析家可能会因其文化偏见而无法正确把握当代中国外交政策的逻辑。安明傅提出了以各种不同文化和传统为基础来发展全球国际关系理论的想法。[15] 阎学通的研究有助于我们促进深化中国国际关系学者与西方主流国际关系学者之间的对话，澄清西方国家对外政策决策界对中国和中国外交政策的许多误解和误会，使中西方国际关系学者能够共同建设全球国际关系理论。[16]

## 道义现实主义与新现实主义和建构主义的比较

本节将道义现实主义置于与西方两大主流国际关系理论——

新现实主义和建构主义的直接学术对话中。通过仔细比较道义现实主义和新现实主义及建构主义，明确道义现实主义与这两种西方国际关系理论的异同。

在某种程度上，阎学通的道义现实主义是建立在新现实主义基础之上的。它与新现实主义有两个关于国际政治的基本假设是一样的。第一，国家是理性的，且是效用最大化者。第二，国际政治是无政府性的，即没有世界政府。基于这两个假设，阎学通认为国际物质实力的分布，或他所说的国际实力格局，是决定国家利益和国家行为的一个重要因素。换言之，他接受华尔兹的论点，即各国可能会参与自助和强权政治，以加强自身安全。

和吉尔平一样，阎学通认为，国际变化主要是因为崛起国的综合实力超越了主导国。当综合实力的国际分布改变时，崛起国和主导国之间的冲突是不可避免的，可能会对国际秩序造成重大干扰，甚至引发战争。[17]主导国建立国际规范和国际秩序的意图在于服务其自身战略利益。国际格局的改变则可能导致国际规范性秩序的改变。

但是，道义现实主义与新现实主义有两个重要区别。首先，道义现实主义对国家实力的定义要比新现实主义宽泛。新现实主义只关注国家物质实力的分布情况，将其作为国家利益和行为的唯一决定因素，而道义现实主义则坚持认为，国家实力是物质实力、文化实力和政治领导力相结合的结果。其次，道义现实主义不完全认同新现实主义的这样一个观点，即经济增长率的差别是崛起国的国际实力超越主导国的主要驱动因素，最终会导致国际社会的不稳定。道义现实主义认为，各国政治领导的差别才是导致国际变革的主要因素。有效且负责地行使政治领导权的国家可获得大量国内外支持，从而积累起强大的综合实力；而不能有效行使政治领导权的国家，则无法将物质资源转化为国际影响力。于是，一个拥有有效政治领导的崛起国可能会在实力上超越霸权国，最终改变国际体系。

道义现实主义强调政治领导的重要性，这表明它的有些关注与建构主义相似。这可以从两个方面看出。首先，在一定程度上，道义现实主义像建构主义一样强调观念的因素，特别是道义的重要性。建构主义强调，道义规范和理想可以激励人的行为，帮助政治领导人们进行国际合作和实现和平。阎学通关注有效且负责地行使政治领导权的问题，这表明他受到宋明理学的影响，强调人这一施动者在行使政治领导权中的重要性。正如明代著名心学家王阳明所认为的，人如果有强烈的道义激情，就可以改造事物和客观环境，克服不利的事物和客观条件。换言之，有了道义激情，人就有动力完成看似不可能完成的任务，并有效地履行政治责任。然而，道义现实主义认为，道义是实现领导国国家利益的工具，而不是形成国家利益的主体间基础——这一点稍后将详细阐述。

其次，尽管阎学通赞同华尔兹的一个观点，即国际无政府性有引发自助和权力政治的可能,但他并不认为无政府性必然会引发这种结果。这种立场在某种程度上类似于建构主义。阎学通认为,国际无政府性决定国家的利益和目标,但政治领导决定国家实现利益和目标的方法与战略。这意味着,拥有高效政治领导的国家可采取不同的和灵活的战略来增强安全,如不结盟战略、贸易战或暴力战争。[18]

虽然道义现实主义与建构主义一样认为领导国的道义力量是重要的,但它与建构主义有四点重要区别。

第一,阎学通的道义现实主义对国家利益和实力的概念化与建构主义不同。新现实主义对国家利益的理解是基于物质实力之上的,建构主义对此表示质疑。建构主义者认为,信仰、规范和身份等主体间共享的思想可以独立于物质基础来塑造国家的利益,并可以指导国家的行为。这是因为观念、规范和身份为物质实力结构提供意义,是定义不依赖于物质实力的国家利益的重要基础。规范是对国家适当行为的共同期望,这意味着某种正当性的逻辑。[19]国家认同是一个国家对自我的"相对稳定的、特定角色的理解和期望"。[20]例如,正如托马斯·里塞-卡彭所说,北约成员国之间民主规范的传播意味着成员国将彼此视为平等的伙伴,它们的合作是通过说服和妥协实现的,而不是通过基于权力不对称的胁迫或威胁。[21]同样,身份对威胁的感知也很重要。一个持枪的陌生人对我们的威胁要比一个持枪的朋友大得多。换句话说,持枪者的身份可以决定枪支是否会对我们构成威胁。同样,伊朗核武器将比英国核武器对美国安全的威胁大得多,因为美国认为英国是最友好的盟友,而伊朗是死敌。

尽管如此,与建构主义不同,道义现实主义将物质资源视为国家实力的原始基础,而将道义视为源自物质资源实力的间接基础,而不是独立的实力资源。正如阎学通所说,"客观的国家利益是由国家实力界定的,其存在与否不取决于人的观念"[22]。国家的道义实力表现在国家政治领导力上,它可以增强国家在引起国际变化过程中的整体实力,但国家的道义实力不能取代国家的物质实力。换句话说,借用韦伯的术语,道义现实主义强调的是道义的工具理性,而不是道义的价值理性。用阎学通自己的话来说,"这种对国家利益的认识与亚历山大·温特对国家利益的认识不同。笔者认为国家利益是客观的,而温特认为国家利益是由人的社会观念主观建构的"[23]。

同样,阎学通也认为,国际秩序的维护主要建立在领导国物质实力基础之上,道义政治领导力是补充基础。正如阎学通所说,"国家实力是道义行为产生效力的前提条件。……没有超强的实力,任何领导国都无法只凭道义行为来维护国际秩序"[24]。

第二,道义现实主义对国家和国际结构互动关系的理解也不同于建构主义。在建构主义看来,国家和国际社会结构是相互构成的。正如温特所说,通过话语实践,国家可以产生、复制或改变国际社会结构,如规范和身份,然后国际规范和身份可以反过来塑造和构成国家的利益和行动。换言之，国际社会结构不是国家无法改变的具体化的对象；相反，国际社会结构只能通过国家之间的互动作用而存在。[25]

从战略上讲，建构主义者认识到国家在创建和促进国际规范中所起的重要作用。玛莎·芬尼莫尔和凯瑟琳·西金克认为，国际规范源于规范创建者，无论他们是国家还是个人，在没有主导国的胁迫或物质回报的情况下，国家会自愿接受规范的社会化。[26]此外，她们还认为国家战略偏好和规范变化之间是相互联系和相互作用的，而不是偏好和规范之间的单方面关系，她们称之为"战略性社会建构"[27]。她们强调，某些国家或个人制定的国际规范可以被其他国家内化或共享，并重新塑造国家的利益和行动。

建构主义认为国家和国际社会结构是相互构成的，这一概念主要挑战了华尔兹的新现实主义论点，即国际物质结构对国家形成决定性约束，以及国际政治存在普遍规律。[28]

与建构主义不同，道义现实主义并不认为国家和国际社会结构之间的关系是相互构成的。道义现实主义与建构主义一样，强调国家在促进国际变化方面的重要性。在道义现实主义看来，国家施动者包括两个维度：一个是操作物质实力，另一个是有效行使国家政治领导力。道义现实主义只关注国际权力结构对国家利益和行动的影响，而不关注国际社会结构对国家权益和行动的影响。

这是因为，与建构主义不同，道义现实主义强调国际规范主要是由领导国创建的，原因是领导国（霸权国）具有执行国际规范和维护国际秩序的实力优势与能力。当较小的国家接受或遵守领导国的国际规范时，主要是出于利益的战略考量，而不是规范的国际化。当领导国的实力下降时，较小的国家就不太愿意接受或遵守这些规范。

第三，关于国际秩序是如何建立和维护的，道义现实主义与建构主义的观点不同。建构主义者认为，观念因素是国际变化的驱动力，如果国家不赋予国际物质结构主体间意义，国际物质结构的变化就不可能单独成为国际变化的动力。芬尼莫尔和西金克认为："在观念性的国际结构中，观念变化和规范变化是系统变化的主要载体。规范变化对观念理论家来说就像均势变化对现实主义者来说一样。"[29]

同样，温特还认为，各国实行的主体间共享的规范和身份是国际体系变化的主要驱动力。他提出了无政府文化的概念，并认为无政府状态是人为建构的历史和文化观念产物，而历史观念是随着国家进行国际互动而产生的。通过国家间互动和相互了解，各国可以克服相互不信任，随着不同程度的合作形成不同的无政府文化。他假设，国家的主体间共享身份是单向的历史进程，从低级形式到高级形式，即从冲突激烈的无政府状态文化到密切合作的无政府状态文化。也就是说，在《威斯特伐利亚和约》之前，是霍布斯文化，各国彼此视为死敌，并在不断争夺权力和生存权的同时剥夺彼此的生存权。洛克文化出现在 1648 年《威斯特伐利亚和约》之后，当时各国相互认定为主权行为体，并在互相承认为主权国的同时，彼此成为有节制的竞争对手。康德文化是在冷战结束后出现的，民主国家将彼此视为友好伙伴，并相互密切合作，彼此不可能发生军事冲突。[30] 温特进一步指出，这一历史进程不会倒退。他写道：

> 伴随着每一个"更高"层次的国际文化，国家都获得了权利，在洛克文化中获得主权，在康德文化中获得免于暴力和安全援助，它们决不愿放弃，无论它们未来可能创建什么样的新制度。这一过程可能无法经受住外来冲击，比如入侵（野蛮人入侵罗马）或成员国国内宪法革命（美国和法国革命）。但就其内生动力而言，这一论点认为，国际政治的历史将是单向的。[31]

道义现实主义不同意建构主义的观点，即观念变化是国际变化的主要来源。阎学通认为，思想和规范主要是领导国通过使用物质权力为其自身国家利益服务而刻意推动的结果，而不是通过国家间互动产生的。换言之，国际变化主要由领导国的物质实力驱动，而规范则起次要作用。阎学通认为，"领导国有选择性地推进某些规范是因为这些规范有利于维护它们的利益，它们不会接受那些好的但不利于它们的规范"[32]。

第四章　道义现实主义的前景、期许与局限

领导国创建国际规范和秩序,用来提供安全和经济繁荣等公共物品,是因为这些规范和秩序对领导国最有利。当维护国际规范和秩序的成本超过其收益时,领导国将废除或修改这些规范和秩序。[33] 美国提出建立跨太平洋伙伴关系和跨大西洋贸易与投资伙伴关系,以取代运作不善的世界贸易组织,就是这样的例子。中国成立亚洲基础设施投资银行是另一个这样的例子。

阎学通还强调,领导国的战略信誉是其建立和维护国际秩序的重要考虑因素。领导国通过遵守自己制定的国际规范以身作则,较小的国家就会效仿,也遵守国际准则。[34] 因此,阎学通比较同意新自由主义者 G. 约翰·伊肯伯里和查尔斯·库普乾的自由主义观点,即领导国通过行使主导权,即用规范说服、物质诱导或强力胁迫相结合的办法,在向其他国家推进规范方面起着重要的作用。[35]

温特在讨论国际变化的原因时,只关注国家认同和规范,而没有考虑国家的物质利益和实力,这是阎学通所不同意的。温特认为国际规范类型的发展是单向演变的,从死敌之间权力斗争的霍布斯文化,发展到通过彼此作为有节制的竞争对手的洛克文化,再发展到民主国家之间密切合作的康德文化,阎学通对此也是不同意的。阎学通认为,国际规范变化的方向是不确定和不可预测的,这取决于领导国的战略偏好。[36]

此外,阎学通还认为,一种特定类型的国际规范和秩序的建立与国际领导的性质密切相关。阎学通基于其早期论述中国思想与实力的著作中对荀子的国际领导的研究，认为国际领导有四种类型：王道型、霸权型、强权型和昏庸型。这四种不同类型的国际领导分别产生了四种类型的国际规范：道义规范、双重标准规范、强权政治规范和恃强凌弱规范。

王道型国际领导在国内外普遍实行道义规范，将其发展并推广到所有国家。王道型国际领导将道义视为对外政策和国内政策的基础。它还创建国际道义规范并推进其他国家效仿。它的对外政策符合它自己制定的国际道义规范。阎学通提到两个王道型国际领导的例子，一个是中国古代周朝的开国统治者，另一个是富兰克林·罗斯福政府时期美国的国际领导。周朝统治者以其优越的道义实力组建了一个多国联盟，击败了暴虐的商统治者，并在《周礼》道义规范的基础上建立了王道型国际领导。二战结束后，美国的罗斯福政府也以其优势的物质实力和自由主义的道义规范建立起王道型国际领导。

霸权型国际领导建立在双重标准规范之上。一方面，霸权主义国家在其盟友之间推进道义规范。另一方面，它对竞争对手和敌人实行强权政治规范和恃强凌弱规范。强权型国际领导总是根据强权政治原则采取对外政策，而昏庸型领导往往通过欺凌弱小国家来维持其国际秩序。[37] 强权政治规范和恃强凌弱规范源于国际无政府状态性质，因为国家本质上是利己主义的，而且不断地相互争夺权力。[38] 阎学通用他的理论对中国未

第四章　道义现实主义的前景、期许与局限

来在国际政治中的角色进行预测。他说,中国可能不是一个新的霸权型领导,因为尽管它可能在经济实力方面赶上美国,但它缺乏一种能够吸引许多较小国家的普世性意识形态来为未来的"中国霸权"奠定规范基础。由于中美两国都不足以单独建立一个新的国际领导,阎学通认为,新的世界规范很可能建立在中美意识形态相结合的基础之上,即美国的自由主义意识形态与以儒家思想为基础的中国意识形态相结合。

第四,道义现实主义和建构主义对国际和平前景的看法也不同。建构主义对未来国际和平的前景更加乐观。一些像温特这样的建构主义者从康德的永久和平理想以及他对战争作为解决国际冲突工具的厌恶中获得灵感。建构主义者认为,规范和身份可以构成国家的利益和行动,共同身份的形成可以减少国际冲突的机会,提高国际和平的可能性。温特假设,如果各国形成一种共同身份,可以在国家之间产生共同利益,那么以自我为中心的利益引起的集体行动问题就可以克服。温特发现了国家间互动的两个系统性过程——加深国家之间的相互依存、民主或人权等国内价值观的跨国趋同,这可能有助于国家之间大致的整体认同,并促进共同利益。此外,最初以自我利益为动机的国家之间的战略合作可能会促使各国随着合作行为的重复,重新定义自己与合作伙伴的关系。逐渐地,国际互动的系统性进程和国家之间反复的合作行为可能会形成新的国际共同身份认同,并最终产生如北约和欧盟那样的国际国家。此外,如前所述，温特还认为，建立康德式民主国家文化也是国际和平的良方。[39]

建构主义者渴望实现永久和平的道义理想，而道义现实主义却没有这样的期望。和新现实主义一样，阎学通对国际和平前景持悲观态度。他似乎认为，随着各国争夺霸权和国际领导，国际冲突甚至战争可能难以避免。受摩根索等古典现实主义者和吉尔平等新现实主义者的影响，阎学通似乎认为国际暴力冲突是世界政治的现实。崛起国和主导国之间的国际冲突尤其严重，因为这两个国家的实力接近对等，而且它们努力创建反映各自国家利益的互具竞争性的国际秩序，这往往是一场零和游戏。用阎学通自己的话来说，"崛起国与主导国之间的结构性矛盾是不可避免的，因为两者都追求体系内的主导地位"[40]。事实上，他似乎认为中美目前正陷入这样一场争夺国际霸权的零和竞争中。

建构主义者强调转变国家认同是解决世界和平问题的方案，与之不同，道义现实主义对国际和平的希望寄托于建立王道型国际领导，以最终平息国际冲突。道义现实主义的规范秩序观点似乎受到儒家道义的启发。它似乎渴望建立王道型国际领导，以取代一个充斥着国际霸权、强权或昏庸统治和国际暴力冲突的无道义世界。王道型国际领导可以通过推进能被其他国家社会接受的普世性道义规范来平息世界，这将取代霸权型领导实行的双重标准规范、强权型领导实行的强权政治规范和昏庸型领导实行的恃强凌弱规范。但实现这样的愿望注定是困难的。

此外,道义现实主义似乎认为,有责任感的国家领导对不负责任的国家领导使用武力是正义的,对于建立和维护王道型国际领导可能是必不可少的。这是因为领导国对维护国际体系的稳定负有特殊的道义责任。正如阎学通在谈到领导国保护盟友和维护国际秩序的责任时所写的:

> 那些认为卷入战争的同盟领导国是不讲道义的或不负责任的观点是不对的。我认为不分青红皂白地拒绝使用武力是一种民族自杀政策,也是一种不道义的原则,与王道型领导的行为背道而驰。在无政府的国际体系中,小国很少有足够的军事实力保护自身安全,必须依靠强国来保护。领导国采取绝对不使用武力的政策,等于否认其保护国际秩序与维护国际正义的责任。[41]

阎学通的这一观点与儒家的武力使用理论相呼应,与建构主义几乎没有相似之处。正如我们从中国古代历史中所知道的,周朝的开国统治者通过一场被称为"牧野之战"的暴力战争建立了王道型国际领导。此外,维护王道型国际领导也可能需要强制力。尽管孔子标榜以德治国,但他仍然认为,统治者可能需要强制力来约束那些桀骜不驯者的行为。因此,孔子公开支持齐国大臣管仲使用武力抵抗外族侵略，并称他为仁者。[42]

阎学通的国家政治道义观强调，政治领导人应有能力和责任制定良好的改革政策，以赢得国内大多数人和世界大多数国家的支持，同时也强调政治领导人对人民负有特殊的道义责任，即为人民提供国家安全的艰巨职责。也就是说，阎学通对道义的阐释与摩根索等古典现实主义者的道义观有着某种契合。和阎学通一样，摩根索也认为应该用不同于普通人的道义标准来评论政治领导人。国家领导人肩负着保护人民和国家的艰巨职责，评论他们的标准应该是看他们是否成功地履行了这一艰巨职责，而不是用普遍适用于评论普通人的道义原则。对摩根索来说，国家领导人的道义实践是从追求国家利益和国家实力的角度来定义的。那些违背国家利益行事的领导人将不会被视为有道义或负责任的领导人。

## 道义现实主义的局限性

和其他优秀的研究一样，阎学通的著作也并非没有弱点，尽管它充满了智慧和创新。

首先，阎学通的论点——强大的国家政治领导可能会在国内实行良好的改革，对外采取积极的政策来吸引国际支持，这可能会增强领导国的国际实力，并最终引发重大的国际变革——这或许是最困难和最具争议的问题。[43] 阎学通认为，衡量一国的政治领导是否负责任，要看它是否实行良好的改革并有效而忠实地执行这些改革。[44] 但他对政治领导的定义进而引出了另一个问题，即什么是好的改革，什么是坏的改革。阎学通似乎强调，道义上最负责任的领导人，会在仔细权衡各种对外政策的利弊之后，采取最合理的国内外政策去扩展国家利益，然后满怀激情地最大限度履行其道义责任，以高效、忠实地行使政治领导力。在这方面，阎学通将政治领导力的行使与不同类型的对外政策联系起来，引入了四类国家领导：无为型、守成型、进取型和争斗型。无为型领导认为，保持地位的最佳策略是在国内外不采取任何行动。守成型领导将发展经济视为综合实力的基础和维持现状的最佳战略，同时避免在国际上过于自信地争取国家利益。进取型领导对内实行良好的改革政策，对外实行争取国际支持的积极政策，并负责任地行使其政治领导力。争斗型领导信奉社会达尔文主义，往往会采取致力于军事扩张的激进对外政策。在阎学通看来，崛起国的政治领导采取进取型对外政策，是它们成功挑战主导国并实现国际变革的方法。[45]

因此，阎学通所说的强有力的政治领导的概念似乎是将华尔兹的假设与宋明理学所强调的重点相结合，华尔兹假设国家是理性的行为体单位，总是仔细权衡推行良好改革和理性对外政策的利弊，宋明理学强调用人类意志和道义激情的力量来克服不利的物质条件。

但是，导致领导国兴衰的原因非常复杂，可能是多方面的。政治领导的强弱标准当然可能是一个重要因素，但它不能成为决定国家兴衰的唯一因素。国家兴衰的原因可能包括许多因素，如文化、地理、人口、经济、市场规模或技术发展。例如，尽管现实主义者吉尔平认为国家间经济增长的不均衡引发了国际体系的变化，但他认为国家兴衰的最终原因是技术创新。历史学家彭慕兰认为，人口分布的变化是造成18世纪后东西方经济大分化的一个重要因素。[46] 这些变化的某些原因可能是人为因素或人类意志的结果。例如，德国社会学家韦伯认为，现代资本主义在西方占优势是新教兴起的结果，新教为所有经济活动的合理化提供了伦理基础。[47] 经济学家道格拉斯·诺思认为，保护私有财产的人为规则及其制度化是引发西方世界崛起的原因。[48]

但是，我们在强调人的主观能动性的重要性的同时，应该认识到人类理性的局限性。与华尔兹对理性的理解相反，经济学家赫伯特·西蒙认为，人的理性是有限的。国家领导人在做出政策决策时总是面临许多不确定性。没有一个国家领导人能够预知什么样的国内改革政策和对外政策的方向是正确的，什么是可能使他们的国家获得国际优势的正确道路。没有一个国家领导人能够在不考虑信息不确定性的情况下，满怀激情地履行其道义责任；许多国家领导人在制定政策时只是以其有限的理性摸索行事。[49]保罗·肯尼迪对大国的兴衰进行了经典的研究，否认了理性和人类意志力量的逻辑。他认为，国家领导人经常陷入帝国过度扩张的陷阱。随着国家调动资源扩大国际影响力，国家领导人往往面临着一个艰难的困境，成为自己成功的受害者：进一步扩大国家的国际力量意味着耗尽国家资源，削弱国家的国际力量，但遏制国际扩张也会削弱其国家的国际力量。[50]

其次，有一个相关的问题，那就是如何正确评估国家综合实力。当阎学通强调国家政治领导的重要性时，有些学者怀疑他是否高估了中国的力量，而低估了美国的实力。阎学通对政治领导的理解，即如何制定良好的改革政策并有效促进国家海外利益，与我们如何正确地估计中国的崛起和美国的相对衰落有很大关系，也与如何估计这一变化对未来中美关系的影响有很大关系。阎学通认为，中国很有可能在经济和政治上继续崛起，未来的国际体系可能演变成两极。但一些批评人士对此持异议。正如安明傅所言，阎学通没有考虑到印度、日本和巴西等中等大国可能在世界政治中发挥的重要作用。安明傅认为，世界未来可能走向多极化。[51]其他人则认为，阎学通对中国不可避免的崛起过于乐观，低估了美国的力量和韧性。这些批评者认为，未来的世界政治可能不会是两极的，因为美国和中国之间的力量差距仍然很大，美国的经济规模仍然大于中国很多，其技术实力仍然高于中国很多，更不用说美国拥有压倒性数量的核弹头了。[52]

　　最后是霸权概念的问题，这与对二战后美国霸权的评价有关。阎学通的霸权观是建立在古代的大儒学家荀子的霸权观基础上的，这显然带有负面含义。荀子说的霸主不重视道义规范，只强调其战略信誉的重要性。然而，西方主流对霸权的理解在很大程度上受到了查尔斯·金德尔伯格的霸权概念的影响，强调仁慈的霸权在提供国际公共物品方面的重要性。[53] 不同的霸权观导致了对美国霸权本质的不同理解。阎学通的霸权观导致他对美国霸权进行负面描述，认为美国霸权依赖于推动双重标准规范来维护国际秩序。这与西方主流国际关系文献中的理解形成了鲜明的对比，后者认为，美国在冷战期间通过建立基于联合国、关税与贸易总协定、世界贸易组织和世界银行等国际机构的战后国际秩序，提供国际安全和经济繁荣等国际公共物品，在西方世界发挥了仁慈的霸权领导作用。此外，尽管美国制定了某些双重标准规范，但在二战后的国际秩序中，美国或许在促进一些普遍接受的道义规范方面发挥了不小的作用，例如联合国的集体安全、《联合国宪章》和《世界人权宣言》中的人权保障原则、关税与贸易总协定和世界贸易组织的最惠国待遇原则与互惠原则，以及世界银行的互助原则。[54] 显然，这两种不同的霸权观源于两种截然不同的文化。也许这两种不同的霸权观之间需要更深入的学术对话与协调，以避免误解。

　　简言之，阎学通的道义现实主义对当代国际关系研究有着重要的意义，对理解国际实力和国际体系变化提出了一个非常重要的独特的中国视角。虽然他没有回答他提出的所有问题，但他的研究可能会挑战当代西方主流的国际关系理论，可以帮助我们研究和理解国际实力的基础，特别是国家政治领导的道义素质，及其在促进国际变革过程中的作用。这也为我们在现实主义和建构主义的理论基础之上，如何兼顾和调和中国古代的国际关系理论与当代西方的国际关系理论指出了一个新的方向。

## 总结

本章探讨了阎学通的道义现实主义的基本假设和论点，通过与西方两大主流国际关系理论——新现实主义和建构主义的比较，分析了其前景和承诺，并批判性地评价了道义现实主义理论的局限性。本章第一部分概述了西方主流国际关系理论以及道义现实主义可能的贡献。尤其是阎学通对道义现实主义的研究，有三个潜在的贡献。第一，它有可能将有关国内政治对对外政策的影响的研究与道义现实主义相结合。第二，它深化了中国国际关系学者与西方主流国际关系学者的知识对话。第三，他的研究具有重要的现实价值，在中美关系日益紧张的时候，它将有助于中美之间的文明对话。

## 注释

1. Yan Xuetong, *Leadership and the Rise of Great Powers*, Princeton: Princeton University Press, 2019, pp. 1–206.
2. Robert Gilpin, *War and Change in International Politics*, New York: Cambridge University Press, 1981, pp. 28–31.
3. Robert Keohane, *After Hegemony: Cooperation and Discord in World Politics*, Princeton: Princeton University Press, 1984.
4. Alexander Wendt, "Anarchy Is What States Make of It: The Social Construction of Power Politics," *International Organization* 46, no. 2 (1992): 394–403; Ronald L. Jepperson, Alexander Wendt, and Peter J. Katzenstein, "Norms, Identity, and Culture in National Security," in Mary F. Katzenstein (ed), *The Culture of National Security*, New York: Columbia University Press, 1996, pp. 33–75.
5. Yan Xuetong, *Leadership and the Rise of Great Powers*, pp. 13, 56.
6. 同上，第8页。
7. 同上，第29页。
8. 同上，第56页。
9. 同上。
10. 同上，第57页。
11. 同上，第78页。
12. Aaron L. Friedberg, *The Weary Titan: Britain and the Experience of Relative Decline, 1895–1905*, Princeton: Princeton University Press, 1988.
13. Fareed Zakaria, *From Wealth to Power: The Unusual Origins of America's World Role*, Princeton: Princeton University Press, 1998.
14. Susan Shirk, "Playing to the Provinces: Deng Xiaoping's Political Strategy of Economic Reforms," *Studies in Comparative Communism* 23, no. 15 (1990): 2227–258.
15. Amitav Acharya, "Global International Relations (IR) and Regional Worlds: A New Agenda for International Studies," *International Studies Quarterly* 58, no.4 (2014): 647–59. 江忆恩似乎不同意西方主流国际关系理论存在文化偏见的观点，并对基于东亚历史的国际关系研究在多大程度上有助于解决理论争议、实现理论突破或推动该领域向前发展持怀疑态度。参见 Alastair Iain Johnston, "What

(if Anything) Does East Asia Tell Us about International Relations Theory," *Annual Review of Political Science* 15 (2012): 53–78。

16. Mario Telò, "Moral Realism: Innovation and Dialogue in International Relations Theory". （未发表的论文）
17. Yan Xuetong, *Leadership and the Rise of Great Powers*, pp. 67–77.
18. 同上。
19. Ronald L. Jepperson, Alexander Wendt, and Peter J. Katzenstein, "Norms, Identity, and Culture in National Security," in Mary F. Katzenstein (ed), *The Culture of National Security*, pp. 33–75.
20. Alexander Wendt, "Anarchy is What States Make of It": 397.
21. Thomas Risse-Kappen, *Cooperation among Democracies: European Influence on US Foreign Policy*, Princeton: Princeton University Press, 1995.
22. Yan Xuetong, *Leadership and the Rise of Great Powers*, p. 68.
23. 同上。
24. 同上，第 74 页。
25. Alexander Wendt, "The Agent-Structure Problem in International Relations Theory," *International Organization* 41, no. 3 (1987): 335–70.
26. Yan Xuetong, *Leadership and the Rise of Great Powers*, pp. 105–106 ; Martha Finnemore and Kathryn Sikkink, "International Norm Dynamics and Political Change," *International Organization* 52, no. 4 (1998): 901–2.
27. Martha Finnemore and Kathryn Sikkink, "International Norm Dynamics and Political Change": 888, 894.
28. Jeffrey T. Checkel, "The Constructivist Turn in International Relations Theory," *World Politics* 50, no. 2 (1998): 325–7; Dale C. Copeland, "The Constructivist Challenge to Structural Realism: A Review Essay," *International Security* 25, no. 2 (2000): 189–91.
29. Martha Finnemore and Kathryn Sikkink, "International Norm Dynamics and Political Change": 888, 894.
30. Alexander Wendt, *Social Theory of International Politics*, New York: Cambridge University Press, 1999, pp. 266, 297, 323.

31. 同上，第 312 页。
32. Yan Xuetong, *Leadership and the Rise of Great Powers*, p. 106.
33. 同上，第 69 页。
34. 同上，第 70—77 页。
35. 同上，第 106—107 页。G. John Ikenberry and Charles A. Kupchan, "Socialization and Hegemonic Power," *International Organization* 44, no. 3 (1990): 290.
36. Yan Xuetong, *Leadership and the Rise of Great Powers*, pp. 120–1.
37. 同上，第 43—45 页。
38. 同上，第 109 页。
39. Alexander Wendt, "Collective Identity Formation and the International State," *American Political Science Review* 88, no. 2 (1994): 388–92.
40. Yan Xuetong, *Leadership and the Rise of Great Powers*, p. 72.
41. 同上，第 66 页。
42. D.C. Lau, *Analects*, New York: Penguin Classics, 1979, Book XIV, Verse 16, p. 126.
43. Yan Xuetong, *Leadership and the Rise of Great Powers*, pp. 13, 56.
44. 同上，第 56 页。
45. 同上，第 29—36 页。
46. Kenneth Pomeranz, *The Great Divergence: China, Europe and the Making of the Modern World Economy*, Princeton: Princeton University Press, 2000.
47. Max Weber, *The Protestant Ethic and the Spirit of Capitalism*, New York: Oxford University Press, 1905.
48. Douglass C. North and Robert P. Thomas, *The Rise of the Western World: A New Economic History*, New York: Cambridge University Press, 1973.
49. 拉杰什·拉贾戈帕兰批评阎学通对政治领导的定义是同义反复，因为阎学通是根据领导国的对外政策来定义政治领导的，然后用对外政策来解释领导国的对外政策。但拉贾戈帕兰似乎误解了阎学通的论点，即政治领导的质量是领导国兴衰的原因。参见 Rajagophlan, "Book Reviews," *India Quarterly* 75, no. 3 (2019): 407。
50. Paul Kennedy, *The Rise and Fall of the Great Powers: Economic Change and*

*Military Conflict from 1500 to 2000*, London: Vintage, 1989.
51. Amitav Acharya, "Global International Relations (IR) and Regional Worlds: A New Agenda for International Studies": 648.
52. Mario Telò, "Moral Realism: Innovation and Dialogue in International Relations Theory".
53. Charles Kindleberger, *The World in Depression, 1929–1939*, New Haven: Yale University Press, 1973.
54. Mario Telò, "Moral Realism: Innovation and Dialogue in International Relations Theory".

# 第五章
# 道义现实主义的理想道义与现实关注

贺凯

阎学通的《大国领导力》是一部融合了中国古代哲学、历史与当代案例以及现代国际关系理论的突破性专题研究著作。[1]阎学通提出了"道义现实主义"——一种新的现实主义理论——来解释大国的崛起和国际秩序的转变。他对为什么只有"少数崛起国能取代主导国"的问题给予了解释,认为"核心自变量是政治领导"[2]。此外,他认为政治领导也可以解释国际格局、国际规范、国际秩序和国际制度的变化。

他的论点言简意赅,符合政治学学科的黄金标准,因为他的道义现实主义理论只有一个核心变量——政治领导,它解释了权力动态、国际秩序的转变以及国际规范的兴衰。这确实是雄心勃勃并具挑战性的,因为政治学者通常会给他们的理论划定明确的解释范围,以免受到学术批评。例如,新现实主义的创始人华尔兹曾说过一句著名的话,即新现实主义是一种国际关系理论,而不是对外政策理论,因为它无法解释"为什么某国上周二采取了某种行动"[3]。相反，阎学通认为道义现实主义的解释力可以跨越个人、国家和体系三个不同的分析层次。

此外，道义现实主义已经将唯物主义和唯心主义连接起来，因为道义和规范——建构主义的两个概念变量——在阎学通的"政治领导"定义中与物质力量很好地结合在一起。可见，阎学通的道义现实主义对当代国际关系理论的主要标准提出了严峻的挑战。尽管学者们不一定同意阎学通的观点，但书中许多深刻的见解会使他们受到启发，这反过来又会鼓励他们通过国际关系的理论创新和实证研究来寻求新的视角。

在本章评论的第一部分，我首先强调了阎学通的著作对国际关系理论建设和中国崛起研究的一些重要贡献。具体而言，它特别重视国际关系中的领导力，打破了唯物主义和唯心主义之间的界限，并精心地对中美未来的竞争做出了大胆而细致的预测。在第二部分，我讨论了阎学通的道义现实主义可能需要进一步澄清的三个领域：道义与政治领导的概念化、国家领导与国际领导之间的互动和机制，以及规范和领导的整体观。这三个问题领域可以看作其他学者进一步探索的机会，以推动道义现实主义作为一种新的国际关系理论在未来的发展。

在第三部分，我对传统的转变基于权力的观点和阎学通所说的以道义/规范为导向的秩序转变有所质疑，提出了一种基于制度的秩序转变，认为多边机制在塑造国际秩序转变中发挥着重要的组成作用。道义现实主义学者在未来的研究中将多边机制纳入考虑范围是有益的。总而言之，我认为，尽管阎学通的道义现实主义在理论和实践上可能存在一些弱点，但它反映了一个现实主义领军者对更美好、更和平世界的真正理想追求。道义现实主义理论越有影响，世界就越和平。

## 理论、实践和预测三方面贡献

阎学通作为中国最具影响力的国际关系学者之一，其著作和论述深深吸引了西方国际关系学者。例如，《大国领导力》一书提出的道义现实主义思想被视为中国外交政策转型的主要理论支柱。[4]有些评论家认为，阎学通的书反映了中国学者如何看待国际关系，从长远来看，这可能会影响中国的外交政策制定者。[5]阎学通的著作除了具有重要的政策相关性外，尤其对中国外交政策研究以及国际关系总体研究做出了三方面的理论和实证贡献。

### 特别强调领导的作用

阎学通的道义现实主义突出了领导在国际体系中影响大国兴衰的作用。他认为："当崛起国的领导力比主导国和其同时代主要国家的领导力更强且更高效时，所有这些国家的国际权力将以崛起国胜过主导国的方式被重新划分。"[6]领导的重要性对于对外政策分析领域的学者来说并不是新题目，该领域关注的就是施动者在决策过程中的作用。然而，阎学通的道义现实主义并不局限于对外政策研究。相反，他认为政治领导不仅可以解释一个国家的权力趋势，还可以为国际秩序的转变提供线索。阎学通认为："当崛起国的政治领导力强于主导国的政治领导力时，这两个国家的权力地位就可能反转，崛起国将成为新的主导国。"[7]换言之，阎学通的道义现实主义不仅是一种对外政策分析理论，而且是一种国际关系理论，可以解释国际体系中大国之间的互动和动态。

值得注意的是，像 E. H. 卡尔和摩根索这样的古典现实主义者也强调领导在国家政策行为方面所起的作用。例如，摩根索强烈反对《慕尼黑协定》，因为纳粹另类且危险。[8]在分析政治领导的本质时，古典现实主义者似乎强调历史、意识形态和国内政治。相比之下，阎学通的道义现实主义强调的是领导的政治能力，而不仅仅是领导的本质。

为什么政治领导如此重要？阎学通把国家实力的根源追溯到政治领导。他认为，国家综合实力包括物质实力和非物质实力。物质实力包括军事实力、经济实力和文化实力三项资源性要素，而非物质实力指的是国家的政治实力，其核心是国家的政治领导。他进一步指出，"政治实力具有扩大和缩小其他三个要素作用的功能。如果政治实力下降至零，那么其他三个要素就不能发挥任何作用"[9]。领导作为政治实力的核心组成部分，在形成国家决策过程中起着操作性和提供动力的作用。

阎学通提出两种类型来进一步界定政治领导。在国内，一国的"国家领导"可以分为无为型、守成型、进取型和争斗型。受中国先秦哲学，特别是荀子哲学的启发，阎学通将一国的"国际领导"分为王道型、霸权型、昏庸型和强权型。更重要的是，他认为不同类型的政治领导会导致不同的战略行为。例如，无为型领导比较可能选择避免冲突，守成型领导可能更倾向施加经济影响，进取型领导更有可能扩大国际支持，而争斗型领导则倾向于选择军事扩张。[10]

同样，四种类型的国际领导会导致不同的对外政策行为。例如，王道型领导将遵循国际规范和道义标准，并以维护信誉的战略方式行事。霸权型领导在同盟内部保持战略信誉，但以"丛林法则来处理与非盟国的关系"[11]。昏庸型领导是不负责任的，采取的对外政策是基于其认知之下与他人的利益关系。强权型领导总是采取"强权政治的原则制定对外政策，因此盟友和敌人都不信任它"[12]。

值得注意的是，阎学通明确地指出，所有这些国家领导和国际领导的分类都是理想的类型。在现实生活中，大多数国家领导或国际领导本质上都是混合型的。例如，在目前进行的俄乌冲突中，普京和泽连斯基表现出不同的政治领导风格和能力。然而，难以用上述的领导类型去对这两位领导人分类。我们需要更多的研究来揭示这两位领导人的政治领导，因为这将有助于我们了解这场仍在进行的冲突的起源、过程、结果和影响。阎学通认为，"在全球化时代，王道原则具有成为国际领导行为准则的优势"[13]。就国家治理而言，进取型国家领导更可取，因为它鼓励在国内实行适当的改革，在国际上实行结盟。我们来思考一个关键问题：为什么崛起国能够在国际体系中崛起？阎学通的答案在于两种类型的政治领导：进取型的国家领导和王道型的国际领导。

## 打破唯物主义与唯心主义的界限

阎学通的道义现实主义是将唯物主义和唯心主义融于国际关系研究的典范。在国际关系研究中，现实主义被视为一个根植于唯物主义的学派，因为它通常强调物质利益在塑造国家行为和国际政治中的作用。而自由主义和建构主义都强调思想在世界政治中的作用，尽管它们在思想如何影响或改变世界方面观点有所不同。阎学通的道义现实主义创造性地将物质利益和道义观念融合在一个研究架构中，以解释国家行为和国际体系的变化。

道义现实主义本质上是一种现实主义和唯物主义理论，因为它认为国家在无政府的国际体系中以权力和实力来追求国家利益。然而，它也认为，国家追求其物质利益的最佳方式是遵循道义准则和国际体系的规范。与大多数现实主义者不同的是，阎学通认为国家应该遵循某些道义准则和观念体系的国际规范。国家遵循这些道义准则的动机并非源于无私，而是源于它们本来具有的重要作用。换言之，遵守这些道义准则最符合国家的利益，因为这种"王道型"领导有助于获得战略信誉和国际支持。

值得注意的是，阎学通并不是第一个将唯物主义和唯心主义融合于国际关系研究的学者。例如，一些研究战略文化的学者也强调文化和权力在形成国家战略行为方面的重要性。[14]此外，许多新古典现实主义学者也认为，国家的对外政策行为受体系层面权力格局和各种国内传播带的影响。国内传播带包括一些观念性的变量，如威胁感知、领导人形象和战略文化。[15]

然而，阎学通的理论创新在于他对道义的论述，尤其是他对道义和规范建设的总体工具观。他认为："道义的作用是在应该如何获得国家利益方面影响决策者，而非在哪些是国家利益的问题上影响决策者。"[16]也就是说，阎学通在界定一国的国家利益问题上仍持现实主义的观点。然而，他提出政治领导人在追求这些唯物主义利益时应该注意道义准则，因为"道义在大国领导的战略偏好中则是一个要素"[17]。在这里，阎学通对普世道义的论述与凯南和摩根索等古典现实主义者不同，后者认为传统或普世道义不能用来解释和预测国家行为。[18]原因很简单，古典现实主义者眼中的所谓道义通常只为国家的某些特定利益服务。与古典现实主义不同，阎学通的道义现实主义突出了道义在政治领导建设中的实用性。在某种程度上，他的道义现实主义比古典现实主义更"现实"，因为它在论述道义问题上更注重其工具性。

很明显，阎学通的道义现实主义会使许多现实主义者同自由主义者和建构主义者产生异议。对于铁杆现实主义者来说，所谓的道义或道义准则只是国家利益的反映，也是权力斗争的结果。自由主义者和建构主义者可能对道义的重要性有着相似的看法；然而，他们不会赞成阎学通的工具性道义观。相反，他们认为国际体系中的道义或道义准则可以在形成一国的国家利益及其战略偏好方面独立发挥作用。换句话说，道义或道义规范在自由主义者和建构主义者等唯心主义者眼中是自变量，但在阎学通的道义现实主义中，它们只是一个干预变量或因变量。阎学通的道义现实主义在一定程度上对现实主义、自由主义和建构主义三种国际关系范式提出了严肃的理论质疑。预计道义现实主义将在国际关系学者中引发新一轮关于道义在世界政治中的作用的理论辩论。

### 大胆而细致的预测

最后却同样重要的是，阎学通的道义现实主义特别具有政策相关性和极高的预测价值。政治学家不善于预测是公开的秘密。[19]这就是为什么一些学者明确表示,他们的理论旨在解释世界政治中发生的事情,而不是预测未来会发生什么。[20]这是可以理解的,因为太多不可预测的变量可能会影响一国的对外政策决策以及国际政治的动态。将一个新理论局限于解释领域而不是进行预测是一个安全的选择。

显然,阎学通是一个敢于冒险的人,也是国际关系研究中真正相信科学的学者,他说"所有科学的理论都具有预测功能"[21]。在《大国领导力》的《结论》一章中,他并不满足于他的道义现实主义对所发生的事情的解释力。相反,针对中美竞争的背景,他还对未来国际秩序的变化做出了一些大胆而细致的预测。预测是有风险的,因为它更容易被判断为对或错。如前所述,太多不可衡量和不可预测的变量可能会改变世界政治的进程。然而,阎学通自信地认为,他的道义现实主义理论能够通过这一"预测"检验。

阎学通预测未来10年(2019—2028年)国际政治将发生三大变化。首先,世界将经历"没有全球领导的两极化"[22]。中国的崛起将使美国主导的单极世界转变为两极世界,中国和美国将成为国际体系中的两极,其他国家将不得不根据各自的利益在中美之间选边。无论中国还是美国都不能担当全球领导。其次,我们将看到不稳定的国际秩序,但不会看到冷战。[23]阎学通认为,核武器将有效防止中美之间的直接战争。然而,这种核威慑并不能确保地区大国之间的和平。俄罗斯和乌克兰之间正在发生的冲突似乎证明了阎学通对未来10年或20年国际秩序不稳定的预测是正确的。最后,阎学通认为,未来10年,国际体系中不会出现新的主流价值观。尽管阎学通认为自由主义正在衰落,但"在未来10年里,没有任何意识形态能够通过建立一套新的主流价值观取代自由主义来指导国际社会"[24]。因此,阎学通预测,我们将看到各种意识形态争夺区域主导地位或影响力,尽管他相信,他的道义现实主义所倡导的王道型领导将为未来比较和平的世界提供更好的解决方案。

《大国领导力》英文版于2019年出版,阎学通的预测时间段应该是2018—2028年。在我于2021年写本篇文章的时候,我们可以初步评估阎学通的道义现实主义的预测价值。首先,世界确实正朝着两极的方向发展,美国和中国是两个超级大国,而其他国家则不在同一等级上。由于中美对新冠疫情的处理方式不同,疫情进一步加速了权力过渡。尽管美国可能会在一段时间内保持其军事优势,但如果中国能够维持其经济增长和技术进步,它最终会迎头赶上。此外,新冠疫情还揭示了国际体系中缺乏全球领导,因为美国和中国都不能承担全球领导来抗击新冠疫情。尽管拜登政府打算恢复美国的世界领导地位,但特朗普造成的声誉和信誉的损害难以轻易修复。中国确实努力尝试致力于国际领导。然而,正如道义现实主义所表明的那样,各国不同的国内价值体系是中国被世界其他国家接受的主要障碍。因此，正如阎学通明智地预测的那样，世界正在走向没有领导的两极化。

至于有关不会出现新冷战的预测，我们可能需要观察更长的时间才能进行全面的评估。美国确实正在更加努力地实施其针对中国的新"冷战"。自从蓬佩奥在尼克松图书馆发表谈论中国的演讲以来，美国针对中国意识形态对中国发动了新的"冷战"。尽管拜登政府似乎淡化了针对中国意识形态的描述，但它提议与其他民主国家建立"大联盟"，以对抗中国。[25] 很明显，美国打算组建一个反华意识形态联盟，类似于冷战时期反对共产主义和苏联的联盟一样。然而，美国将无法独自发动冷战。如果没有其他国家，特别是其欧洲和亚洲盟友的效仿，反华"大联盟"就不会出现，新冷战将是美国的一种幻想。因此，这里的关键问题是，中国如何应对美国的意识形态挑战以及联盟的压力。如果中国通过封闭其意识形态的开放性，组成反美的价值体系，新冷战将不可避免，因为美国的盟友将别无选择，只能加入美国阵营。然而，如果中国成功避开美国的意识形态陷阱，继续推动政治宽容和经济开放，包括美国盟友和伙伴在内的其他国家将对加入反华"大联盟"犹豫不决。对于那些从新冠疫情中复苏的国家来说，中国市场的经济吸引力可能是不可抗拒的。

阎学通的第三个预测是，未来10年国际体系将缺乏主流价值观。道义现实主义的一个有趣的观点是，自由主义会衰落,但没有其他价值观可以取代它。在过去的三年中,我们确实目睹了一场自由主义危机。但是,现在说自由主义正在衰落可能还为时过早。2008年金融危机、英国脱欧、世界民粹主义的兴起、新冠疫情以及正在进行的俄乌冲突,都对作为主流价值观的自由主义和基于自由主义的民主政治制度提出了严重挑战。然而,自由主义和民主面临挫折与困难已经不是第一次了。在冷战期间,20世纪60年代的民权运动和70年代的石油危机也对民主的稳定和自由主义的价值体系提出了类似的挑战。然而,没有一种价值体系是静态的。在当前危机之后,自由主义有可能演变,民主也有可能重建。因此,现在预测自由主义作为主流价值观的衰落/消亡可能为时过早。然而,道义现实主义的根植于意识形态竞争的论点以及基于价值观竞争的论点是符合逻辑的,因为我们见证了中美之间以及世界其他国家之间的一些价值观冲突。然而,目前的意识形态竞争是否会导致未来产生一个主导的价值体系,我们尚不清楚。10年可能太短,无法评估世界历史上的观念趋势。此外,尽管各国之间的意识形态竞争是不可避免的,但真正的多样性意味着不同的价值观和意识形态可以在国际体系中共存。

作为读者,我们应该赞扬阎学通以科学的方法和严谨的勇气对未来10年做出这些大胆而细致的预测。就国际关系来说,10年的时间并不算长。然而,未来10年将是世界政治的国际秩序在中美之间经历转变过程的最具发展变化的时代。中国的崛起真的会导致国际体系的两极化吗？自由主义真会衰落吗？最重要的是，将来我们会经历一场新冷战吗？看起来，阎学通对未来的国际秩序转型持谨慎乐观的态度。读者当然可以在 10 年后重读阎学通的著作，看看他的道义现实主义关于世界政治的预测结果如何。无论测试结果怎样，我们都应该欣赏阎学通在做出预测方面的科学勇气，因为预测是大多数国际关系学者都避而不谈的。

# 仔细推敲道义现实主义

尽管有理论和实证方面的贡献，但阎学通和其他研究人员仍须进一步澄清道义现实主义分析方面的三个问题，以提高这一新理论在国际关系领域的学术严谨性和政策相关性。这三个问题是：道义与政治领导的概念化，国家领导与国际领导之间的互动逻辑，以及规范与领导之间的关系。

## 道义与政治领导的概念化

道义现实主义的两个关键概念是道义和政治领导。然而，两者都需要进一步推敲。首先，道义现实主义者需要澄清道义存在于何处。阎学通指出，道义存在于三个层次：个人道义、政府道义和国际道义。此外,他认为:"因为道义现实主义是一个专门论述国际关系的理论,所以本书关于道义的讨论特指政府的道义,据此,领导行为将根据公认的有关国家利益和国家实力的行为准则来判断。"[26] 很明显,道义现实主义的道义在于政府层次,它与一国自我定义的国家利益相关。

然而,接下来阎学通声称:"政府道义指的是诸如保护国家利益的责任、履行国际规范的义务、对盟国的战略可信性等概念。政府对它所代表的国家和它所治理的人民的责任是政府道义的核心。……所以,这里所说的政府道义是指政府行为遵循的普世道义准则。"[27] 在这里,阎学通似乎与他之前对政府道义的定义相矛盾。政府道义是指保护国家利益的责任,这是可以理解的,但不清楚为什么政府道义也意味着遵守国际准则的义务,以及对盟友的战略信誉。这似乎对这一概念要求太高了。换言之,这种政府道义似乎将国家和国际层次的道义混为一谈。

其次,道义现实主义者需要进一步解释三种道义(道德)之间的关系,这是几个世纪以来哲学和理论辩论的中心。[28] 例如,在《君主论》中,马基雅维里试图区分国家行为的伦理("君主"的行为)和个人行为的伦理。正如阿诺德·沃尔弗斯所指出的,"几个世纪以来,马基雅维里和马基雅维里主义一直主张一种学说,将君主和主权国家置于'国家理性'的统治之下,而不是一般道德的统治之下,这被认为是政治领域特有的非道德原则"[29]。甚至不被视为现实主义理论家的哲学家黑格尔也认为，国家的道德标准不同于且超越于个人的道德标准。[30]当代现实主义的创始人摩根索明确指出："现实主义认为，抽象的普世性的道德原则不能用于指导国家行为，而是必须根据特定时间和地点的具体情况来筛选。"[31]

阎学通的道义现实主义似乎认为，国际体系中存在一些普世的道义准则，这些道义准则可以潜在地指导国家的政策行为。的确，乌托邦主义者和世界主义者对道德（道义）的理解与现实主义者的想法不同。乌托邦主义者和世界主义者认为"普世的道德标准是评估国家行为的基础"，而现实主义者将道德或伦理定义为政治的功能。[32]然而，这种乌托邦式和世界主义的道德观仍未具体说明在现实政治中如何定义或衡量普世道德。在国际体系的无政府状态下，国家是独立自主的。他们只对本国公民的安全和利益负责。因此，一国或一国公民的道德行为，对另一国或另一国公民而言，可能是也可能不是道德行为。正如卡尔明确指出的那样，"这些所谓绝对的和普世的原则根本不是原则，而是在特定时间基于对国家利益的特定解释的国家政策的无意识反射"[33]。

认为现实主义者不关心世界政治的道义或伦理是错误的。相反，卡尔和摩根索等现实主义者将个人道义与国家道义区分开来，并拒绝用普世道义的说法来定义政治。现实主义者认为存在一种国际道义根本性困境。正如卡尔所说的：

> 一方面，我们发现几乎普遍承认一种国际道义，其中涉及对国际社会或整个人类的义务感。而另一方面，我们发现又几乎普遍不愿承认，在国际社会中，部分（即我们自己国家）的利益可能不如整体的利益重要。[34]

换言之，就是因为难以实现国家之间的利益和谐，所以国际道义很难适用于国家。正如理查德·阿什利所评论的那样，现实主义者的"道义中立"并没有错。[35]相反，现实主义者明白国家道义不同于个人道义和普世道义。它是由各个国家的权力和利益来定义的。若有任何与政府道义相关的责任，它指的应该是一国自己的国民，而不是国际规范或普世道义。

另一个需要进一步界定的关键概念是政治领导。如前所述，政治领导是道义现实主义解释大国兴衰的关键变量。阎学通的政治领导类型化在国内和国际上都是一种创新。然而，有两个尚未解决的问题可能需要进一步研究。首先，政治领导的分析单位需要进一步澄清。一方面，阎学通明确指出："本书将决策视为集体行动，而不是某个领导者的个人行为，因此本书所说的政治领导是指决策的领导团队，而不仅仅是指最高领导人一人。"[36]另一方面，他后来又说，"由于领导团队的政策通常与最高领导人的意见一致，因此在做定性分析时，我们可以将最高领导人作为决策团队的代表"[37]。目前尚不清楚道义现实主义所说的政治领导是指领导者个人还是指领导团队。

澄清政治领导的分析单位很重要。因为如果政治领导意味着领导者个人，那么根据道义现实主义，"圣贤之王"似乎是一国崛起成功的必要条件。然而，如果政治领导不是指领导者个人，那么我们需要问，还有哪些因素可能有助于形成良好的政治领导团队。在这一点上，我们可以对可能构成强有力"政治领导"的政治制度、政治文化，甚至社会因素进行更多的研究。阎学通认为，他的道义现实主义理论根植于哲学中的政治决定论。然而，如果不进一步阐明政治领导的分析单位，就很容易将道义现实主义误认为一种个人决定观，这是一种寄望于世界政治中出现"圣贤之王"的观点。

这种分析单位的含糊不清还引出了第二个概念方面的问题：对政治领导产生的原因，说明得不够详细。为了对不同的国内领导进行分类，阎学通引入了两个相互作用的因素：一是领导团队对本国国际地位的态度，二是领导团队对可能的政策结果的责任感。[38] 同样，阎学通用两个变量来对一国的国际领导进行类型化：一是战略信誉，二是政策标准一致的行动原则。

尽管这些不同的类型引人入胜，但仍有两个问题没有回答。一方面，人们可能会质疑这两种类型的理论和实证基础。例如，我们为什么要用一国对"国际地位"的态度来定义国家领导？一国的国内领导是否应该更多地参考它在国内如何对待自己的国民？对于国际领导来说，尚不清楚战略信誉如何与普世道义联系在一起。另一方面，人们可能也很好奇，在国内和国际两个层次上，有哪些因素引发了不同领导类型的形成。换言之，尽管我们知道"进取型领导"和"王道型领导"是首选的领导类型，但一国如何能够接受这种政治领导尚不清楚。

与前面的分析单元问题相关，如果阎学通的道义现实主义确实适合于团队领导而不是个人领导，那么，对于道义现实主义学派未来的研究人员来说，一项有趣且更重要的研究课题是：具体说明什么样的政治环境或制度更有利于培养出"进取型"的国家领导团体，这种领导团体在国际领域又能够实行"王道型"领导。尽管正如阎学通所说，这些领导类型性质上是理想的，但对这些理想类型趋势做一些实证研究，将为改善国家治理以及和平地改变大国之间的国际关系提供宝贵的信息。

## 国家领导与国际领导之间的互动逻辑

如前所述，阎学通的道义现实主义构建了一个精美的政治学模型，依靠一个关键变量——政治领导来解释一国的对外政策偏好以及大国的兴衰。阎学通进一步详述了两类政治领导：国家领导和国际领导，它们各分为四种理想类型。然而，他的道义现实主义模型并没有将这两类政治领导联系在一起。相反，他认为，"四种国家领导的类型和四种国际领导的类型并非一一对应。能够增强领导国实力的国家领导并不一定是会提供王道的国际领导，也不一定能建立稳定的国际秩序"[39]。

很明显，阎学通的道义现实主义只是提出了一个理想的情境来解释国际体系的大国兴衰，即崛起国的特征应该是在国内实行"进取型"政治领导，在国际上实行"王道型"领导。这是可以理解的，因为阎学通试图提出崛起国成功挑战主导国的必要条件。然而，从理论上讲，一个尚未回答的问题是：这两种政治领导之间的其他互动结果如何？例如，如果一国有进取型的国家领导，但在国际上实行强权型领导，那么这个国家在对外政策上会如何表现？同样，如果一国出现守成型的国家领导，但在国际上实行王道型领导，它是否有机会崛起，挑战国际体系中现有的霸主？

如果国家领导和国际领导各有四种变化，那么这两个变量的组合将导致十六种结果。进取型国家领导和王道型国际领导之间的相互作用只是十六种结果之一，尽管这可能是崛起国成功取代霸主的最佳的或理想的情况。阎学通的著作为未来的研究人员铺平了道路，他们可以从理论上探索和用实证检验其他变量组合及其相关的政策结果。

更重要的是，阎学通的道义现实主义似乎认为，只有崛起国和衰落的霸权国有着不同的政治领导，特别是国际领导，国际秩序才能发生转变，因为国际领导包含规范的竞争。然而，一个有趣的问题是，像中国和美国这样的两个国家，有着相似的国际领导,但有着不同的国家领导,情况如何呢?不同的国家领导导致不同的增长率,由于增长率不同,崛起国最终可以挑战和超越衰落的霸主。然而,由于拥有相似的国际领导,这两个国家之间的权力动态不会改变体系的现行规范。如果是这样的话,我们可以说体系中没有发生秩序变化吗?举一个具体的例子,如果中国未来真的取代了美国的霸权,但中国没有改变国际体系的自由规范,我们能说中国领导的自由秩序与美国领导的自由秩序是一样的吗?

## 领导和规范

规范是阎学通的道义现实主义的另一个重要概念,因为规范是连接道义和领导的纽带。他认为,不同类型的国际领导倡导不同的国际规范。特别是,王道型领导倡导道义规范,霸权型领导则实行双重标准规范,昏庸型领导奉行恃强凌弱规范,强权型领导遵循强权政治规范。[40]此外,阎学通以现实主义的观点对这些不同规范在总体上维持一国国际领导以及国际权力的效率进行了排列。阎学通认为:"道义规范比其他规范能更有效、更持久地维护领导国的国际领导地位。双重标准规范在维护一国国际领导地位方面不如道义规范有效,但比恃强凌弱规范和强权政治规范有效。"[41]

与道义一样,阎学通也对规范持工具性观点,将规范视为国家追求物质利益的理性主义工具。换言之，没有主导国的支持，如人权等国际规范，就不可能成功地出现和传播。[42] 对于现实主义者来说，规范就像制度，也就是说，它们只是体系中物质利益和权力分配的附带现象。然而，阎学通并不是只服从于这种现实主义式的规范。在他看来，大国实施规范是规范内化的必要条件，但非充分条件。相反，他认为："领导国与其他国家之间的互动是干预变量，是中介，领导类型是通过这一中介改变国际规范的。"[43] 此外，阎学通提出了领导国改变国际规范的三种机制：（1）榜样-效仿；（2）支持-强化；（3）惩罚-维持。[44]

尽管阎学通的道义现实主义式规范置换或规范扩散见解深刻，但仍存在两个分析方面的问题。首先，其他学者可能会质疑他的整体规范观。阎学通认为有四种概念体系的主导规范：道义规范、双重标准规范、恃强凌弱规范和强权政治规范。公平而论，阎学通并不是持有这种概念体系整体观的唯一学者。例如，根据霍布斯、洛克和康德的哲学观点，温特认为有三种无政府状态文化，分别以"敌意""竞争""友谊"为特征。[45] 然而，这种规范或文化的整体观有时会忽视规范与文化在塑造和构成一国利益与行为时的细微差别。例如，根据道义现实主义，什么是道义规范？我们如何区分道义规范与其他规范？特别是，人权是道义规范还是双重标准规范？防止核扩散是道义规范还是双重标准规范？很明显，关于道义现实主义的规范，还有许多尚未回答但很重要的问题，这将鼓励其他学者在未来继续进行这类研究。

另一个问题是关于规范变化机制。榜样-效仿机制确实很有新意，但尚不清楚的是，主导国为什么要自愿受自己创造的规范约束，也不清楚它能保持这种榜样-效仿机制多久。阎学通似乎认为，道义规范是国家维护其国际领导的最有效方式。若然，我们应该看到所有国家，不仅仅是王道型领导，都倡导道义规范。但现实是，王道型领导在历史上是罕见的。此外，一国在其称霸之初实行榜样-效仿机制可能是合理的。而且，大国的兴衰也引发了国家利益的变化，因此，当主导国的利益受到它自己所创建的规范的严重破坏或威胁时，它会怎么做？如果一国不能保护自己的利益，它的物质实力就会受到损害，王道型领导迟早会失去它在体系中的主导地位，最终，它曾经倡导的规范也将被新的主导国制定的其他规范取代。因此，从逻辑上讲，主导国更重视规范而非自身利益是不合理的。道义现实主义者似乎需要进一步澄清规范与利益之间的关系。

最后一个与规范有关的问题是大国竞争的结果。阎学通认为："当崛起国和主导国的意识形态不同时，它们还会进行竞争，力图使自己的意识形态变成全球主流价值观。意识形态的对抗往往比单纯的物质利益竞争更为激烈。"[46] 在这里，尚不清楚意识形态是不是规范的一部分。如果是这样的话，那么无论中国打算与否，基于不同规范的中美竞争都将不可避免地导致意识形态对抗。那么，我们将看到一场中美意识形态对立的新冷战。这一结论似乎与阎学通关于未来十年世界政治将是"没有冷战的两极化"的预测不一致。因此，如何调和规范的变化和意识形态的竞争，似乎是道义现实主义者未来的一项新任务。

## 制度是道义现实主义缺失的一环？

尽管阎学通的道义现实主义强调规范和道义在塑造大国政治机制中的作用，但它对国际制度的关注不够。例如，阎学通认为："只要中美主要以双边外交而非多边外交方式处理冲突，全球多边机构在国际事务中的作用就会减弱。"[47]这是可以理解的，因为特朗普政府不喜欢多边主义，在与中国打交道时，更喜欢双边方式，即贸易战或双边制裁。然而，认为双边主义将成为大国之间互动的主导模式是有问题的，尤其是在世界全球化不断深化的背景下。道义现实主义淡化多边机构在世界政治中的作用，似乎是一个不幸的疏忽。

国际制度是国际秩序的重要组成部分。根据英国学派的说法，[48]有两种类型的国际制度：规范性基础（基层制度）和政府间组织或协定（中层制度）。[49]在这里，基层制度指的是世界政治的标准性规范，例如主权和领土主权、互不干涉，以及民族平等。在阎学通的道义现实主义中，道义和国际规范可以看作基层制度。然而，除了基层制度之外，广义上的中层制度或多边制度，特别是政府间国际组织，也是国际秩序的组成部分，这是不应忽视的，原因有二。

一方面，主权和领土规范等基层制度通过联合国等中层机构得以体现。作为概念建构，如果没有中层制度的参与，基层制度很难被直接挑战。与中层制度相比，基层制度适应力更强，更根深蒂固，难以轻易改变或推翻。另一方面，这些中层制度是国家之间实际联系和互动的场所。如果一国打算改变或挑战某一既定规范，它通常必须针对相关的中层制度（即使是要规避或退出）。换言之，中层制度是国际秩序规范（基层制度）客观存在的保护。[50]

更重要的是，多边机制是国际秩序中最具活力的组成部分。多边机制负责提供全球公共物品，如在世界贸易组织之下的开放贸易体系，以及国际货币基金组织和世界银行在战后为维护金融稳定所做的工作。此外，各国每天都通过规则和机构相互交流。多边机构可以根据机构内国家利益的变化以及国家之间的权力斗争进行调整和改变。[51]

机构和权力分配这两个国际秩序的主要组成部分之间的关系很复杂。多边机构的变化将逐渐构成国际秩序的渐进过渡。一些自由派学者，如 G. 约翰·伊肯伯里认为，自由的国际秩序，"作为一个开放和基于规则秩序的体系"，它的基本逻辑不会随着美国的衰落而消亡。[52] 然而，自由国际秩序的规则、机构,甚至逻辑,本质上都不是一成不变的。相反,它们会发生变化,这不仅是因为美国霸权的衰落,还因为当前自由秩序内的多边机构一直在不断调整。换言之,美国的衰落不是国际秩序转变的必要或充分条件,因为无论是否由美国领导,国际秩序本质上都是在变化的。

因此,中国的崛起和美国霸权的衰落确实会导致国际秩序的转变。然而,我们不应忽视多边机制在国际秩序转变过程中的作用。正如阎学通所说,核威慑阻止了中美之间的争霸战。如果是这样的话,那么这两个大国将迟疑不决是否要进行一场传统的军事冲突。这就是为什么特朗普执政时期,我们看到了两国之间的"贸易战"和"技术战",但没有看到"热战"。这就引出了一些关键的实证问题:这两个巨头将争夺什么?除战区之外,它们在哪里"战斗"?

我的答案是多边机构。换言之,多边机构将成为中美的新战场。例如,为了倡导《跨太平洋伙伴关系协定》——一个不包括中国的贸易集团,奥巴马公开表示,该协定的目的是阻止中国在国际贸易中制定"世界上增长最快地区的规则"[53]。拜登上台时曾公开表示,中国将面临来自美国的"极强的竞争"。但与特朗普不同的是,拜登承诺专注于"国际规则"[54]。很明显,在国际秩序转变时期,制定多边机构的规则是中美竞争的主要目标。所以,多边机构将成为中美在秩序变化过程中的新战场。

第五章 道义现实主义的理想道义与现实关注

因此，阎学通的道义现实主义忽视了多边机构的作用，实在令人遗憾。由于道义现实主义倡导的道义和规范与多边机构有着相同的理论根源，因此，道义现实主义将多边机制纳入其未来的理论和实证的改进是有益的。例如，道义现实主义认为，进取型的国家领导将寻求扩大其国际支持。那么，相关的问题是如何更有效地得到国际支持。显然，多边制度和机制可以促进一国汇集其他国家的支持。此外，王道型领导更愿意在国际体系中推动道义规范，而多边机制可以成为王道型领导实现这一目标的更有效途径。总之，多边机构可以使道义现实主义弥合道义与权力之间的差距。

## 总结

道义现实主义是各种现实主义理论中最新、最具创新性的理论之一。在中国先秦古代哲学思想和现代严格的国际关系理论化的启发下，阎学通创造性地将道义和权力动态整合在一个理论框架中，这不仅解释了大国的兴衰，而且为国际秩序未来的发展趋势提供了一些启示。由于其大胆自信且容易引起争议的论点，道义现实主义必然会受到学者的审视和批评。而正是这一点，才确实反映了阎学通的著作的实际学术价值和对国际关系领域的贡献。一本真正有价值的书不是为了达成意见一致，而是为了激起讨论、引发辩论和激发灵感。阎学通的道义现实主义在一定程度上为学者们在理论上推进国际关系理论，特别是现实主义理论，以及在实证分析上研究国际秩序的动态变化开辟了一条新的道路。

更重要的是，政策制定者也应该认真对待阎学通的道义现实主义。没有人能否认领导的作用，尤其是领导者个人在塑造、影响甚至决定人类历史发展趋势方面的作用。正在进行的俄乌冲突证明了领导在塑造世界政治发展中的重要性。中美战略竞争似乎是不可避免的。然而，各国领导人如何参与竞争，这将决定国际秩序转型的结果。如果美国或中国或两国的领导人都能接受阎学通的建议，实行"王道型领导"并促进道义规范，那么两国之间的权力转移不但肯定会与以前不同，而且可能会比以前更加和平。

## 注释

1. Yan Xuetong, *Leadership and the Rise of Great Powers*, Princeton: Princeton University Press, 2019.
2. 同上，第190—191页。
3. Kenneth Waltz, *Theory of International Politics*, New York: McGraw-Hill, 1979, p. 121.
4. Huiyun Feng, Kai He, and Yan Xuetong (eds), *Chinese Scholars and Foreign Policy: Debating International Relations*, London: Routledge, 2019.
5. Michael Auslin, "'Leadership and the Rise of Great Powers' Review: No More 'Sage Kings'," *The Wall Street Journal*, 11 August 2019; Shivshankar Menon, "Book Review: Yan Xuetong, Leadership and the Rise of Great Powers," *China*

*Report* 56, no. 1 (2020): 139–59.

6. Yan Xuetong, *Leadership and the Rise of Great Powers*, p. 2.
7. 同上。
8. Hans Morgenthau, "International Affairs: The Resurrection of Neutrality in Europe," *American Political Science Review* 33, no. 3 (1939): 483–4.
9. 同上，第 13 页。
10. 同上，第 25—53 页。
11. 同上，第 44 页。
12. 同上，第 46 页。
13. 同上，第 52 页。
14. Alastair Iain Johnston, *Cultural Realism: Strategic Culture and Grand Strategy in Chinese History*, Volume 178, Princeton: Princeton University Press, 1998; Huiyun Feng, *Chinese Strategic Culture and Foreign Policy Decision-Making: Confucianism, Leadership and War*, London: Routledge, 2007; Huiyun Feng and Kai He, "A Dynamic Strategic Culture Model and China's Behaviour in the South China Sea," *Cambridge Review of International Affairs* 34, no. 4 (2021): 510–29.
15. Gideon Rose, "Neoclassical Realism and Theories of Foreign Policy," *World Politics* 51, no. 1 (1998): 144–72; Norrin M. Ripsman, Jeffrey W. Taliaferro, and Steven E. Lobell, *Neoclassical Realist Theory of International Politics*, Oxford: Oxford University Press, 2016.
16. Yan Xuetong, *Leadership and the Rise of Great Powers*, p. 6.
17. 同上，第 7 页。
18. George Kennan, *American Diplomacy 1900–1950*, New York: Mentor Books, 1951; Hans Morgenthau, *Politics Among Nations*, 5th edition, New York: Knopf, 1978.
19. Philip E. Tetlock, *Expert Political Judgment*, Princeton: Princeton University Press, 2009.
20. Kenneth N. Waltz, "Evaluating Theories," *American Political Science Review* 91, no. 4 (1997): 913–17.
21. Yan Xuetong, *Leadership and the Rise of Great Powers*, p. 197.
22. 同上，第 198 页。

23. 同上，第 200 页。
24. 同上，第 203 页。
25. Bob Davis and Lingling Wei, "Biden Plans to Build a Grand Alliance to Counter China," *The Wall Street Journal*, 6 January 2021, https://www.wsj.com/articles/biden-trump-xi-china-economic-trade-strategy-policy-11609945027.
26. Yan Xuetong, *Leadership and the Rise of Great Powers*, p. 8.
27. 同上，第 9 页。
28. Kai He, "A Realist's Ideal Pursuit," *Chinese Journal of International Politics* 5, no. 2 (2012): 183–97.
29. Arnold Wolfers, *Discord and Collaboration: Essays on International Politics*, Baltimore: Johns Hopkins University Press, 1962, p. 48.
30. James E. Dougherty and Robert L. Pfaltzgraff Jr, *Contending Theories of International Relations*, 5th edition, New York: Longman, 2001, p. 70.
31. Hans Morgenthau, *Politics among Nations*, p. 10.
32. Jame E. Dougherty and Robert L. Pfaltzgraff, *Contending Theories of International Relations*, p. 508.
33. Edward Hallett Carr, *The Twenty Years' Crisis*, 1919–1939, New York: Harper & Row, 1964, p. 87.
34. 同上，第 166—167 页。
35. 关于现实主义缺乏道义的批评，参见 Richard K. Ashley, "Poverty of Neorealism," *International Organization* 38, no. 2 (1984): 225–86。关于现实主义和道义的综合讨论，参见 Jack Donnelly, *Realism and International Relations*, Cambridge: Cambridge University Press, 2000，尤见第 6 章。
36. Yan Xuetong, *Leadership and the Rise of Great Powers*, p. 27.
37. 同上，第 28 页。
38. 同上，第 29 页。
39. 同上，第 52 页。
40. 同上，第 195 页。
41. 同上。
42. G. John Ikenberry and Charles Kupchan, "Socialization and Hegemonic Power,"

*International Organization* 44, no. 3 (1990): 283–315; Stephen Krasner, "Sovereignty, Regimes, and Human Rights," in *Regime Theory and International Relations*, edited by Volker Rittberger, Oxford: Clarendon Press, 1993, pp. 139–67.
43. Yan Xuetong, *Leadership and the Rise of Great Powers*, p. 111.
44. 同上，第 114—115 页。
45. Alexander Wendt, *Social Theory of International Politics*, Cambridge: Cambridge University Press, 1999.
46. Yan Xuetong, *Leadership and the Rise of Great Powers*, p. 196.
47. 同上，第 202 页。
48. Hedley Bull, *The Anarchical Society: A Study of Order in World Politics*, New York: Macmillan, 1977.
49. Barry Buzan, *From International to World Society? English School Theory and the Social Structure of Globalisation*, Cambridge: Cambridge University Press, 2004.
50. Kai He, Huiyun Feng, Steve Chan, and Weixing Hu, "Rethinking Revisionism in World Politics," *The Chinese Journal of International Politics* 14, no. 2 (2021): 159–86.
51. Huiyun Feng and Kai He (eds), *China's Challenges and International Order Transition: Beyond "Thucydides's Trap"*, Ann Arbor: University of Michigan Press, 2020.
52. 值得注意的是，尽管伊肯伯里承认自由国际秩序从 1.0 到 2.0 再到 3.0 的演变，但他认为"正是因为自由秩序的危机是一场成功的危机，所以体系中的领导国和崛起国没有试图推翻自由国际主义的基本逻辑，自由国际主义是一个开放和基于规则秩序的体系"。参见 G. John Ikenberry, "Liberal Internationalism 3.0: America and the Dilemmas of Liberal World Order," *Perspectives on Politics* 7, no. 1 (2009): 71–87, 84; G. John Ikenberry, "Why the Liberal World Order Will Survive," in "Rising Powers and the International Order," special issue, *Ethics & International Affairs* 32, no. 1 (2018): 17–29.
53. Barack Obama, "Remarks of President Barack Obama-as Prepared for Delivery State of the Union Address," White House: President Barack Obama, Washington DC, 20 January 2015, obamawhitehouse.archives.gov/the-press-office/2015/01/20/remarks-president-barack-obama-prepared-delivery-state-union-address.

54. Amanda Macias, "Biden Says There Will Be 'Extreme Competition' with China, but Won't Take Trump Approach," 7 February 2021, CNBC News, https://www.cnbc.com/2021/02/07/biden-will-compete-with-china-but-wont-take-trump-approach.html.

# 第六章
## 道义现实主义的道义观

张锋

阎学通教授的道义现实主义理论是近年来最具特色和影响力的中国国际关系理论之一。这一理论最早出现在《古代中国思想与当代中国力量》[1]这本书中。在为该书写的一篇综述文章中，我建议将这一理论描述为"道义现实主义"。[2]在《大国领导力》一书中，这一理论得到了进一步发展，该书试图从领导素质的角度来解释国际权力转移。[3]

大多数第一次接触到阎学通的道义现实主义的国际关系学者会对其关于道义的阐述而不是其关于现实主义的描述，印象更为深刻。该理论的道义元素源自中国传统思想，尤其是儒家思想家荀子（公元前313—前238年）的洞见。这些在专业哲学家和政治理论家圈子之外少有人知，对国际关系学者来讲更是如此。道义现实主义对中国古代国际关系思想的探索，即使在中国国内也属新颖，更不用说在西方国际关系学界。相比之下，阎学通的道义现实主义理论的现实主义部分，很大程度上是对西方现实主义思想（特别是古典现实主义思想）的重述。

但阎学通的道义观对国际关系理论的贡献究竟是什么呢？本文将探讨道义现实主义中道义（道德）的概念，并将其置于关于道义的广义学术流派之中。通过借鉴中国和西方的道德哲学理念，本章在第一部分提出四种贯穿于西方和中国思想史的道德研究进路：义务论、结果论、美德伦理和角色伦理。在第二部分，我通过细读阎学通的著作认真思考他的道义观。阎学通在借鉴荀子思想的基础上区分了道义的两个层级：具有深厚道德基础的王道和具有战略信誉的霸道。但他似乎没有察觉到荀子对道义的两种不同构想：作为义务的道义和作为美德的道义。他也忽略了荀子关于诚信的关系性构思。

在第三部分，我对阎学通的道义观进行了评论。这一道义观是工具性的，和现实主义取向相符。它的局限之处在于它仅限于政府道义，而政府道义是根据政策服务于国家利益和能力的程度来判断的。真正具有道义意义的主题，如正义和关怀，则被排除在外。道义现实主义的理论根源是儒家思想，但其有限道义观却与儒家普遍主义相去甚远。同时，道义现实主义极为强调战略信誉作为核心对外政策原则的效用，但它对战略信誉的理解面临着理论和政策层面的困境。美德伦理学和角色伦理学的方式是道义现实主义值得探索的发展方向，但这些仍有待探讨。道义现实主义反映的是被视为工具理性的结果逻辑，这比道德哲学中的结果主义狭隘得多。我的评论不是为了要低估道义现实主义的贡献——它是可信赖的、开拓性的、启发灵感的,尤其是对像我这样的中国学者来说,而是为了提出更广泛的道义观的价值,并为该理论的进一步发展指明道路。

## 关于道德的四个流派

根据一个常见的定义,道德是"适用于所有理性人的非正式公共系统,管理影响他人的行为,以减少邪恶或伤害为主要目标,包括通常所称的道德规则、道德理想和道德美德"[4]。但是道德的来源是什么?为了回答这个问题,中西方思想衍生了四种不同的道德哲学研究进路,即义务论(遵循规则)、结果论(价值最大化)、美德伦理(追求卓越)和角色伦理(扮演角色)。这当然没有穷尽道德研究的所有路径,我在这里只是借助它们引出对道义现实主义的道义观的评价。

### 义务论

义务论提供了一个基于原则和理性的道德概念。它认为道德来源于道德律、道德规则和道德原则;道德行为就是遵守道德规则。在西方思想史上,斯多葛派、犹太教和基督教思想都认为"有一套行为准则或戒律,它们构成了一部神圣的律法,对所有理性生物本身都具有约束力，原则上可以通过人类理性来确定"[5]。犹太人和基督教徒将这一普遍或共同的准则称为"道德"、"道德律"、"自然法则"和"自然法"。

这一希伯来-基督教概念在西方历史上形成了一个非常强大的道德传统。基于这一传统，康德在启蒙时代提出了一个成熟的道德哲学理论。康德认为，共同道德不是宗教启示或人类情感的问题，而是自主理性的问题。康德的道德哲学最重要的原则是对个人的尊重，正如他著名的实践律令所表达的："你的行动，要把你自己人身中的人性，和其他人身中的人性，在任何时候都同样看作目的，永远不能只看作手段。"[6]

在中国儒家思想或更广泛的中国知识传统中，没有出现康德式的义务论，但中国传统并不缺乏义务论。首先，儒家思想确实推崇一些基本原则。其中最重要的一条是孔子所说的"己所不欲，勿施于人"。[7]孟子说："君子以仁存心，以礼存心。仁者爱人，有礼者敬人。"[8]这就是被理解为爱他人的仁爱原则。儒家思想似乎表现出了一种至少属于弱型的基于原则的道义观。

## 结果论

结果论认为，行为在道德上正当与否完全取决于行为结果的好坏。功利主义是结果主义的一个突出版本。功利主义认为，一种行为在道德上是否正当的判断标准，是与行为者采取其他行为相比,这一行为是否能为它所影响的人带来更多的幸福。功利主义将幸福提升作为道德目标,其他结果论者则提出了不同的目标,如成就、自主或公平。[9]

道德哲学中的结果论比国际关系理论中常见的结果逻辑要丰富得多。国际关系理论中的结果逻辑基本上局限于工具理性,它采取的行动"由对结果的计算驱动,而结果要由事先编好衡量"[10]。国际关系理论中的结果逻辑描述了一个由追求利益最大化的行为体组成的、永远处于竞争状态的国际体系。相反,道德结果论强调行为追求的结果应是"善",这类结果并不排除私利,但比追求私利意义更广泛。通常,它将自身利益和他者利益结合起来。主观上,这种善可以理解为内在价值或对偏好的满足;客观上,它可以理解为包含在一些不同的客观事物中,如成就、友谊或平等。广义地说,结果论可以被视为一种关于价值最大化的学说,无论是关于一个人自身的价值和福祉,还是关于受某一行为影响的所有行为者的价值和福祉。但它没有告诉我们什么是好的或有价值的,因此它需要一个额外的价值理论来支持其具体立场。[11]

结果主义在中国思想中的地位是边缘化的,尽管在不同历史时期它曾扮演重要角色。中国历史上第一个主要的结果主义理论来自墨家,墨家只根据行为的结果而不是根据是否坚持道义原则来判断行为正义与否。墨家认为,"义,利也"。[12]墨子说,古代英明的统治者通过利天、利鬼、利人来实现正义。[13]

第六章　道义现实主义的道义观　　　　　　　　　　163

对墨家来说，正义是达到目的的手段，目的是利益，其中经济财富和政治秩序是最重要的。[14]在这个概念中，正义仅仅是由行动可能产生的利益来证明的。这是一种典型的结果主义伦理。然而，值得注意的是，这种结果主义是社群主义的，而不是个人主义的。[15]墨子总是把社会的利益置于个人的利益之上。他所强调的经济财富和政治秩序在本质上是集体的或公共的。正如他所说，"仁人之事者，必务求兴天下之利，除天下之害"[16]。

法家有着比墨家狭隘得多的结果主义学说。法家思想之集大成者韩非子认为，人是"好利恶害"[17]的。利益是社会发展的唯一动力，物质利益是建立人际关系的真正基础，甚至包括父母与子女之间的关系。[18]韩非子利用原始的惩罚和奖励手段——他称之为"法"——不是为了改善人性，而是为了实现国家财富和权力的功利目的。法家对行为的物质结果的痴迷可能受到墨家学说的影响，但相比之下，这是一个残酷的学说，因为它完全没有墨家的兼爱思想。如果我们把墨家的结果主义归为一种要求在追求利益的过程中遵守道德规则的规则结果主义，那么法家的结果主义只是一种非道德的结果主义。[19]

## 美德伦理

美德伦理将道德的基础追溯到人的品格；道德行为是由具

有道德品质或表现出道德品质的人实施的行为。美德品质体现为对某些伦理价值的追求，如正义或仁爱。在这里，美德被理解为"出于正确的理由，以适当的方式——诚实、勇敢等等——做正确事情的倾向"[20]。美德有两个方面：情感方面和理智方面。当行为者做了正确的事情，并对其有各种各样的感觉和反应时，情感方面就会表现出来。理智方面是指美德在很大程度上是通过良好的道德教育获得的——一个人通过向他人学习，比如通过对是非做出特定的判断，或通过以一些人为榜样或老师，或通过遵循某些规则，从而变得讲道德。[21]

美德伦理在根本上不同于义务论和结果论。义务论将道德定位于关于人类理性和自主性的规则和原则中，很少关注行为的实际施动者。根据行为结果的好坏来评估道德，结果主义只承认美德的简化概念，将其作为实现一些独立定义的善的工具。[22] 美德伦理以施动者的良好品格为道德基础。它关注的是具有美德的个人，以及那些使人有资格成为善良之人的内在特质、性情和动机。与义务论或结果论相比，美德伦理的吸引力在于将道德视为更深刻的人类问题。[23]

美德伦理是儒家思想的一个重要方面。例如，孟子提倡的理论似乎与亚里士多德的美德伦理学相似，其中关于完美施动者的描述所提出的美德概念与人性论以及人生境界的相关观点有关。孟子依据"君子"和"圣人"的范例，提出修养自身道德的重要性。同时，由于孟子强调情感和同情心的作用，他也与休谟等西方情感论者有相似之处，后者主要用某些广义上理解的情感来描述美德。[24]

美德伦理有助于解释儒家为何特别重视仁、义、礼等概念。陈祖为认为，儒家以"仁"为中心的伦理最终是基于共同的人性，而不是不同的社会角色，因此"仁"具有超越社会角色的伦理含义。正如他所说，儒家的观点是"人最先是能够实行'仁'的道德行为者，这意味着一种关心和同情他人的能力或意向"[25]。对儒家来说，"仁"是人类至高无上的美德，源自"仁"的道义责任不一定都产生于角色、关系或制度。作为一种情感，"仁"对人类苦难引发一种潜在的无限范围的伦理关注。而作为一种动机，它指示我们关心有需要的人，即使他们是遥远的、与我们没有任何关系的陌生人。

## 角色伦理

角色伦理将道德追溯到社会角色的扮演和义务的履行。在西方历史上，角色伦理在古希腊很突出，但在现代已被个人主义取代。[26]在中国，角色伦理从一开始就是儒家思想的核心，至今仍在中国社会中具有重要影响。安乐哲和罗思文是儒家角色伦理的主要倡导者。根据安乐哲的观点，儒家伦理建立在"承担角色的人"这个独特的关系性概念之上。他说，不存在"独立于人的特定背景之外的个别的、基本的、天生的和重叠的'本性';只有独特但相似的人,这些人是由其总是特定的角色和关系构成的"[27]。罗思文将儒家的角色承担者观念与现代西方的抽象自主个体概念进行了对比。[28] 与西方伦理相反,儒家角色伦理的特色在于,它将人看作一个由关系构成的概念,人通过一种以"仁"的概念为中心的道德艺术来实现完满的人生愿景。

角色伦理学将道德定位于人们如何在具体关系中扮演自己的角色;这是一种关系道义,而不是基于原则的道义。正如安乐哲所说,"儒家的角色伦理认为道义的实质无非是在任何特定情况下都应促进相互关系正向发展"[29]。道义思想用"义"和"礼"表述这方面的意思。"义"是最接近西方正义概念的中文词,它说的不是关于人遵守某些外在的原则或规则,尤其不是希伯来-基督教宗教传统中的神谕,而是要求每个人在各自家庭和社群的各种不同的关系中适宜地待人处事。同理,"礼"指的不仅仅是遵守正式的仪式,而是指行为举止符合一个人的角色和关系。[30]

## 道义现实主义中的道义

依据上述文献回顾,可见中西方的思想家提供了至少四种常见的道义观:遵循原则（义务论）、价值最大化（结果论）、追求卓越（美德伦理）和扮演角色（角色伦理）。道义现实主义中的道义概念属于这四种道义观的哪一种？

阎学通在其早期著作中对道义的两个层面进行了重要区分：具有深厚道德基础的王道和具有战略诚信但在其他方面缺乏道德资源的霸道。[31] 这一区分是基于对荀子思想的解读，值得进一步阐述。阎学通引用的荀子的话中，两个关键的道义概念是"义"和"王"。在荀子笔下的中国古代历史语境中，王的意思是"真正的国王"或"圣明的国王"；而阎学通选择将其翻译成"王道"，这在当代国际关系语境中是完全合理的。"义"可以很方便地翻译为正义，正如阎学通在书中时常说到的那样。但它是一个如此丰富和可塑的概念，也可以理解为义务、正义、正确或适当。根据2014年一本优秀的《荀子》英译本的译者何艾克的说法，"义"在原文中有两种含义：一方面，它指的是古代圣明的君王为给人们建立秩序而制定的一套道德标准，在这个意义上可以翻译为"义务"；另一方面，它也指具有遵守这样一套道德标准的品格或倾向的美德，在这个意义上可以翻译为"正义"。[32]

"义"是阎学通的道义现实主义中道义的核心概念，但他并未抓住荀子之"义"的两层含义。阎学通认为荀子说道义是权威和领导的基础，但他没有阐明荀子思想中道义的确切含义和内容。阎学通引用的荀子下面这段话并不具有启发性：

> 故曰：以国齐义，一日而白。汤、武是也。汤以亳，武王以鄗，皆百里之地也，天下为一，诸侯为臣，通达之属莫不从服，无它故焉，以济义矣。是所谓义立而王也。[33]

这是荀子关于义的功效的论断。关于这种功效的原因，荀子在这段话之前有过论述：

> 仲尼无置锥之地，诚义乎志意，加义乎身行，箸之言语，济之日，不隐乎天下，名垂乎后世。今亦以天下之显诸侯诚义乎志意，加义乎法则度量，箸之以政事，案申重之以贵贱杀生，使袭然终始犹一也。如是，则夫名声之部发于天地之间也，岂不如日月雷霆然矣哉！[34]

在这里，荀子运用"义"的两个含义来分析孔子和诸侯的成就。当他赞扬孔子和诸侯在思想和行为上培养了"义"的时候，他说的是"义"是一种个人美德。当他赞扬他们将"义"视为法律和标准时，他想到的是"义"是伦理标准或道德义务。回到我们之前对道德的四种研究进路的讨论，我们可以说荀子对"义"的理解同时反映了美德伦理和基于原则的义务论，而且他很可能认为这两者是互补的。

阎学通认为，比王道低一级的道义，是基于战略诚信的霸道。"战略诚信"一词是基于荀子"信"的概念翻译过来的。[35]

目前尚不清楚"可靠性"是不是"诚信"的最佳翻译。"诚"指的是真诚或正直,而"信"指的是值得信赖。"可信度"或"值得信赖"可能会更好。无论如何,在儒家语境中,"信"表示"值得信赖"。荀子关于诚信是霸道的基础的关键论证如下:

> 德虽未至也,义虽未济也,然而天下之理略奏矣,刑赏已诺,信乎天下矣,臣下晓然皆知其可要也。政令已陈,虽睹利败,不欺其民;约结已定,虽睹利败,不欺其与。如是,则兵劲城固,敌国畏之;国一綦明,与国信之;虽在僻陋之国,威动天下,五伯是也。非本政教也,非致隆高也,非綦文理也,非服人之心也,乡方略,审劳佚,谨畜积,修战备,齺然上下相信,而天下莫之敢当。故齐桓、晋文、楚庄、吴阖闾、越勾践,是皆僻陋之国也,威动天下,强殆中国,无它故焉,略信也。是所谓信立而霸也"。[36]

很明显,对于荀子来说,诚信体现在统治者与国内下属和外国盟友签订的"契约"和"盟约"中。这是对基于条约义务的现代联盟理论的一个极有吸引力的预见。荀子甚至在这种信和"威"之间画了一条因果链。上述提到荀子对"义"的理解同时反映了美德伦理和基于原则的义务论。就"信"而言,荀子似乎认为"信"是一种能够塑造牢固的战略关系的原则。

然而,我们可以对"信"做出"关系性"的解释。按照安乐哲的说法：

> "信"更多象征以情境而不是以行为体为中心来结合感知到的"信用"和随之而来的"信任"；它描述了参与者在相互尊重的情况下真诚和诚实地行事。培养这些真诚的关系不仅意味着塑造具有持续特殊性的个人的正直，而且还意味着人人通过具体的社会关系而成为一个具有融合性意义的整体。[37]

"信"是关系性的，意味着"施益者日益增长的信誉和受益者日益增长的信心和信任"[38]。"信"的意思是"言而有信"，但仅仅有语言和意图是不够的，必须把语言付诸实施。"信"还要求实效。"信"虽然在道德尺度上的排序低于"义"，但"信"仍然是一个严格的要求。荀子在谈到统治者与臣民之间以及统治者与外国盟友之间的"相互信任"时，就考虑到了"信"的关系性质。当荀子赞美"信"能创造霸权时，他把实际结果放到了一个非常重要的位置。这里的关系性逻辑是，相互信任能让政治和外交关系变得更加富有成效，提升施益人的信誉，强化受益人的信任。在关系性解释之下，"信"不再是一个抽象的原则，而是一种美德或习惯，用于在建设性的关系中提高信誉和促进信任。阎学通忽视了"信"在道德规范中的这个关系性的层面。

第六章 道义现实主义的道义观

之后，在《大国领导力》一书中，阎学通将"可靠性"（reliability）改为"信誉"（credibility），认为"战略信誉是最低标准的国际道义"[39]。他根据战略信誉和行为准则的性质区分了四种类型的国际领导。最高或最令人钦佩的类型王道型领导是值得信赖的，并采取符合国际规范的对外政策。阎学通说，王道型领导"以三种方式维护良好的战略信誉和国际秩序：一是按照国际规范行事，以身作则地为其他国家树立良好榜样；二是奖励遵守规范的国家，以推行有益的国际规范；三是惩治违反国际规范的国家"[40]。他将这种国际领导等同于实行道义原则。[41]

上文指出荀子用具有双重含义的"义"概念去讨论"王道"：作为个人美德的"义"和作为道德原则的"义"。在《古代中国思想与当代中国力量》一书中，阎学通对道义的内容含糊其词。现在，在具体地将王道型领导与道德原则，特别是国际规范的实践联系起来时，阎学通正在采用的似乎是基于原则的义务论对道德的理解。

霸权型领导是第二种国际领导形式，这是一种遵守信誉但推行双重标准的领导方式，即保持盟友之间的战略信誉，但将"丛林法则"作为对付非盟国的原则。[42] 阎学通对信誉的强调与其早期的著作一致，但关于双重标准的新观点值得商榷。阎学通将战略信誉与"丛林法则"区分开来，将前者应用于联盟关系，将后者应用于非联盟关系，从而使"信"成为一种特殊的道义原则。但按照道德义务论来看，荀子是将"信"作为一种普遍性原则来阐述的，其适用性取决于情境的特殊性。因此，以当前中美竞争为例，一些中国官员和评论者仍然希望中美关系以"信"为原则基础，但特朗普上台以来美国采取的对华竞争战略使这一希望变得遥不可及。"信"的原则具有普遍性，但其应用并非如此。阎学通对"信"的运用始于对两种关系（盟友和非盟友）的界定，然后根据关系的性质应用"信"。这不恰当地限制了战略信誉作为对外政策原则的适用范围。

一般来说，信誉意味着对未来形势下的行动进行令人信服或可信的沟通。[43] 阎学通本可以区分两种信誉——承诺的信誉和威胁的信誉。承诺的可信性使行为者能够进行更多的合作，威胁的可信性将降低合作的水平。[44] 前者通常适用于盟友，后者适用于非盟友。正如阎学通所指出的，对盟友而言，信誉在于安全保护的承诺，它具有道德力量。对于非盟友，尤其是对手，一种重要的信誉是威慑，即有能力通过说服可能正在打算行动的一方，使其相信行动的代价将超过任何可能的收益，从而防止其采取不良行为。威慑的信誉是没有什么道德可言的。相互威慑现在主导着中美安全关系，很少有观察家会将特朗普以后的中美关系定性为道义关系。[45]

我们看到，从《古代中国思想与当代中国力量》到《大国领导力》，阎学通对对外政策道义的理解在很大程度上是基于原则的、义务论式的。他对国际道义本质的思考还有另一个重要的演变。他现在坚定地从工具的角度看待道义,将道义界定为"政府道义",[46]并限于三个领域:保护国家利益的责任、履行国际规范的义务以及对盟国的战略可信性。[47]

因此,道义现实主义是"一种理解大国行为的方法,而道义在大国领导的战略偏好中则是一个因素"[48]。阎学通认为,国家利益是客观的,是由国家的物质实力决定的。道义的作用是在应该如何获得国家利益方面影响决策者,而非在哪些是国家利益的问题上影响决策者。换句话说,道义影响的是对外政策的手段,而不是目的;对外政策的目的在于实现国家利益的最大化。[49]道义的用处在于可以通过提高国家领导力的合法性来增强国家的权力,它还可以通过改变其他行为体的政策间接强化国家的实力。[50]

在这一点上,可将阎学通和奈的对外政策道义观进行比较。奈是美国著名的国际关系学者,2020年出版了一本关于美国对外政策中的道义因素的书[51]。奈的论述遵循了西方关于道义和对外政策的思考传统。他将这一传统视为现实主义者和自由主义者之间的斗争,现实主义者认为对外政策在无政府世界中基本上是不道义的,自由主义者认为即使在这样的世界中,道义价值观也可以发挥作用。奈的目的是消除围绕美国对外政策中道义思想的概念混乱。为此,他提出了一个三维的道义推理框架:道义判断应该包括意图、手段和结果。他用这个框架来评估从富兰克林·罗斯福到唐纳德·特朗普的美国对外政策的道义性。

阎学通和奈的道义观有着明显的文化差异。奈将他的论点置于西方现实主义和自由主义的传统中。阎学通的理论首先来源于儒家思想，尽管他的思想从未脱离西方现实主义。道义现实主义最显著的特征是王道的概念。奈没有这种对等的概念，因为它是一个独特的中国儒家概念。这两位学者的问题设置也不一样。阎学通希望利用道义来制定更有效的中国对外政策：道义在一定程度上有助于中国维护国家利益和增强国家力量。奈则专注于评估美国总统在对外政策决策中是否做出了最佳的道义选择。

尽管如此，这两位学者的道义对外政策理论还是有相似之处的。最引人注目的是他们共同强调对外政策的结果。阎学通没有像奈那样明确区分意图、手段和结果，但他的讨论涉及所有这三个方面。另一个相似之处是，他们都认识到对外政策中棘手的信誉问题。这些共性也许是对阎学通长期以来关于科学理论普世性的看法的间接支持。

## 拓展道义现实主义的道义观

阎学通的工具性道义观在很大程度上得益于古典现实主义，尤其是摩根索和理查德·内德·勒博的理论。[52] 这种取向的讽刺之处在于，尽管道义现实主义的原始灵感来自中国传统思想，特别是儒家学说中的荀子思想，但在《大国领导力》中，这一理论在某种程度上已经脱离了其儒家渊源，并逐渐接近西方现实主义传统。阎学通对此并不在意，他很可能认为这是个优点，因为他相信科学理论的普世性。但我们也要探讨这种将儒家思想与现实主义巧妙地结合起来的做法是否会产生理论上的代价，尤其是，阎学通是否仍然忠实于荀子的道义观，他毕竟从中获得了许多灵感。

荀子的道义观继承了孔子创立的儒家传统。这个传统信仰"道"，也就是说，按照古代圣人和圣王的实践与教导，以正当适宜的方式生活和组织社会。按照这种方式生活，需要践行"礼"及修养品德。最重要的美德是"仁"，包括关心他人；还有"义"，即待人处事的正当性。君子和圣人培养这些美德，是"道"的体现。这是古代圣王能够成为伟大领袖并带来天下大治的根本原因。[53]这一传统的道德观不是工具性的；如前所述，对品德修养的重视使其与美德伦理学非常接近。

的确，荀子欣赏霸权国在治国理政方面的成就。霸权国只要有战略信誉，就是有一定道义的，这一道义性使其能够建立一个有效的政府和一支强大的军队。但这是一种有限的道义。霸主虽然比暴君好，但远远不如德行完备的圣王。霸主之所以不如圣王，是因为他不致力于自己或他所统治的民众的道德修养。相比之下，圣王不仅追求自身最大的美德，而且还通过

"礼仪"来教育人民并改变人性之恶。[54]

荀子的伦理学首先是一种强调道德修养的美德伦理学,其次是一种涉及道德义务的基于原则的义务论。虽然荀子关于富国和强国的论述在儒家经典中最具特色,但他并没有从工具论或结果论的角度来讨论这些问题。财富和权力对他来说不是道德上的善;善在于美德和义务。因此,荀子认为,如果统治者拥有相关的美德并履行必要的义务,其财富和权力自然会增加,就像诚信一样。荀子的伦理观描绘了处理内政和外交的儒家方式,其中美德和义务是首要的;他也看重财富和权力,但认为这些只是道义的效用,本身并不具备道义性。因此,阎学通的工具性道义观与荀子的原始构想有所不同。

阎学通的这种道义观也是狭隘的。它将道义局限于政府道义,并根据常见的道德准则,来判断政策在多大程度上服务于国家利益和国家实力。[55]这似乎忽略了全球正义的整体议题,而像中国这样的崛起大国应该关注全球正义。[56]当然,国家领导人的首要道义责任是确保国家安全和国民福祉。但除此之外,道义的关注点可以扩大到其他国家和人民的福祉,特别是那些陷入极端贫困、不公正和不安全困境的国家和人民的福祉。

事实上,一个忠于儒家思想的道义理论不会忽视对陌生人的关注,因为儒家最重要和最独特的概念是"仁"。"仁"代表人类情感的一个基本和普遍的方面,表现为"爱"或关心他人。"樊迟问仁。子曰:'爱人。'"[57]如前所述,儒家关心他人的范围可能是无限的。正如孔子所说,仁不仅限于个人所知的人,而且可以到达四海之内的所有人。[58] 宋明理学将"仁"的范围进一步扩展到包括自然与"天道"。[59]

的确,儒家伦理主张有差别的关爱,强调相对于陌生人我们应该更关心家人和朋友。但这并不意味着让陌生人自生自灭。儒家思想以普世性的"仁"为中心,具有全球主义或世界主义的特点。孟子说,"仁者以其所爱及其所不爱"[60]。这意味着"推"(即扩展)是广泛施行仁爱的机制。虽然是孟子突出了"推"的概念,但这一思想在孔子身上已经体现出来。孔子提出了儒家的"黄金法则",包括消极原则和积极原则。消极原则说:"己所不欲,勿施于人。"[61] 积极原则说:"夫仁者,己欲立而立人,己欲达而达人。"[62] 而且更进一步说:"能近取譬,可谓仁之方也已。"[63]

消极原则和积极原则都被称为"恕",即换位思考。[64] 它们共同教导人们,仁爱的人认同世间万物,并将其欲望与世界的欲望相协调。他们通过不断渐变,将他们的爱从近延伸到远,最终使其渗透到整个世界。通过在自我实现的同时关心他人,并通过这种方式实现公共利益,仁爱的人克服而不是消除他们的个人欲望。[65]"恕"不是利他主义,因为它是从自己开始的,但它养成了一种对他人的慷慨,因为它需要考虑到他人的利益。[66] 它消解了自我与他人的二元论,将个人利益与公共利益结合起来,构建出一种共同的人性。

过去几十年来，西方美德伦理学和关怀伦理学的发展为儒家伦理提供了一种补充性的视角。

例如，迈克尔·斯洛特建议将道德建立在关爱或人性等动机之上。他区分了三个层面的关怀：自我关怀（关注我们自己的幸福）、亲密关怀（我们对亲人的关怀）和人道主义关怀（我们对广义上的人的关怀）。[67] 我认为，儒家的仁恕观已经包含了这三个层面的关怀。

回到我们之前关于道德的四种研究进路的讨论，我刚刚提出的是，道义现实主义可以向美德伦理的方向扩展其道义观，也可以沿着角色伦理的路径推进。在角色伦理学中，自我是根据不同社会关系中的社会角色来定义的。A.T.阮观察到：

> 每个角色都有一套义务，扮演一个角色就要承担一套义务。哪些义务与哪些角色相结合，或多或少是由明确的社会期望决定的。对于关键的社会角色，它被编码在"礼"中。那么，处于一种社会关系之中，就是要承担一定的义务。在某种关系中，一个人应该做什么，应该如何表现，都在"礼"或社会期望中有所安排。因此，"礼"既是事实性的，也是伦理性的。[68]

道义现实主义已经暗含对外政策理论的角色伦理。例如，阎学通区分了四种类型的国家领导（无为型、守成型、进取型

第六章 道义现实主义的道义观

和争斗型）和四种类型的国际领导（王道型、霸权型、昏庸型和强权型）。可以推测，每种类型都包含不同种类的对外政策义务和行为。他强调实行国际规范对于王道的重要性，这些规范可视为儒家概念"礼"的现代体现。[69] 然而，这些思想没有提升到角色伦理的高度。

在很大程度上，道义现实主义可以被视为一种义务论，因为它强调行为原则。它区分王道原则和霸权原则，强调发展战略信誉的重要性，认为战略信誉是外交的核心原则——这些都体现了一种义务论方法。但如果对原则的强调断章取义或走向极端，义务论就会出现问题。黑格尔批评康德用纯粹的推理把道德简化为空洞的形式主义。[70] 道义现实主义的风险在于，它夸大和误解了战略信誉作为对外政策原则的重要性。

阎学通的战略信誉论是建立在荀子对"信"的深刻论述之上的。战略关系在某种程度上是靠信誉维持的，因此才有结盟的重要性。阎学通说，结盟可以提高中国这样一个崛起国的综合实力，使其能与主导国竞争，甚至可能取而代之。结盟和为盟友提供安全保护是主导国建立国际战略信誉的主要手段。阎学通对冷战后北约东扩表示赞赏，认为这有助于美国遏制俄罗斯和约束中国。相比之下，他对中国的不结盟政策不以为然，认为这一政策破坏了中国的战略信誉。[71]

长期以来，阎学通一直是中国需要结盟的倡导者，因此他对结盟的认可并不令人惊讶。[72] 但是，他对结盟理论和政策的理解面临两个严重的困难。首先，结盟不一定是一个国家建立战略信誉的唯一甚至主要途径。荀子认识到，建立信誉的最根本方法是言行一致，在对外政策中，这意味着落实对政策和意图的表态与宣示。结盟应被视为"信"这个一般性原则的一个特殊表现形式，其特殊性在于结盟的"信"是以条约义务的形式出现的。其次，阎学通对北约东扩的评价具有误导性。美国决定将北约扩大到中欧和东欧，这些地区被俄罗斯视为其传统势力范围，这非但没有遏制俄罗斯，反而激起了俄罗斯的敌意，并引发了普京对西方的多方面挑战，其中最激烈的是格鲁吉亚战争（2008年）和俄乌冲突（2022年）。北约东扩，即使不是造成美俄关系直线恶化的唯一原因，也必须对其负很大一部分责任。许多美国学者正确地提出，如果说美国可以做一件事来改善与俄罗斯的关系，那就是终止北约向乌克兰和格鲁吉亚的进一步扩张。[73] 通过结盟建立的战略信誉并不是对外政策成功的灵丹妙药。结盟可能会加强盟友之间的团结，但同时也可能恶化与非盟友之间的关系，给同盟本身以及同盟与其目标国家之间的整体关系带来不利后果。重点不是原则上放弃结盟，而是了解结盟运作的条件。

最后，从道德结果论的角度看，道义现实主义的结果逻辑是工具理性的，道义在道义现实主义中的作用是为保护国家利益和增强国家实力服务的。道义被认为是实现利益和权力预期以及自利结果的工具性手段。如前所述，道德结果主义方法或将取代道义现实主义的工具性。这表明,结果主义对外政策理论的首要任务是发现和论证对外政策在道德上的善。这种善不可只存在于权力和利益之中。

在国际关系中,有不少概念忠实于道德结果主义的道义之善,比如共同安全、和平和正义等。中国政府提出的"人类命运共同体"也可归入其中。[74] 另一个非常值得考虑的是中国关于"安足"的传统价值观,相比之下,现代中国人对财富和权力的追求带有浓重的西方痕迹。[75] 在对外政策中,以"安足"为道义之善将更忠实于中国传统。

## 总结

在"道义"与"现实主义"两者之间,前者显然是道义现实主义更鲜明的特征。阎学通不仅以一种与西方古典现实主义传统互补的方式将道义重新引入现实主义理论,而且从中国古代思想中发掘了一种全新的道德视角。然而,阎学通长期坚持的是西方现实主义,这与他从中国儒家传统思想中汲取的新灵感之间存在着一种不和谐的张力。他的现实主义取向导致了一种工具性的道义观,但这种工具主义与儒家传统格格不入。尤其是这一工具性与荀子的道义观大相径庭,而阎学通的理论就是基于荀子的道义观建立的。

我试图将道义现实主义中的道义观置于中西方哲学家几个世纪以来发展起来的四大思想流派的广泛视域中进行考察，即义务论、结果论、美德伦理和角色伦理。道义现实主义与基于原则的义务论有些相似，但其将战略信誉作为对外政策首要原则，面临理论和政策上的困难。道义现实主义采用工具理性的结果性逻辑，但与道德哲学中的结果主义相比，这是一种较为局限的方法。一个关于对外政策的道德结果主义理论，首先要能找到并论证对外政策的道义结果之善，这种善不能仅仅体现在权力和利益方面。美德伦理和角色伦理反映了儒家思想的不同方面，按照这些理论发展起来的道义现实主义会最忠实于中国传统。但这些方面仍有待探索。不过，不管道义现实主义有哪些缺陷，中国国际关系理论学者都应对阎学通进行理论开创的勇气和努力表示敬佩。

## 注释

1. Yan Xuetong, Daniel A. Bell and Sun Zhe (eds), Edmund Ryden (trans), *Ancient Chinese Thought, Modern Chinese Power*, Princeton: Princeton University Press, 2011.
2. Feng Zhang, "The Tsinghua Approach and the Inception of Chinese Theories of International Relations," *Chinese Journal of International Politics* 5, no. 1 (2012): 73–102.
3. Yan Xuetong, *Leadership and the Rise of Great Powers*, Princeton: Princeton University Press, 2019.
4. Robert Audi (ed), *The Cambridge Dictionary of Philosophy*, 3rd edition, Cambridge:

Cambridge University Press, 2015, p. 686.
5. Alan Donagan, *The Theory of Morality*, Chicago: University of Chicago Press, 1977, p. 6.
6. Immanuel Kant, trans Mary Gregor and Jens Timmermann, *Groundwork of the Metaphysics of Morals*, Cambridge: Cambridge University Press, 2012, p. 41.
7. 《论语·卫灵公》,第二十四章。
8. 《孟子·离娄下》,第二十八章。
9. Robert Audi (ed), *The Cambridge Dictionary of Philosophy*, pp. 201–2.
10. James G. March and Johan P. Olsen, "The Institutional Dynamics of International Political Orders," *International Organization* 52, no. 4 (1998): 943–69, at 950.
11. David O. Brink, "Some Forms and Limits of Consequentialism," in David Copp, (ed), *The Oxford Handbook of Ethical Theory*, Oxford: Oxford University Press, 2007, pp. 380–423.
12. 《墨子·经上》。
13. 《墨子·尚贤下》。
14. 黄伟合:《墨子的义利观》,《中国社会科学》1985 年第 3 期,第 117 页。
15. Chris Fraser, "Major Rival Schools: Mohism and Legalism," in William Edelglass and Jay L. Garfield (eds), *The Oxford Handbook of World Philosophy*, Oxford: Oxford University Press, 2011, pp. 58–67, at p. 62.
16. 《墨子·兼爱下》
17. 《韩非子·难二》,第七则。
18. 《韩非子·外储说左上·说三》。
19. 黄伟合:《墨子的义利观》,第 120 页。
20. Julia Annas, "Virtue Ethics," in David Copp (ed), *The Oxford Handbook of Ethical Theory*, pp. 515–36, at p. 516.
21. 同上,第 517 页。
22. 同上,第 533 页。
23. Michael Slote, *Morals from Motives*, Oxford: Oxford University Press, 2001, Kindle version, location 2140.
24. Philip J. Ivanhoe, "Virtue Ethics and the Chinese Confucian Tradition," in Daniel

C. Russell (ed), *The Cambridge Companion to Virtue Ethics*, Cambridge: Cambridge University Press, 2013, pp. 49–69.
25. Joseph Chan, *Confucian Perfectionism: A Political Philosophy for Modern Times*, Princeton: Princeton University Press, 2013, p. 117.
26. Richard Ned Lebow, *The Tragic Vision of Politics: Ethics, Interests and Orders*, Cambridge: Cambridge University Press, 2003; Richard Ned Lebow, *A Cultural Theory of International Relations*, Cambridge: Cambridge University Press, 2008.
27. Roger T. Ames, *Confucian Role Ethics: A Vocabulary*, Honolulu: University of Hawai'i Press, 2011, p. 73.
28. Henry Rosemont Jr, *Against Individualism: A Confucian Rethinking of the Foundations of Morality, Politics, Family, and Religion*, Lanham: Lexington, 2015.
29. Roger T. Ames, *Confucian Role Ethics*, p. 258.
30. 同上，第112页。
31. Yan Xuetong, *Ancient Chinese Thought, Modern Chinese Power*, p. 91.
32. Eric L. Hutton (trans), *Xunzi: The Complete Text*, Princeton: Princeton University Press, 2014, p. 346.
33. 《荀子·王霸》。何艾克的《荀子》英译本在翻译这段话时，将"义"统一译作"yi"。阎学通的英文著作《古代中国思想与当代中国力量》第86—87页中的翻译值得商榷，因为"义"在同一段中被译为"正义"（justice），又被译为"规范"（norm）。
34. 《荀子·王霸》。
35. 阎学通、徐进等：《王霸天下思想及启迪》，北京：世界知识出版社，2009，第144页。
36. 《荀子·王霸》。
37. Roger T. Ames, *Confucian Role Ethics*, p. 127.
38. 同上，第206页。
39. Yan Xuetong, *Leadership and the Rise of Great Powers*, p. 19.
40. 同上，第43页。
41. 同上。
42. 同上，第44页。

43. Jon Elster, *The Cement of Society: A Study of Social Order*, Cambridge: Cambridge University Press, 1989, p. 272.

44. 同上，第 273 页。

45. Feng Zhang and Richard Ned Lebow, *Taming Sino-American Rivalry*, Oxford: Oxford University Press, 2020.

46. Yan Xuetong, *Leadership and the Rise of Great Powers*, p. 8.

47. 同上，第 9 页。

48. 同上，第 7 页。

49. 同上，第 6—7 页。

50. 同上，第 19 页。

51. Joseph S. Nye Jr, *Do Morals Matter? Presidents and Foreign Policy from FDR to Trump*, New York: Oxford University Press, 2020.

52. Hans J. Morgenthau, *Politics among Nations: The Struggle for Power and Peace*, New York: Alfred Knopf, 1948; Richard Ned Lebow, *The Tragic Vision of Politics*.

53. Eric L. Hutton (trans), *Xunzi: The Complete Text*, Princeton: Princeton University Press, 2014, p. xxiv.

54. 同上，第 xxviii 页。

55. Yan Xuetong, *Leadership and the Rise of Great Powers*, p. 8.

56. 关于全球正义的最新著作，参见 Gillian Brock, *Global Justice: A Cosmopolitan Account*, Oxford: Oxford University Press, 2009; Mathias Risse, *On Global Justice*, Princeton: Princeton University Press, 2012。

57. 《论语·颜渊》，第二十二章。

58. 《论语·颜渊》，第五章。

59. Joseph Chan, *Confucian Perfectionism*, p. 118.

60. 《孟子·尽心下》，第一章。

61. 《论语·卫灵公》，第二十四章。

62. 《论语·雍也》，第三十章。

63. 同上。

64. 《论语·卫灵公》，第二十四章。

65. 《论语·雍也》，第三十章。

66. 《论语·卫灵公》, 第二十四章。
67. Michael Slote, *Morals from Motives*, location 1524.
68. Nuyen, A.T., "Moral Obligation and Moral Motivation in Confucian Role-Based Ethics," *Dao* (2009) 8: 1–11.
69. Yan Xuetong, *Leadership and the Rise of Great Powers*, Chapter 2.
70. Alan Donagan, *The Theory of Morality*, pp. 9–12.
71. Yan Xuetong, *Leadership and the Rise of Great Powers*, p. 41.
72. Feng Zhang, "China's New Thinking on Alliances," *Survival* 54, no. 5 (2012): 129–48.
73. Jeffrey D. Sachs, *A New Foreign Policy: Beyond American Exceptionalism*, New York: Columbia University Press, 2018, Chapter 5.
74. Feng Zhang, "The Xi Jinping Doctrine of China's International Relations," *Asia Policy* 14, no. 3 (2019): 7–23.
75. 钱穆:《中国文化史导论》, 商务印书馆, 1994 年版。
76. 关于这一论点, 参见 Jannika Brostrom, "Morality and the National Interest: Towards a '*Moral Realist*' Reaserch Agenda," *Cambridge Review of International Affairs* 29, no. 4 (2015): 1624–39。

# 第七章
## 道义现实主义与霸权转移

阿萨纳西奥斯·普拉蒂亚斯
齐思源

得到德尔斐神谕关于如何应对波斯帝国日益增长的威胁的回应后，吕底亚帝国的国王克罗伊斯兴奋不已。古希腊德尔斐城阿波罗神殿的女祭司庇提娅说，克罗伊斯如果开战，他将能摧毁一个伟大的帝国。然而，神谕没说将被摧毁的帝国的名字。罔顾幕僚们提出的关于德尔斐预言的模糊性和战争固有风险的明智建议，克罗伊斯一厢情愿地妄下结论。他想象自己的吕底亚帝国能战胜居鲁士大帝治下那正在崛起的波斯帝国。但事实并非如此：克罗伊斯战败，他的帝国被吞并。古希腊第一位伟大的历史学家希罗多德认为，东地中海地区霸权从吕底亚帝国转移到波斯帝国，其原因是居鲁士的成功领导和克罗伊斯的不力领导。希罗多德进一步指出，小国和大国的历史他都记录，因为"许多曾经的大国现在都变小了，我那个时代的大国之前都曾是小国"[1]。正如齐桓公的大臣管仲所说："夫国大而政小者，国从其政；国小而政大者，国益大。"[2] 对早期古代文献中的故事，我们不可全信，但历史上确实有很多政治家做出了关乎国家命运的战略决策。

现代的人，尤其是那些在冷战后取得胜利的人，选择用规律来解释国家的成功。他们认为存在一种完美的政体——仿若一个治理软件，只要将其下载并安装，国家的成功就会自动实现。学者和政治家们在1991年的确都认为，美国这个冷战的胜利者提供了一种社会经济软件，他们倾向于胜利学派以此为基础预测的历史的终结。[3] 世界上的其他国家，如果想要发展经济，就得遵循美国的制度观念，否则就有陷入停滞和长期贫困的风险。[4] 即使是中国这个世界上人口最多且有着古老文明的国家，一旦将其经济体制自由化，也难免美国化的结果。[5]

然而，中国不接受现代化理论的这些假设，该种理论认为自由民主是发展的必然结果，也是刺激创新和使一个发展中国家成为高收入国家的规范性先决条件。[6] 财富和经济自由化并没带来自由主义知识分子所预言的那种西式选举民主。中国的成功出人意料，为了解释中国成功之谜，一些人试图对所谓的中国特色社会治理体系——发动群众和实践民主集中制进行解释性研究。这形成了另一种制度主义论点。虽然这种观点解释了为何通用的政体不是万能的，但它并不能解释这些中国特色制度最初是如何形成的，更解释不了为何随着高层领导更迭而出现不同方式的治理。[7] 阎学通的最新著作是试图回答这一问题的一种努力,他将领导力和政治能力重新纳入战略理论构型。他认为,有能力发起并实施国内改革的政治领导可能会增强国家实力,最终重塑国际体系的格局。阎学通创建了一种霸权转移的政治理论,但主要是从崛起国的角度创建的。这一理论的政治性质与冷战后的唯物主义正统理论相左,引发了一场激烈的争论,争论内容包括衡量国力的正确标准、霸权转移的因果过程,以及在不转变为美式自由民主制度的情况下,中国是否具有成为国际领导的终极潜力。

在本章中,我们将首先回顾阎学通的领导力理论,因为它与既有的有关霸权转移的国际关系理论相关,也与当前关于中美权力差别的观点相关。[8]虽然阎学通权威性地论证了领导力的作用大于体系的约束作用,但最近的经验证据表明,中美应对大国竞争时代的方法受到结构维度的严重约束。尽管如此,领导力仍然是一个关键变量,但不同的分析层次(施动者、国家、体系)之间的关系是复杂的,难以系统地区分它们各自的作用。然后,我们将进一步阐述如何在新古典现实主义框架内完善基于政治领导的霸权转移理论,新古典现实主义认为战略行动受结构的制约和界定。接着,我们将从古典主义视角分析阎学通的理论。尽管阎学通的理论从中国古典战略文献中借鉴了很多,但他对现代国际关系的见解使他超越了特定文化的语境。同样,我们借鉴了希腊丰富的古典传统,以强调我们认为希腊传统中与阎学通的"道义现实主义"和"战略信誉"的核心思想相同的概念。这些相同之处有助于我们概述可教育的行为（美德），这些美德或许能引导领导者们，影响他们的战略结果。华夏和古希腊是两个独立发展起来的异质国际体系，那些重要的美德（也是领导人们能遵循的战略原则）具有一种普世性，能够激励和教育那些追求开明的国家利益的战略精英。最后，我们将根据道义现实主义理论推断中美战略竞争的未来。

## 霸权转移和政治改革

关于中国崛起的文献可分为两大派：物质决定论和政治决定论。物质决定论者（结构主义者）认为，由于欠发达国家复制和采用发达国家的最佳方法和实践，技术自然会在全球国际体系中扩散。[9]根据收益递减规律，较贫穷的欠发达国家，首先是中国，将比富裕的发达国家发展得快。[10]正如吉尔平所说：

> 主导国或帝国的经济技术被扩散到体系中的其他国家，特别是扩散到该国际体系的边缘国家。也就是说，这种向其他国家扩散的过程，使主导国失去了它在政治、军事或经济上取得成功的优势基础。因此，作为一种榜样，主导国经常以一种更直接的方式助力创造挑战国。[11]

现代化理论家们认同这一观点并认为，随着社会变得更加富裕，中产阶级最终会不接受只纳税而无代表权的制度。[12]经济增长将带来选举民主，选举民主则自然激励更高层次的创新，因为享有自由的人具有创造力。[13]对于现代化理论家们来说，[14]国家的成功与政治无关，因为政治变化是由经济自由推动的。[15]因此，"哪里有机会和安全，哪里的（财富）自然就会增加。消除障碍，自然会实现发展"[16]。经济和政治的会合是具体而言的。[17]

相反，政治决定论者则将政治观念和政治领导视为中国财富和权力空前增长的根本因素。技术确实可能从领先国家向落后国家扩散，但是技术进步速度快到能赶上领先国家，最为重要的是技术创新能超越领先国家，这只会发生在国内政治秩序先进的国家，即能够进行合理改革的国家。用一位著名理论家的话来说，"因为技术竞争和技术变化，每位参加'工业化竞赛'的国家都面临着改变规则的新博弈"[18]。因此，为应对不断变化的博弈而进行改革、调整和政治创新是国家取得经济成功所需要的最根本的素质。[19]"政治与经济的会合是有条件的"：权力转移终究是以国内改革为基础的政治现象。[20]阎学通的专著《大国领导力》完全符合这类理论。

阎学通长期以来一直强调，在评估一国综合国力的构成要素时，政治变量比物质变量更关键。[21]在构建当下热议的道义现实主义理论时，他明确将政治领导（政治实力）作为操作性要素,认为操作性要素具有增强综合国力资源性要素(军事实力和经济实力)的作用。如果政治领导同意并实施合理的改革,那么长期坚持就可能改变国际体系的结构。[22]正如佩里·安德森所观察到的,阎学通的理论核心是"国际权力转移的根本原因在于领导人的思想,而不是物质力量"[23]。安德森批评了这一观点,认为这属于危险的独裁观点。然而,阎学通的领导决定论并非基于绝对专制体制所灌输的僵硬的意识形态世界观,而是十分务实灵活;因为他将政治领导力定义为政治精英集体朝着正确方向改革的能力。阎学通自己的话是:"改革既是一个描述性的术语,又是一个褒义词,含有变化的方向是道义的,与倒退是对立的。"[24]这或许呼应了汤因比的经典论点,汤因把政治精英归为"有创造力的少数人",他们像国家生存和进步的催化剂,有能力成功应对战略挑战。[25]因此,正如阎学通所说,"不同国家的领导能力永远是不一样的,这可以解释国家综合实力不均衡增长的规律"。[26]

这是对现代的霸权转移理论的重要洞察。[27]华尔兹认为均势是自然地重复形成的;[28]A. F. K. 奥根斯基将霸权转移归结为工业化的扩散;[29]乔治·莫德尔斯基认为是核心经济体和海军力量驱动的必然性权力周期导致了霸权转移;[30]和肯尼迪持相同观点,吉尔平认为霸权转移是霸权国的错误所致(帝国过度扩张伴随着经济回报减少、社会支出增加和逆向的人口趋势);阎学通则认为崛起国和主导国两国的领导差别是导致霸权转移的原因。[31]最高领导层从内部带来国家实力的变化,最终推动国际关系的变化。[32]结果是,老霸主和崛起的新霸主两国的领导差异导致系统效应(国际体系向两极转变)。[33]

可以肯定的是,阎学通认为,近几十年来中国在改革方面比美国做得好,但他并不争辩哪种政体优越,而是对自由民主政体的优越性持不可知论态度。[34]阎学通是个非意识形态论者,因此他对某种制度能够解决所有问题的想法持怀疑态度,这与菲利普·库恩的观点相呼应,即"没有人知道什么体制适合于治理10亿多人的民族国家。以前从未有人尝试过"[35]。不同的国情可能需要不同的制度,有才干的领导必须不断地重建这些制度。[36]于是,阎学通认为领导素质(被理解为进行改革和应对挑战的能力)可能不受制度类型的影响,这是个真正的科学假设。[37]

阎学通关于领导力和霸权转移的理论与美国学界主流观点产生了直接冲突,后者通常认为制度因素对领导力有根本性的影响。迈克尔·贝克利评估中美实力趋势的新著与阎学通的观点完全相反。贝克利认为,在未来几十年里,中国将不会超过美国,因为美国拥有坚实的物质优势,最重要的是,美国拥有可靠的政治制度,而中国明显缺乏这种制度。阎学通认为此事尚不可知,而贝克利似乎认为这是确定无疑的。在其跨学科研究成果《无可匹敌:为什么美国将继续是唯一的超级大国》中,贝克利试图驳斥关于美国衰落的主流观点,并且理所应当地指出，与中国相比，美国拥有更优越的资源基础，即更健康的人口结构、更丰富的自然资源、无与伦比的地理条件、更先进的经济生态系统，以及强大得多的军队。最重要的是，贝克利自信地认为，美国的民主资本主义制度因拥有公开参政议政、大众智慧、法治和分权制等内在品质而比中国的政治制度优越。[38] 贝克利认为，美国政体具有很强的治理能力（以人均税收来定义）和高度的问责能力，这限制了执政精英们的任意行为。[39] 于是，贝克利认为美国民主有一种自动纠偏能力，能够治愈国内的病态，最终可重塑美国的国际权威。[40] 贝克利还提供了规范性建议：在巨额财富对政治产生不利影响的情况下，必须取缔超级政治行动委员会。当帝国过度扩张和进行不必要的战争时，战争税应成为财政规则而不是赤字支出（他所说的"战争信用卡"），这样公众才能清楚了解战争的货币成本，从而充分参与决策过程。然而，在之前美国社会两极分化程度和美国最高法院意识形态倾向没这么明显的情况下，这些改革措施都未能实施。2011年开庭审理对高额政治资金有重大影响的联合公民诉联邦选举委员会案时，最高法院成员的偏见还不像近来这么严重。在特朗普任命了三名法官之后，最高法院的天平明显地向右倾斜。[41] 此外，美国的政治暴力也日益严重，2021年在美国首都发生的国会暴乱事件就是不祥之兆。鉴于美国如今陷入前所未有的政治困境，贝克利提出的美国国内结构性改革似乎很难实施。[42] 正如阎学通在谈到主导国无力改革时所说,"主导国的改革动机不如崛起国强烈,因为其领先的地位使其对本国政治和社会制度有自豪感,而缺乏改革的欲望"[43]。可以肯定,阎学通的这种观点与吉尔平有关霸权国的看法相似,阎学通的观点还给出一个清晰的结构性解释,即一国在国际体系中的地位影响其改革倾向。

## 国际政治和结盟

坚定的改革型领导是国内社会经济成功的基础,从而能够加快提升物质实力,但如何利用振兴起来的国力增强本国的国际合法性并"长久维持其领导地位"[44]?阎学通和贝克利都认为结盟对实现这一目标很重要。[45]对阎学通来说,结盟是他所说的"战略信誉"的核心。[46]战略信誉是通过赢得其他小国好感建立起来的,它属于综合国力的操作性要素。为缺乏安全的国家提供安全保障并遵循公平外交规则,一国就能增强其国际权威,从而建立起与主导国竞争的合法性。简而言之,享有较高战略信誉的国家可以在国际棋局中"事半功倍",从而节约宝贵的国家资源。据此,战略信誉高的有抱负大国可塑造有利其崛起并持续主导的国际环境。[47]但是,中国会接受阎学通的建议,通过拓展同盟责任来提升其战略信誉吗?

## 中国的结盟战略

阎学通一再呼吁中国放弃不结盟原则，但中国政府并不赞同，早在 2015 年，中国政府就拒绝了他关于与俄罗斯签订正式安全条约的呼吁。[48] 贝克利准确地指出了中国将长期采取中立战略。他说结构现实主义有个关键论点，即在单极世界里，次一级的大国倾向于建立联盟实现力量平衡，从而对抗超级大国的威胁。然而，并不存在制衡美国的联盟，而中国实际上面临着美国安全伙伴和盟友们的包围。[49] 贝克利认为，如果美国继续巧妙地管理其联盟，保持其战略信誉，那么未来就不可能形成制衡的联盟；国际均势将保持大幅向美国倾斜。[50] 此外，中国西面是印度，西南是越南，东面有日本，南面是印度尼西亚，还有潜伏的澳大利亚，可能很快就形成制衡中国的实力远大于中国的联盟。美国战略家们经常讨论建立亚洲版北约，例如组建民主四国可能是实现这一目标的步骤。[51]

战略上，阎学通仍然乐观地认为，不会形成这种针对中国的灾难性局面。他认为中国存在一个战略机遇——他指出美国的国内分裂和特朗普多变的对外政策，会让人们担心美国的长期安全保障是反复无常的（拜登不会终身执政），美国政治的不确定性仍然是导致盟国担心的因素。[52] 美国在制度与发展方面的倒退和对东欧事务的过度热心"创造了一个全球领导真空，让中国填补，破坏了美国与传统盟友的战略关系"。[53]政治领导是建立跨大西洋联盟和太平洋地区轴辐体系的根本。美国的战略信誉在特朗普时期已经被削弱了，如今欧洲对"联合的西方"的喜悦可能无法延续到下一个政治周期。[54]随着美国长期战略信誉的下降，亚洲国家可能更愿意追随中国，就像19世纪后期加拿大和墨西哥追随美国那样，当时欧洲大国正忙于当地的霸权战争，无法提供任何可信的支持。[55]

中国政府将中国周边地区提升为战略关注的核心区，中国在周边地区有幸运的战略机遇吗？即使美国的战略信誉出现了不可救药的动摇，中国附近的一些大国，如日本、印度、澳大利亚和印度尼西亚等，似乎也不太可能追随中国。由于这些国家具有发展有效威慑力的能力（印度拥有核武器，日本可以迅速获得核武器，澳大利亚和印度尼西亚有可能最终会发展核武器），中国很难将它们吸引到自己的安全轨道上。此外，这些国家可以相互协调各自的地区安全政策，组成一个对抗中国的制衡联盟。[56]中国的行为可以影响这些国家对威胁的看法，但很难彻底消除地理相近因素的影响。[57]

某些小国或与中国距离较远的国家（如某些东盟国家、中亚国家、非洲国家或中东国家），有可能真的想与中国结盟，那么中国就不得不放弃其不结盟原则，也许还得先解决南海争端。面对这个困境，阎学通的分析变得中庸起来：他搁置了现实主义，从建构主义中汲取灵感，认为中国的千禧一代，即下一代政治精英们，将具有采取王道原则与调整中国过时的不结盟原则的道义和认知素质，因为他们在现代科学和中国古典思想两方面都受到扎实的训练。[58] 但是，中国千禧一代在熟知科学与人文知识的同时，也深受爱国主义教育运动中的民族主义思想影响。[59] 在他们世界观形成的过程中，哪些想法会占上风呢？世界主义的战略观还是国家化的观点？[60] 中国最近的舆论趋势指向的是后者。[61]

**关于内政的理论**

观察了美国现任政府的政策及其对美国实力的影响，阎学通又提出一个重要观点：中国崛起是一个相对概念。自邓小平时代以来，中国确实朝着正确的方向进行了改革，而美国却偏离了正确方向。在加速缩小两国实力差距上，美国偏离正确方向也许比中国的进步起的作用更大。从决定发动伊拉克战争，到长期卷入阿富汗战争，到持续介入中东事务，到2008年金融危机，再到美国政治精英无法为世界最富裕国家的公民提供负担得起的医疗保险。

## 国际政治理论有进展吗？

上述关于领导与国内政治结构（分权和制度）之间，以及在更大范围上领导与体系结构因素之间相互影响的谜题，激发了国际关系有关"分析层次"的重大理论辩论，这个辩论也许是无休止的。[62] 从体系、国家和施动者三个分析层次来看，阎学通的理论优先考虑了领导层次的分析，因此他遵循的是基于施动者的本体论。[63] 然后，他的理论详尽地展示了国家行为（完全由领导决定的）如何重组全球权力（结构变化），并最终创建国际规范和制度。显然，对阎学通来说，领导主导着国内层次的全部变量，并随着时间推移逐渐改变国际权力结构（体系的极性）。[64]

然而，只关注个体层次变量的理论存在一个问题，即这样的理论试图解释体系层次的变化，如新兴大国的崛起，但这种变化不使用体系层次的因素是无法解释的。结构现实主义有个清晰且简明的观点，即一国在国际体系中的地位对其特性的影响大于其特性对国际体系的影响。正如华尔兹所说，国家的目标是依据相对实力变化的。[65] 阎学通的明确假设是：一国之所以崛起，是因为它实践道义现实主义（在国内施行进步的改革，在国际上追求战略信誉），这仿佛一种"算法"，用来解释一个国家特殊的政治领导层建立在功利道德之上的大战略的形成。[66] 首先，这一假设没有充分考虑到结构对激励或阻碍政治改革有着重大影响。事实上，如约翰·米尔斯海默所说，美国无可匹敌的领先地位让美国"脱离了现实主义"，使理想主义和自由主义精英们劫持了美国的对外政策。[67] 奈说："美国在

第七章 道义现实主义与霸权转移 203

'单极状态'下的权力失衡提高了美国陷入傲慢的风险。"[68] 因此，中国崛起及其在美国引起的恐惧能促使华盛顿实行进步的社会经济改革吗？[69] 中国最近在高科技工业方面的成就是否会刺激美国出台新的工业政策，以动员强大的美国科学界实行新的"登月计划"呢？[70] 在外交方面，美国的对外政策当权者能否纠正特朗普主义，重振其联盟体系以制衡中国呢？与其他事情不同，现在"中国威胁论"已"跨越了政治分歧"，把克鲁兹、沃伦、佩洛西这些意识形态非常不同的立法者团结起来。[71] 于是，对结构性压力敏感的美国国会似乎以两党合作方式通过了有关中国的立法，并支持总统提出的针对中国的倡议。竞争压力可能不是决定性的，但它确实"促进和推动"了政治行为。[72]

的确，拜登的前期举措表明，美国已经开始以提高国家作用的方法进行国内经济改革（无休止的边境法案、芯片法案、基础设施计划、供应链弹性和回流政策），并利用"中国威胁论"作为黏合剂以结束内斗。几乎在每次重要演讲中，拜登都把中国说成是"当前明显的危险"，他试图强调美国进行国内改革的目的是平衡中国。[73] 在美国单极时代，担任参议员和副总统时的拜登曾反对或漠视一些立法项目（工业计划、金融改革、经济保护主义、脱离中东等），但如今他已转而支持这些立法项目了。[74]

这种美国两党在中国问题上令人惊讶的一致和随之而来

的竞争性动员引出了这样一个问题：结构性压力（第三个意象）对大战略的根本影响是什么？华尔兹认为："大国容易犯的错误：在多极世界中，是疏忽大意；在两极世界中，是过度反应；在单极世界中，是过度扩张。"[75] 然而，这句话与华尔兹之前的论点相矛盾，因为他曾经认为应明确国际政治理论与对外政策理论是不同类别的理论，他认为只有极性能够驱动战略行为（疏忽大意、过度反应、过度扩张），并以此概括对外政策。[76] 事实上，新古典现实主义是个相对年轻的现实主义流派，对分析层次的无休止争论提供了一个潜在的解决方案。[77] 新古典现实主义者认为：在美国单极时代这样一个宽松的结构环境下，国内变量往往主导国家的战略决策。[78] 因此，当美国没有面临外部挑战时，它做出以下选择是安全的：在中东进行战争，支持乌托邦式的意识形态计划（在国外搞民主化和国家建设），让有权势的金融家主导国家经济日程，使国家走上去工业化道路。[79] 更具限制性的国际环境则会"限制"行为体个体层次变量对大战略的影响。正如新古典现实主义者所说，宽松的战略环境和更具限制性的战略环境不同，它们"关系到各国面临的威胁和机遇的紧迫性与重要性"[80]。这并不意味着执政精英无法影响战略，而是意味着当结构性压力加剧时，可用的战略选择会大幅减少。

可以肯定的是，新古典现实主义与其历史前身古典现实主义一样，建构了一个复杂的理论，因此与纯粹的新现实主义学派比，它是一个不太简洁的学派。[81]然而，正如一位学者所言：

> 为了在理论的简约和更准确的描述之间取得平衡，首创的理论可在不同分析层次上逐渐地另外增加其他原因，关注内政类型、官僚机构和政治人物的作用。"理论的适用范围越大，我们可期待的准确性就越低……缩小理论的适用范围以便获得更高的准确性。于是，提倡简洁的学者和强调内容细节的学者产生争论，这种争论变成了研究层次的问题，而不是非此即彼的选择问题。我们应首先争取简洁性，然后再增加复杂性，与此同时检验这样做对理论预测力的影响，即检验这一理论在有限信息的基础上做出重大推断的能力。[82]

因此，在新古典现实主义者看来，体系是影响国内层面中介变量作用的第一关。所以，这种研究方法上的包容性非常适于解释战略行为的复杂性。[83]

阎学通的理论显然与华尔兹的建构主义有所不同，但它真的能被归类到新古典现实主义学派吗？阎学通认为，领导力显然是个自变量。[84]如果他确实这么认为，那么他的理论就在新古典现实主义的研究范式之内，甚至可以被认为是与华尔兹基于体系的本体论截然相反的理论。[85]我们认为，即使把领导力不是作为自变量，而作为中介变量（但考虑到第一个意象对全面战略选择有着更大影响），就可以将这个理论定位在新古典现实主义的范畴内，并能解释复杂的问题。这将为未来道义现实主义及战略的研究提供更加多元化的议题，并可避免围绕托马斯·卡莱尔的伟人理论进行令人困惑的辩论。

事实上，如果将领导力作为中介变量，从理论上就能建立起让领导发挥作用的条件，在这样的条件下，领导有更大的可能通过国内制度改革大幅提升"国家实力"，最终不仅影响短期危机决策，最重要的是可影响长期大战略的形成。[86] 例如，新古典现实主义者认为，在严重的国际危机中，领导者的影响往往变得更加重要，但如果拉大时间跨度，就很难将领导者的影响和战略文化、国内制度、社会精英关系、意识形态、路径依赖等因素的影响区分开来。[87] 总之，如新古典现实主义者所说："鉴于体系（物质）变量的因果作用是首要的，（需要分析）行为体层次的集体观念这一变量在什么条件下更有可能在以下两个方面之间发挥干预作用：一方面是体系压力，另一方面是国家在特定时期追求的特定外交和安全战略。"[88] 这里至关重要的是搞清楚战略精英在什么背景下可以设定国家的最终意图，并有效地制定大战略。[89] 最后，再探讨一下筛选领导人的选举制度有何影响。[90]

从方法论的角度看，要回答这些问题，比较有前途的方法是对大量历史案例采取谨慎的反事实研究。[91] 一个关于领导的通用性理论，必须对有助于战略成功的基本美德做清楚解释和界定。领导行为影响结果，领导道德影响领导行为，因此研究领导的道德问题应研究的是后天教育形成的行为原则，而不是天生的性格特征。[92] 有一种方法是研究哪些后天可教育的美德对精英们是必不可少的，避免他们形成妄想思维和拿破仑综合征（自大倾向），防止他们形成其他的错误认知，避免破坏成功的大战略的制定和实施。[93] 政治心理学、[94] 历史学和哲学的交叉研究对于这种研究方法很重要。[95] 可以肯定的是，与结构现实主义相比，这种研究更加复杂，且需要一种方法论上的路径，该路径能以非特定的方式将行为体个体层次变量（领导力）纳入其中，最终建成一种以领导力为中心的普遍适用的霸权转移理论。虽然阎学通的道义现实主义理论仍有不足，但即使是目前的理论版本已是一个雄心勃勃的大理论，足以助力未来的"实证研究，它率先提出了重大理论问题，并提出值得检验的假设"[96]。但现代新古典现实主义路径并非唯一的前进道路，古典现实主义也能成为一条很有前途的研究路径。我们将在下一节探讨这个问题。

## 领导力、战略信誉与大战略的经典维度

政治学家（也许大多数社会科学学者）有个常见特点，那

就是强调自己的理论是完美且新颖的,并试图证明前人的著作有局限性。随着新现实主义的出现,新现实主义学者普遍否定古典现实主义是理论,以致无法增进我们对政治现象的理解。[97] 针对否认古典现实主义是理论的看法,新古典现实主义者做出回应,为古典现实主义添加理论的严谨性。不过,我们相信,古典现实主义自身也能从实证角度推动以领导力为中心的霸权转移理论的发展。毕竟正如两位学识渊博的作者所说,"因为古典现实主义者不知道用现在的方法做政治学研究,所以如此贬低它将会是一种严重损失……我们应该警惕因一时的狭隘主义作怪,夸大古人和现代人的差别,使我们与志同道合者失之交臂,错过启发性见解"[98]。

我们相信,长期以来人们所研究的古代先贤的思想为阎学通的理论提供了一条有前途的研究路径。[99] 阎学通靠自己铺设了这条研究路径。例如,他说,"中国古代思想家都认为,国家之间的权力转移源于大国统治者的变更……这并不限中国。事实上,我们可以在古代和现代西方的政治著作中发现类似的分析"。他在对荀子和考底利耶的战略思想进行比较研究之后,进一步指出,"由于当时荀子和考底利耶并不了解彼此的思想,他们思想的相似所反映的是对国际政治的跨文化理解。发生在轴心时代(约公元前800—前200年)的这种理论相似性,意味着这些理论是对人类社会客观规律的认知。[100]

的确,这种对不同文明进行的比较研究,可被视为一种强大的自然实验,不仅适用于比较中国和印度的国际体系,也适用于比较中国和古希腊的国际体系。中国和古希腊的战略思想和治国方略是各自独立发展的;这两个国际体系至少在公元前3世纪之前是完全隔绝的。简而言之,古希腊体系和先秦中国体系的霸权转移是各自独立发生的。因此,我们提出如以下问题:阎学通以中国古典文献为知识基础提出的道义现实主义概念与古希腊经典中的类似概念有相似性吗?也就是说,在有影响力的古希腊作者的著作中,解释国家崛起和成功的变量,与以功利主义的道义为基础的政治领导力有相同作用吗?[101] 如果像我们所说的那样,在古希腊经典著作中真的有类似观点,认为制定战略是领导的基本功能,那么就可以认为优先考虑政治领导作用的普世性战略是存在的。[102] 换句话说,基于政治领导力的国家崛起和国家成功理论超越了地理和文化因素。这个结论引出的洞见是:"战争与战略的本质和功能的核心是不变的,因此所有历史战略经验都有一个共同本质。"[103] 虽然不断变化的条件〔例如,新技术或新的组织形式(如现代民族国家)的出现〕可能会导致战术的相应变化,从而影响战略,但大战略(国际冲突的逻辑)、军事战略(战争的性质)、作战艺术(作战指挥),以及最重要的、可以发挥乘数效应的领导艺术,其本质都是永恒的。[104]

在所有古典时期作者中,修昔底德是政治现实主义的首要代表人物。[105] 修昔底德实际上是首位强调国际体系结构对国家竞争强度有根本性影响的希腊古典作家。但是，他将雅典的最终失败归因于雅典领导层的退化，认为他们不理解结果主义道德观在对外关系中的作用，采取了过度扩张雅典权力的轻率战略，蔑视体系的约束力。此外，修昔底德还通过详细描述的方法，将塞密斯托克利斯的变革性领导作为雅典崛起和雅典帝国建立的首要因素，举例说明了他对政治领导力的看法。塞密斯托克利斯的领导是古希腊国际体系中霸权转移的首要原因。

塞密斯托克利斯是位进取型改革者，他将全希腊地区从波斯的征服下拯救出来，在这个过程中，他将雅典变成了一个强大的海军帝国，有能力领导由所有希腊城邦组成的联盟。修昔底德非常详细和巧妙地展示的塞密斯托克利斯这一案例，在某种意义上印证了阎学通的论点，即领导力可以"重塑国际格局、秩序、规范、世界中心乃至整个国际体系"。[106] 在我们新近的工作中，我们用一种分析方法深入研究了塞密斯托克利斯的领导对战略成果的影响。我们认识到行为体和体系效果之间存在六种相互关联的因果机制：（a）对国家威胁的判断，（b）国内实力资源的生成，（c）军事组织和理论改革，（d）组建同盟和管理同盟，（e）战争的结果，和所有这些因素综合起来导致的（f）国际体系内的权力再分配。[107]

最关键的是，还有一点与阎学通受中国思想启发构建的理论很相似，那就是领导力对组建同盟和管理同盟的影响（机制d），这一点值得做进一步的比较研究。事实上，修昔底德描述了塞密斯托克利斯是怎样培育雅典联盟体系的，以及如何提高雅典在古希腊世界的战略信誉的。[108] 在公元前5世纪的提洛同盟时期，雅典为其盟友提供安全保障，以抵御不断出现的波斯威胁。塞密斯托克利斯本人[109]推断："如果雅典人解放亚洲的希腊人，因受惠于此，希腊人将会向雅典人示好。"[110] 正如修昔底德所说，雅典的霸权建立在各自独立的盟友们依据共同议事大会的决议采取行动之上。[111] 此外，修昔底德还明确讲，雅典的盟友们自愿将提洛同盟的指挥权交给雅典人，因为他们憎恨在波斯战争后专制行事的斯巴达司令官帕萨尼亚斯。[112]

总的来说，提洛同盟的基本特征是雅典享有其盟友的善意（*eunoia*/εὔνοια）。[113] 雅典没有搞慈善施舍，它只是采取最低层次的必要道义行为，通过将其物质优势合法化，最终增强其整体实力（这正是阎学通的道义现实主义理论中有关战略信誉的概念）。修昔底德自己清楚地区分了历史事实，他认为早期的雅典联盟体系是霸权性的（意思是以雅典的善意领导为基础的自愿联盟），但是雅典人贪婪的权力欲最终使这个霸权体系变得混乱无序（原因是雅典人对其他希腊城邦施加暴政）。[114] 理所当然，雅典人丧失了善意，其他的希腊人都恨他们。看到雅典人所处的困境，斯巴达人在公元前431年对雅典宣战，宣称斯巴达要为把希腊人从雅典的压迫下解放出来而战。[115] 根据修昔底德的说法，当时，"斯巴达人很得人心，尤其是当他们宣布其目标是解放希腊的时候。国家和个人都热衷于以一切可能的方式支持他们，无论是在言论上还是在行动上"[116]。随着伯罗奔尼撒战争的恶化，雅典人的种种行为进一步削弱了他们在其他希腊城邦中的合法性。[117] 帝国的过度扩张（西西里远征）、蛊惑人心和贪婪腐败导致了梅洛斯大屠杀，最终导致雅典战败。

雅典在西西里岛的战略过度扩张既不是注定的，也不是客观因素导致的，而是因为雅典政治家们的轻率决策。[118] 修昔底德将雅典的衰落主要归因于这些政治家及其一连串的轻率决策。与他对塞密斯托克利斯和伯里克利的赞誉相反，修昔底德尖锐批评了阿尔基比阿德斯的领导力，认为他退化的领导力是雅典最终失败的直接原因。[119] 因此，修昔底德将施动者和政治领导力视为决定战争与和平、胜利与失败的关键因素。[120] 相应地，他强烈提倡其所说的"战略谨慎"（*sophrosyne*/σωφροσύνη）。[121] 我们认为，他所强调的谨慎——一种后天养成的美德——是修昔底德经典著作中关于领导力的唯一最重要的术语。

事实上，在中国古典文献中也有关于这种美德的论述。荀子在谈到一个与谨慎战略非常相似的概念时说：

> 虑必先事，而申之以敬，慎终如始，终始如一：夫是之谓大吉。凡百事之成也，必在敬之；其败也，必在慢之。故敬胜怠则吉，怠胜敬则灭；计胜欲则从，欲胜计则凶。[122]

第七章　道义现实主义与霸权转移

荀子进一步建议领导者"敬谋无圹，敬事无圹，敬吏无圹，敬众无圹，敬敌无圹：夫是之谓五无圹"[123]。这些关于谨慎的基本核心思想不仅出现在《荀子》中，而且在《孙子兵法》中也有明确的论述。中国先秦战略思想家们的一个核心认知是，自我约束是优秀领导的基础。阎学通的道义现实主义就是建立在这种丰富的理论基础之上的。也许可以认为，如果阎学通以希腊古典文献为基础，也能得出同样的结论。

最后，雅典修辞学家伊索克拉底是修昔底德著作的狂热读者，他在著作中进一步讨论，而且也许是更详细地讨论了战略信誉和同盟管理的概念。[124] 正如伟大的古典主义者雅克利娜·德·罗米伊所指出的那样，伊索克拉底用来描述建立国家友善和成为霸主（领导者）的重要因素的术语是"善意"。他在《论和平》中精彩地分析了这一概念，围绕着善意和仇恨这对概念，建立了一个完整的兴衰理论。[125] 正如伊索克拉底所详述的，为了确保国家成功，增强我们自己的力量，我们必须愿意：

鉴于我们已经吸取了教训，认识到尽管我们比其他任何单个国家都要强大，但我们仍然无法与整个希腊抗衡，因此我们对待盟友要像对待朋友一样，不要口头上允许他们独立，而实际上把他们交给我们的将军们，让将军们对他们为所欲为，不要像主人一样实行领导，而应以助手身份承担领导。[126]

正如阎学通所说，荀子有几乎完全相同的观点，认为"人之民恶我甚，则日欲与我斗。……是强者之所以反弱也"[127]。

令人惊讶的是，古代希腊和中国的思想者们生活在完全不同的国际体系里，而他们对于改革型领导和联盟中战略信誉的重要性竟然得出类似的结论。虽然这还不足以充分证明存在普世性战略准则，但在中美权力转移愈演愈烈的情况下，上述结论确实就如何谨慎领导的问题提供了战略性建议。最重要的是，这些结论进一步证明，道义现实主义的首要原则和规范性建议——"谨慎"和"善意"——是跨时代和跨文化的。它们既非中国特色，也非希腊特色。

## 总结

从"一带一路"倡议，到周边外交，到新的全球安全倡议，到在联合国专门机构中发挥领导作用（在15个专门机构中，中国领导了4个），再到中国共产党第十九次全国代表大会宣称，中国拓展了发展中国家走向现代化的途径，给世界上那些既希望加快发展又希望保持自身独立性的国家和民族提供了全新选择。很明显，"韬光养晦"战略已经被更为积极主动的战略取代。[128] 然而，领导地位不可能靠睿智的口号和"中国行为是利他的"这一委婉说辞来维持，它需要强大的国内实力基础。[129] 因此，阎学通的道义现实主义理论将改革型国内领导视为首要因素，这类领导把努力实现国家昌盛作为国家持续崛起的必要条件。因此，在与美国的激烈竞争中，中国如果要持续实现文明复兴和提高国力，那么进步的改革和开放对中国来说仍是至关重要的。

在国际方面，阎学通希望中国能超越美国，获得领先地位而非统治地位。但他认为，只有中国政治领导层继续朝着开放的方向进行改革，最重要的是放弃不合时宜的不结盟原则，承担更多国际责任，才能实现这一目标。担当国际领导的关键是靠谨慎决策的政治品格建立起来的战略信誉。阎学通以苏联为例子，用其错误的同盟管理政策来强调战略信誉的重要性。美国在冷战期间的结盟战略远胜于苏联，而苏联在1968年出兵镇压布拉格之春时，其战略信誉就遭受了不可逆转的自残式打击。[130] 苏联曾在与纳粹的英勇斗争中赢得了在东欧的领导地位，但此时这个地位失去了合法性，加速了华约组织的解体。[131]

于是，在中美一面集结优势，一面极力稳定双边关系的形势下，阎学通采用行为体为基础的本体论建立有关领导力的理论自然有着现实意义。中美双边竞争可能很快会演变成激烈对抗，我们只能希望中美两国的战略界人士能够意识到谨慎的好处，这需要"节制地使用强大实力"。虽然政治权宜之计有时可能是必要的，但如果一个有抱负的霸主无视道义的功能，采取自毁国际权威合法性的行为，必将破坏其战略信誉，最终埋下因傲慢自大而垮台的种子，使全世界团结起来反对它。

因此，现实主义理论中的道义也许不是绝对意义的，而是工具性的，并且在某种程度上是可以通约的。正如公元前434年雅典使节在伯罗奔尼撒邦联会议上所说，"有统治权的人仍服从人性，不过度地滥用职权，凡能如此者，都值得赞扬"[132]。雅典人的演讲试图协调结构与行为者之间关系："权力导致腐败"，但绝对权力并不必然导致绝对腐败，因为领导人们有选择如何使用权力的空间。[133] 换言之，不可能有道义完美的超级大国，但一些超级大国能做到谨慎克制，"有节制地使用其强大实力"。正如一位现代战略研究者所说，美国战胜苏联是因为"在这场冲突中，始终存在着一种比美国霸权更坏的东西。只要苏联统治模式是一种选择，在世界其他大多数人的眼里，比美国统治更坏的危险总是存在的。用克劳塞维茨的话来说，比霸权更坏的大国弱化了霸权与他国原本可能有的'摩擦'"[134]。因此，这自然引出一个问题：中国能否塑造出一个比"中国霸权"更糟糕的东西？如果中国要在21世纪发挥领导作用，关键是得有谨慎型的政治领导，这种领导能在国内创造卓越成就，并在国际上培育出善意形象。

第七章 道义现实主义与霸权转移

## 注释

1. Herodotus, *Histories* 1.5.
2. 《管子·霸言》。
3. Charles Krauthammer, "The Unipolar Moment," *Foreign Affairs* 70, no. 1, (1990): 23–33; Francis Fukuyama, *The End of History and the Last Man*, London: Penguin, 1992.
4. 正如自由派创始人 G. 约翰·伊肯伯里所说，美国单极至上的目的论被视为体系性的，因为维护单极秩序的稳健性靠的是"美国模式与现代化功能需求之间的深刻一致性，这增强了美国的力量，使其与世界其他地区的关系更加和谐"，参见 G. John Ikenberry (ed), *America Unrivalled: The Future of the Balance of Power*, Ithaca: Cornell University Press, 2002, pp. 296, 310.
5. 有关预言性的反对立场，参见 Samuel Huntington, "The West Unique not Universal," *Foreign Affairs* 75, no. 6, (1998): 28–46。
6. 关于现代化理论，参见 Seymour Martin Lipset, "Some Social Requisites of Democracy: Economic Development and Political Legitimacy," *American Political Science Review* 53, no. 1 (1959): 69–105; Seymour Martin Lipset, *Political Man and the Social Bases of Politics*, New York: Doubleday & Company, 1960。关于中国不可避免会走向民主化的其他乐观预测，参见 Dali L. Yang, "China's Long March to Freedom," *Journal of Democracy* 18, no. 3 (2007): 58–64; Minxin Pei, "Transition in China? More Likely than You Think," *Journal of Democracy* 27, no. 4 (2016): 5–20。关于适用于中国的现代化理论的综合评论，参见 James Mann, *The China Fantasy: Why Capitalism Will not Bring Democracy to China*, London: Penguin Random House, 2007; Vasilis Trigkas, "Chimerica in Decline," *The Diplomat*, 4 May 2015, https://thediplomat.com/2015/05/chimerica-in-decline/; Sebastian Heilmann, *Red Swan: How Unorthodox Policy Making Facilitated China's Rise*, HK: The Chinese University Press, 2018。从更广泛的理论角度来看，对现代化理论最具挑战性的著作参见 Samuel P. Huntington, *Political Order in Changing Societies*, New Haven: Yale University Press, 1968。亨廷顿认为，只有在政治制度化（行政效率）滞后的情况下，经济发展及其引发的政治动荡才可能导致政治衰退。根据穆迪的说法，中国新保守主义者正是在亨

廷顿的著作中发现了反对中国民主化的思想。参见 Peter Moody, *Conservative Thought in Contemporary China*, Lanham, MD: Lexington Books, 2007, pp. 151–2.
7. 从 1949 年到 1997 年，中国制度的变化幅度很小，但经济发展变化很大。
8. 本章的部分内容摘自齐思源的文章 Vasilis Trigkas, "On Global Power Differentials, Moral Realism, and the Rise of China: A Review Essay," *Journal of Contemporary China* 29, no. 126 (2020): 950–63。
9. 在国际关系文献中，吉尔平提出了霸权转移的核心理论。华尔兹是"竞争"原则之父，吉尔平也认为这一原则具有重要意义。然而，吉尔平类似于肯尼迪，认为经济回报的递减和霸主的帝国过度扩张是霸权转移的主要驱动因素，而华尔兹则观察到竞争反复发生并导致力量均衡，从而得出了一种体系理论。关于趋同和创新扩散机制的经验概要，参见 William J. Baumol, "Productivity Growth, Convergence, and Welfare: What the Long-Run Data Show," *The American Economic Review* 76 no. 5 (1986): 1072–85。鲍莫尔不是一个物质决定论者。正如他所说，没有一个数学函数能够预见趋同。考虑到各国历史和社会特点的功能性方法更适合了解各国生产能力的演变。大多数经济学家将趋同解释为回报递减和创新扩散的结果，而政治学家——尤其是结构现实主义者——则将趋同视为国家追求安全的结果。随着经济成为国防的基础，国家为了生存有必要复制最佳的操作模式并提高生产力。如果失败，国家将被"清除"出体统（被吞并）或从属于第二级地位，从而失去战略自主权（见稍后关于分析级别的讨论）。关于各国如何效仿最佳操作模式的案例研究，参见 Vasilis Trigkas, "China Has Its DARPA but Does It Have the Right People?," *The Diplomat*, 9 August 2017, https://thediplomat.com/2017/08/china-has-its-darpa-but-does-it-have-the-right-people/; Otto Hintze, "Military Organization and the Organization of the State," in The Historical Essays of Otto Hintze, ed. *Felix Gilbert*, New York: Oxford, 1975, pp. 178–215.
10. 在现代权力转移理论的奠基工作中，经济不平衡增长，特别是工业增长，是霸权转移的主要原因。参见 A. F. K. Organski, *World Politics*, New York: Alfred A. Knopf, 1958。
11. Robert Gilpin, *War and Change in International Politics*, New York: Cambridge University Press, 1981, p. 176.

12. 华尔兹和吉尔平只提出了与现代化对体系内权力分配的影响有关的论点，而没有研究现代化对国内政治的影响。关于现代化理论家，见注释6。
13. Daron Acemoglu, Suresh Naidu, Pascual Restrepo, and James A. Robinson, "Democracy Does Cause Growth," *Journal of Political Economy* 127, no. 1 (2019): 47–100. 关于政体对增长的影响的实证文献是有分歧的，统合分析参见 Hristos Doucouliagos and Mehmet Ulubaşoğlu, "Democracy and Economic Growth: A Meta-Analysis," *American Journal of Political Science* 52 (2008): 61–83；相关理论概要，参见 Michael Oksenberg, "Will China Democratize," *Journal of Democracy* 9, no. 1 (1998): 27–34。
14. 本章中的"现代化理论家"主要指那些追求华盛顿共识的通用发展模式的"自由主义者"。
15. 这种认为经济基础推动政治变革的观点在马克思主义中也很普遍。正如阿尔伯特·赫希曼所说，马克思主义者认为，经济力量在既定的政治框架内推动物质增长。当这种僵化的政治框架最终与生产力发生冲突时，它最终会崩溃，被经济发展中诞生的强大的新社会群体（阶级）淹没，参见 Albert Hirschman, *A Bias for Hope-Essays on Development and Latin America*, New Haven: Yale University Press, 1971, pp. 16–17。
16. David S. Landes, *The Poverty and Wealth of Nations*, New York: W.W. Norton and Company, 1999.
17. 如注释15所述，这一理论建构也得到了马克思主义理论家的认可。经济物质条件构成了政治上层建筑的基础。然而，马克思主义知识分子认为，由于内部矛盾，随着在那些制度下生产力的急剧上升，自由民主最终将被社会主义取代，并最终被共产主义取代，主张物质决定论的共产主义知识分子先锋队将引导人们走向共产主义的"历史终极"。在某种程度上，马克思主义者认为，政治领导只有在"客观物质条件成熟"时才会起作用。只有到那时，领导才是决定性的。
18. Peter Gourevitch, "The Second Image Reversed: The International Sources of Domestic Politics," *International Organization 32*, no. 4 (1978): 888.
19. 这里没有提到路径依赖学派，该学派认为过去做出的决定，甚至在某个时间点发生的意外事件，都可能使某种状态处于发展趋势，即使该趋势不太理想，即使可能也会很难在以后进行修正。在路径依赖学派看来，改革即使不是不可能的，也是很难取得成效的。因此，该学派遵循一种"历史决定论"，对世界政治的历时性变化的解释力有限，因为它将国家的成功归因于偶然性和客观环境。参见 Robert D. Putnam, Robert Leonardi, and Raffaella Y. Nanetti, *Making Democracy Work: Civic Traditions in Modern Italy*, New Jersey: Princeton University Press, 1993.

20. 作者借用了贝克利的这一术语，参见 Michael Beckley, *Unrivaled: Why America Will Remain the World's Sole Superpower*, Ithaca: Cornell University Press, 2018, p. 7。

21. 来自阎学通研究计划的总结，参见 Yan Xuetong, *Ancient Chinese Thought, Modern Chinese Power*, New Jersey: Princeton University Press, 2011；《阎学通教授第五次入选爱思唯尔（Elsevier）中国高被引学者榜单》，清华大学国际关系研究院，http://www.tuiir.tsinghua.edu.cn/info/1089/5224.htm。

22. Yan Xuetong, *Leadership and the Rise of Great Powers*, Princeton: Princeton University Press, 2019, pp. 13, 54–6.

23. Perry Anderson, *The H Word: The Peripeteia of Hegemony*, London: Verso, 2017, Chapter 9.

24. Yan Xuetong, *Leadership and the Rise of Great Powers*, p. 13. 正如安东尼·赛什所言，中国共产党的成功是建立在微观政治和地方实验的基础上的。该党之所以成功，是因为它没有试图强制推行意识形态，而是务实地参与地方政治，并制定了改革创新的治理议程，参见安东尼·赛什与伊丽莎白·佩里的讨论，https://www.youtube.com/watch?v=n9Q4P_ZuVTY; Yongnian Zheng, "China's De Facto Federalism," in Baogang He, Brian Galligan, and Takashi Inoguchi, (eds), *Federalism in Asia*, Cheltenham, UK: Edward Elgar, 2007, pp 213–41。

25. Arnold Toynbee, *A Study of History Abridged and Illustrated*, Oxford: Oxford University Press, 1972.

26. Yan Xuetong, *Leadership and the Rise of Great Powers*, p. 192.

27. 关于霸权传统理论作为一种进步研究范式的综合评价，参见 Jonathan M. DiCicco and Jack S. Levy, "Power Shifts and Problem Shifts: The Evolution of the Power Transition Research Program," *The Journal of Conflict Resolution* 43, no. 6 (1999): 675–704.

28. 可以肯定的是，在国际关系文献中，华尔兹的均势理论被视为与霸权转移理论背道而驰。在这里，我们认为这两种理论都是基于权力的转移。霸权转移理论认为权力从已建立的霸权国转移到正在崛起的霸权国，而新现实主义则认为权力从一个霸权（单极）转移到其他国家，从而形成一个平衡的体系（两极或多极）。问题是：首先为什么权力会转移？推动国际关系这一重要进程的因果机制是什么？

29. 事实上，奥根斯基将工业化看作权力转移的原因，他坚持认为权力转移理论在 1750 年之前不适用，而且在未来也将变得无关紧要。奥根斯基的理论之所以如此狭隘，是因为他没有看到改革派领导对生产结构的影响，参见 A. F. K. Organski, *World Politics*, p. 307。阎学通在书中提到了这一点。关于改革派领导如何释放商业海军力量而引起工业化前权力转移的典型例子，参见 Athanasios Platias and Vasilis Trigkas, "Themistocles: Leadership and Grand Strategy," in E. M. Economou, N. C. Kyriazis, and A. Platias (eds), *Democracy and Salamis*, Cham: Springer, 2022, pp. 99–129。

30. George Modelski, "The Long Cycle of Global Politics and the Nation-State," *Comparative Studies in Society and History* 20 (1978): 214–35; George Modelski and William R. Thompson, "Long Cycles and Global War," in *Handbook of War Studies*, edited by Manus I. Midlarsky, Boston: Unwin Hyman, 1989, pp. 23–54.

31. 这听起来可能类似于奥根斯基和亚采克·库格勒等权力转移理论家的"政治实力"概念，他们将政治实力概念纳入其模型中。奥根斯基和库格勒的"政治实力"是指国家的管理能力或政治机构的有效性——其他学者使用的一个替代标志是"财政实力"，见本章中关于贝克利的观点。奥根斯基和库格勒甚至武断地认为大国的政治实力是相似的，因此将这一变量从他们的模型中删除，参见 A. F. K. Organski and Jacek Kugler, *The War Ledger*, Chicago: University of Chicago Press, 1980。更详细的讨论，参见 Jacek Kugler and Marina Arbetman (eds), *Political Capacity and Economic Behaviour*, Boulder, CO: Westv, 1997。

32. 请注意，吉尔平关于人口统计数据和福利主义的论点往往更具结构性，而非政治性。吉尔平认为，单极霸主注定会受到这些结构性社会趋势的影响，它们的力量最终会被削弱，参见 Gilpin, *War and Change*, Chapter 4。

33. 如前所述，虽然阎学通确实关注崛起国和主导国之间的差异，但他的理论在分析上更侧重于崛起国的视角。

34. 阎学通关于政体类型的作用不可知论几乎与普林斯顿大学出版社出版的"中国"系列的所有著作都有显著的差异，其中包括强调中国的君主或贵族政治例外的书籍。一些著作的标题就具有指示性，例如 *A Confucian Constitutional Order: How China's Ancient Past Can Shape Its Political Future*; *Confucian Perfectionism: A Political Philosophy for Modern Times*; *The Constitution of Ancient China*。

35. Philipp Kuhn, "Can China Be Governed from Beijing: Reflection on Reform and Regionalism," in Wang Jungwu and John Wong (eds) *China's Political Economy*, Singapore: Singapore University Press, 1998, pp. 149– 66; Philipp Kuhn, *Origins of the Modern Chinese State*, Stanford, CA: Stanford University Press, 2002.

36. 根据詹姆斯·伯纳姆的说法，马基雅维里首先提出了这一论点。在《君主论》一书中，他认为一位拥有独裁权力的有成效的领导人在战略上有利于意大利的统一和对法国的防御。然而，在《论李维》的论述中，马基雅维里主张一旦意大利统一问题得到解决，就建立共和政体，参见 James Burnham, *The Machiavellians: Defenders of Freedom*, New York: The John Day Company, 1943。

37. 在阎学通的理论中，"改革能力"是一个动态变量。过去的表现并不代表未来的结果。变化是持续的，僵化的政体无法改变衰败趋势。阎学通对政体类型对改革倾向的影响属于不可知论，因此从认识论上讲是立得住的。一些现代作者常常将罗马共和国作为稳固的政治体制具有强大作用的典型历史案例。然而，正如哈丽雅特·弗劳尔所论证的那样，持续了450年的罗马共和国的政治并不是一成不变的铁板一块，而是不断地变化并进行改革的。当它最终被帝国取代时，罗马在接下来的400年里继续是地中海国际体系中的唯一霸权力量，参见 Harriet I. Flower, *Roman Republics*, Princeton: Princeton University Press, 2011。

38. 这一论点在美国一些精英学术圈已经确立，参见 Matthew Kroenig, *The Return of Great Power Rivalry: Democracy Versus Autocracy from the Ancient World to the US and China*, New York: Oxford University Press, 2020。

39. "财政实力"可能是一个限制性很强的指标。例如，特朗普的递减累进税政策（涓滴经济学）可能不会彻底改变美国的财政实力，但很可能会加剧社会不平等。此外，关于政府问责的质量，一些美国学者并不同意贝克利的观点。他们认为，那些明显做出灾难性对外政策决定的精英们从未受到惩罚，而是继续掌握权力并持续有影响力，参见 Stephen Walt, *The Hell of Good Intentions: America's Foreign Policy Elite and the Decline of US Primacy*, NY: Straus and Giroux, 2018。

40. 贝克利对国家力量的衡量指标进行了广泛的研究，参见 Michael Beckley, "The Power of Nations: Measuring What Matters," *International Security* 42, no. 2 (2018): 7–44; "China's Century? Why America's Edge Will Endure," *International Security* 36, no.3 (2011/12): 41–78。另参见 Vasilis Trigkas, "Review of Unrivalled: Why America Will Remain the World's Sole Superpower by Michael Beckley," *International Affairs* 95, no. 3 (2019): 750–2。

41. 关于大笔资金对政治的影响以及政治功能障碍对经济竞争力的影响，参见 Michael E. Porter, Jan W. Rivkin, Mihir A. Desai, Katherine M. Gehl, William R. Kerr, and Manjari Raman, "A Recovery Squandered: The State of US Competitiveness," *Harvard Business School*, https://www.hbs.edu/competitiveness/Documents/a-recovery-squandered.pdf。

42. 例如，结构性改革将需要用完全基于普选的制度取代选举人团制度。目前，共和党不仅共同努力阻止此类改革，而且还剥夺了关键摇摆州公民的选举权。

43. Yan Xuetong, *Leadership and the Rise of Great Powers*, p. 192.

44. 同上，第 194 页。

45. 在霸权转移理论中，如果说联盟有作用，也只是次要作用。霸权转移主要是由于内部增长。在均势理论中，联盟起着比较重要的作用。参见 Jonathan M. DiCicco and Jack S. Levy, "Power Shifts and Problem Shifts: The Evolution of the Power Transition Research Program": 693.

46. Yan Xuetong, *Leadership and the Rise of Great Powers*, p. 40.

47. 阎学通提到典型的现实主义者卡尔的类似论点，卡尔认为"正如在国内一样，政府虽然需要权力作为其权威的基础，但也需要被统治者赞同的道义基础，因此国际秩序不能仅仅以权力为基础，道理很简单，人类终究会反抗赤裸裸的权力"。Yan Xuetong, *Leadership and the Rise of Great Powers*, p. 6.

48. 2014 年，阎学通急切地呼吁中国放弃邓小平的"韬光养晦"战略，转而追求"奋发有为"。参见 Yan Xuetong, "From Keeping a Low Profile to Striving for Achievement," *Chinese Journal of International Politics* 7, no. 2 (2014): 153–84。中国与俄罗斯已经建立了"非官方联盟"(可以说是一种友好关系),特别是在俄乌冲突和美国对中国的包围加剧之后。学者们对中俄战略合作的程度以及中俄友好的战略需要和好处仍存在分歧,参见 Deborah Welch Larson, "Can China Change the International System? The Role of Moral Leadership," *The Chinese Journal of International Politics* 13, no. 2, (2020): 163–86。有关国内对中国不结盟战略进行辩论的总体评估,参见 Liu Ruonan and Liu Feng, "To ally or not to ally? Debating China's Nonalignment Strategy in the 21st Century," in Huiyun Feng, Kai He, and Yan Xuetong (eds), *Chinese Scholars and Foreign Policy: Debating International Relations*, New York: Routledge, 2019。

49. 然而,更紧密的中俄友好关系可能会验证结构现实主义的预测,即最终"以实力求均衡"。然而,正是由于中国的内部增长,现在这种欧亚伙伴关系才有可能平衡美国的主导地位。20世纪90年代那样的中俄联盟不会产生如此关键的战略影响。

50. 贝克利关于美国联盟实力的论点可在沃尔特的著作中找到一些理论根据,他解释说,由于美国不太威胁其他国家,全球国际体系的力量才不那么均衡,而且美国联盟也就具有可持续性。实力不均衡不是导致力图达到均衡的充分条件。沃尔特认为,极为重要的是威胁的平衡。也许是美国对俄罗斯的威胁加剧,促使莫斯科与北京走得更近,并搞了一个"准联盟"。参见 Steven Walt, *The Origins of Alliances*, Ithaca: Cornell University Press, 1987;Barry Posen, *Restraint*, Ithaca: Cornell University Press, 2014。

51. Vasilis Trigkas, "By Reaching out to Japan and Reassuring India, China Can Stop the Quad before It Even Starts," *The South China Morning Post*, 23 November 2018, https://www.scmp.com/comment/insight-opinion/asia/article/2174610/reaching-out-japan-and-reassuring-india-china-can-stop. 相反的观点,参见 Zhen Han and T.V. Paul, "China's Rise and Balance of Power Politics," *The Chinese Journal of International Politics* 13, no. 1 (2020): 1–26.

52. Edward Luce, "US Democracy Is Still in the Danger Zone," *Financial Times*, 27 May 2021, https://www.ft.com/content/bb554492-9b15-4af0-8954-ee0f2063327c.

53. Yan Xuetong, *Leadership and the Rise of Great Powers*, p. 9; David E. Sanger and Jane Perlez, "Trump Hands the Chinese a Gift: The Chance for Global Leadership," *The New York Times*, 1 June 2017, https://www.nytimes.com/2017/06/01/us/politics/climate-accord-trump-china-global-leadership.html; Will Burn, "The Demolition of US Diplomacy," *Foreign Affairs*, 14 October 2019, www.foreignaffairs.com/articles/2019-10-14/demolition-us-diplomacy; Paul Haenle and Sam Bresnick, "Trump is Beijing's Best Asset," *Foreign Policy*, 15 October 2019, https://foreignpolicy.com/2019/10/15/china-trump-trump2020-deal-beijing-best-asset/?.

54. 请注意，在阎学通于 2018 年撰写了这本书时，特朗普政府还未放弃叙利亚库尔德人，未升级伊朗的局势，也未煽动对国会大厦的袭击。有关最近事件对美国信誉的影响，参见 Richard N. Haas, "The High Price of American Withdrawal from Syria," *The Project Syndicate*, 17 October 2019, https://www.project-syndicate.org/commentary/high-price-of-american-withdrawal-from-syria-by-richard-n-haass-2019-10。

55. 关于 1903 年美国与加拿大在阿拉斯加边界的仲裁过程中，背信弃义的英国背叛加拿大的案例，参见 Lionel M. Gelber, *The Rise of Anglo-American Friendship: A Study in World Politics, 1898–1906*, London: Oxford University Press, 1938。在这方面，美国在东欧和中东（战略边缘）的纠缠破坏了其在东亚和东南亚（战略核心）的战略信誉。

56. 一些支持"离岸制衡"大战略的美国学者认为，为了避免推卸责任，美国最好放弃在太平洋的前进姿态，让地区国家主动平衡中国。美国不会紧缩开支，而是从背后提供支持。

57. Stephen Walt, *Origins of Alliances*.

58. Yan Xuetong, *Leadership and the Rise of Great Powers*, p. 51.

59. Suisheng Zhao, "A State-Led Nationalism: The Patriotic Education Campaign in Post-Tiananmen China," *Communist and Post-Communist Studies* 31, no. 3 (1998): 287–302. 关于中国民族主义对外交政策的影响，参见 Suisheng Zhao, "Foreign Policy Implications of Chinese Nationalism Revisited: The Strident Turn," *Journal of Contemporary China* 22, no. 82 (2013): 535–53; Jessica C. Weiss, "How Hawkish Is the Chinese Public? Another Look at 'Rising Nationalism' and Chinese Foreign

Policy," *Journal of Contemporary China* 28, no. 119 (2019): 679–95。

60. 关于民族主义观念的影响，参见 Edward H. Carr, *The Twenty Years' Crisis: 1919–1939: An Introduction to the Study of International Relations*, London: Macmillan, 1940, p. 172.

61. 然而，令人惊讶的是，一位美国的中国问题专家发现了在战略上利用民族主义的优势。参见 Thomas J. Christensen, "The Advantages of an Assertive China," *Foreign Affairs* 90, no. 2 (2011): 59–62。

62. 正如罗伯特·杰维斯所说："分析层次的设定源于华尔兹的经典著作《人、国家与战争》。华尔兹实际上使用了'意象'（image）一词，但 J. 戴维·辛格在对该书的书评文章中使用了'层次'一词，事实证明这个词的接受度更高。"参见 Kenneth Waltz, *Man, the State, and War*, New York: Columbia University Press, 1954; J. David Singer, "The Level-of-Analysis Problem in International Relations," *World Politics* 14, no. 1 (1961): 77–92。

63. 关于施动者与基于环境的本体论，参见 Jennifer Sterling-Folker, "Realist Environment, Liberal Process, and Domestic Level Variables," *International Studies Quarterly* 41, no. 1 (1997), pp. 4–8。

64. 罗伯特·普特南和安德鲁·莫劳夫奇克也提出了类似的论证，在体系刺激和国内政治之间的战略博弈中，将领导人视为"核心战略行为者"。参见 Margaret G. Hermann and Joe D. Hagan, "International Decision Making: Leadership Matters," *Foreign Policy* 110 (1998): 132–5。

65. Kenneth Waltz, "Structural Realism after the Cold War," *International Security* 25, no. 1 (2000): 5–41; Joseph S. Nye, *Do Morals Matter? Presidents and Foreign Policy from FDR to Trump*, New York: Oxford University Press, 2020, p. 8.

66. Yan Xuetong, *Leadership and the Rise of Great Powers*, p. 7. 这也许与结构现实主义所说的内外平衡的概念相呼应。

67. John Mearsheimer, *Great Delusion: Liberal Dreams and International Realities*, New Haven: Yale University Press, 2018; John J. Mearsheimer, "Bound to Fail: The Rise and Fall of the Liberal International Order," *International Security* 43, no. 4 (2019): 7–50.

68. Joseph S. Nye, *Do Morals Matter?*, pp. 163, 166.

69. 令人惊讶的是，阎学通在他 2001 年的早期文章中，就提出了一个系统性结构的论点来解释中国的崛起，他写道："1998 年美国空袭伊拉克后，中国人意识到了单极格局的危险。美国频繁使用军事解决手段，使中国人考虑须有必要对美国人进行限制。"参见 Yan Xuetong, "The Rise of China in Chinese Eyes," *Journal of Contemporary China* 10, no. 26 (2001): 36。

70. Steve Blank, "Reimagining Industrial Policy for a Technological Cold War," *The National Interest*, 10 September 2022, https://nationalinterest.org/blog/techland-when-great-power-competition-meets-digital-world/reimagining-industrial-policy.

71. "In Washington Talk of a China Threat Cuts Across the Political Divide," *The Economist*, 16 May 2019, https://www.economist.com/special-report/2019/05/16/in-washington-talk-of-a-china-threat-cuts-across-the-political-divide.

72. 关于此主题的讨论，请见 2019 年 10 月 17 日阎学通与米尔斯海默于清华大学围绕"管理中美战略竞争"进行的对谈，https://mp.weixin.qq.com/s/rhxWW4OHIPMx79MceCnFdw。另参见 Kenneth Waltz, *Theory of International Politics*, New York: McGraw-Hill, 1979, pp. 76–7, 127–8; Marc Trachtenberg, *The Craft of International History*, New Jersey: Princeton University Press, 2006, pp. 39–40。

73. 最近拜登在底特律福特电动汽车中心发表讲话时说："中国在电动汽车竞赛中处于领先地位。毫无疑问，这是事实。"拜登随后表示，美国过去在研发方面的投资比世界上任何国家都多，但现在中国已经超过了我们，他们认为"他们会赢"，但最终得出的结论是中国"不会赢。我们不能让他们赢。我们必须迅速行动"。

74. 基辛格（一位古典现实主义者，而非新现实主义者）在冷战期间曾惊叹："美国政策的总体方向非常有远见，在整个政府更迭过程中保持着惊人的一致性，而且人物的多样性也是惊人的。"不过在他最新的著作中，他重点强调的是领导作用。参见 Henry Kissinger, *Leadership: Six Studies in World Strategy*, New York: Allen Lane, 2022。

75. Kenneth Waltz, "Structural Realism after the End of the Cold War," *International Security* 25, no. 1 (2000): 5–41. 另参见 Joseph S. Nye, *Do Morals Matter? Presidents and Foreign Policy from FDR to Trump*, New York: Oxford University Press, 2020, p. 8。

76. Stephen Walt, "US Grand Strategy after the Cold War: Can Realism Explain It,

Should Realism Guide It?," *International Relations Journal* 32, no. 1 (2018): 3–22.

77. 该学派最初由吉迪恩·罗斯（Gideon Rose）定义。参见 Gideon Rose, "Neoclassical Realism and Theories of Foreign Policy," *World Politics 51*, no. 1 (1998): 144–72。

78. Norin M. Ripsman, Jeffrey W. Taliaferro, and Steven E. Lobell, *Neoclassical Realist Theory of International Politics*, New York: Oxford University Press, 2016.

79. 张之洞（晚清洋务运动的主要知识分子之一）关于结构对政治领导的影响有着极其精辟的论述。正如他所说："历朝一统，外无强邻，积文成虚，积虚成弱。欧洲各国开辟也晚，郁积勃发，斗力竞巧，各自摩历，求免灭亡，积惧成奋，积奋成强。"（张之洞：《劝学篇·知类》）

80. Norin M. Ripsman, Jeffrey W. Taliaferro, and Steven E. Lobell, *Neoclassical Realist Theory of International Politics*, p. 52.

81. 事实上，新古典现实主义是将古典现实主义纳入现代社会科学的框架，并以此为基础建立起来的。从西方修昔底德的伟大著作到中国春秋战国时期的战略文献，古典现实主义都是复杂的理论。它可能优先考虑领导作用，但也包含系统变量和政治变量。参见 Michael W. Doyle, *Ways of War and Peace: Realism, Liberalism, and Socialism*, New York: W.W. Norton, 1997, Chapter 1; Athanasios Platias and Vasilis Trigkas, "Unravelling the Thucydides Trap: Inadvertent Escalation or War of Choice," *Chinese Journal of International Politics* 14, no. 2 (2021): 219–55。

82. Fareed Zakaria, "Realism and Domestic Politics: A Review Essay," *International Security* 17, no. 1 (1992): 177–98.

83. 关于复杂性与战略问题的出色研究，参见 Robert Jervis, *System Effects: Complexity in Political and Social Life*, Princeton: Princeton University Press, 1997。

84. Yan Xuetong, "IR Moral Realism Epistemology," *India Quarterly: A Journal of International Affairs* 76, no. 2. 在某种程度上，阎学通认为，道义现实主义提供了一种二元论。它既强调政治领导在决策中的重要性，也强调国家实力的重要性，国家实力决定国家的客观利益，而国家领导决定实现国家利益的方法（从这个意义上说，领导似乎是一个中介变量），需要加以完善和澄清。参见 Yan Xuetong, *Leadership and the Rise of Great Powers*, pp. 61–2。

85. 可以肯定的是，选择领导作为霸权转移的关键变量并非没有道理；正如杰维斯所言,"国家的安全行为可能更多地与其领导人的个性、信仰和角色形象有关,而不是与客观的系统约束和机会有关"。参见 Robert Jervis, *Perception and Misperception in International Politics*, Princeton: Princeton University Press, 1976, pp. 28–31。

86. "国家权力"是新古典现实主义的一个重要概念。正如柯庆生所指出的,国家权力取决于"国家领导人动员本国人力和运用国家物质资源支持其安全政策倡议的能力"。参见 Thomas J. Christensen, *Useful Adversaries: Grand Strategy, Domestic Mobilization, and Sino-American Conflict, 1947–1958*, Princeton: Princeton University Press, 1996, p. 11。有关概要参见 Jeffrey W. Taliaferro, "Neoclassical Realism and Resource Extraction: State Building for Future War," *Security Studies* 15, no. 3 (2006): 464–95。关于将"国家权力"定义为领导者的工具,参见 Yan Xuetong, *Ancient Chinese Thought, Modern Chinese Power*, p.77。

87. Norin M. Ripsman, Jeffrey W. Taliaferro, and Steven E. Lobell, *Neoclassical Realist Theory of International Politics*.

88. 同上,第 158 页。

89. 这里指的是在通常情况下。社会科学只能建立在软实证主义的基础上。因此,这个问题应该基于概率来界定,而且假定其他情况均相同。在什么条件下,领导力"最有可能"影响其他分析层次?

90. 例如,与美国的总统制度相比,英国的议会制度倾向于挑选更可预测的领导人。参见 Kenneth Waltz, *Foreign Policy and Democratic Politics: The American and British Experience*, London: Longmans, 1968; Gautan Mukunda, *Indispensable: When Leaders Really Matter*, Boston: Harvard Business Review Press, 2012。

91. Robert Jervis, "Do Leaders Matter and How We Would Know?" *Security Studies* 22, no. 2 (2013): 153. Jack S. Levy, "Counterfactuals, Causal Influence and Historical Analysis," *Security Studies* 24, no. 3 (2015): 378–402。用反事实分析来调查领导的影响的出色应用,参见 Victor Davis Hanson, "A Stillborn West: Themistocles at Salamis, 480 BC," in P. E. Tetlock, R. N. Lebow, and G. Parker (eds), *Unmaking the West: 'What if?' Scenarios that Rewrite World History*, Ann Arbor: University of Michigan Press, 2006, pp. 47–89。

92. 阎学通在书中提到了组织心理学的概念,例如群体思维,以及这些概念如何影响领导决策的质量。仍有待于将这些概念更系统地纳入道义现实主义理论。政治科学家和行为心理学家之间似乎有一条潜在的跨学科研究之路。总的来说，我们同意奈的观点，即领导力是可以培养的。领导者可以"学得影响结果的行为"。参见 Joseph Nye, *The Powers to Lead*, New York: Oxford University Press, 2009。

93. 我们在书中借鉴了希腊的古典文献，引入了谨慎这一美德概念，认为这对国家之船的英明领导和高效航行具有重要意义。参见 Athanassios Platias and Vasilis Trigkas, "Unravelling the Thucydides Trap"; Mark A. Menaldo, *Leadership and Transformative Ambition in International Relations*, Northampton, MA: Edward Elgar, 2013.

94. 政治心理学研究人的性格对领导者处理信息及部署战略行动的能力有何影响。"这些模型着重认知解释，如操作代码、基本归因错误、历史教训、个性的作用、群体动力学和群体思维，以及领导者的信仰和形象。"阎学通的理论就建立在这样的模型之上（见他反对群体思维的论点），但我们相信，仍有很大的空间可以更有条理地对政治心理学和以领导为中心的霸权转移理论进行研究。政治心理学的经典研究包括：Robert Jervis, *Perception and Misperception in International Politics*; Deborah Welch Larson, *Origins of Containment: A Psychological Explanation*, Princeton: Princeton University Press, 1985; Barbara Farnham, *Roosevelt and the Munich Crisis: A Study of Political Decision-Making*, Princeton: Princeton University Press, 1997; Stanley Allen Renshon and Deborah Welch Larson, *Good Judgment in Foreign Policy: Theory and Application*, Lanham, MD: Rowman and Littlefield, 2003; Barbara Welch, "Shortcut to Greatness: The New Thinking and the Revolution in Soviet Foreign Policy," *International Organization* 57, no. 1 (2003): 77–109; Jack S. Levy, "Psychology and Foreign Policy Decision-Making," in Leonie Huddy, David O. Sears, and Jack S. Levy (eds), *The Oxford Handbook of Political Psychology*, 2nd edition, New York: Oxford University Press, 2013。相关概要，参见 Margaret G. Hermann and Joe D. Hagan, "International Decision Making: Leadership Matters," *Foreign Policy* 110 (1998): 124–37。

95. 有关论述领导力与性格的主要哲学著作，参见 Robert Faulkner, *The Case for*

*Greatness: Honorable Ambition and Its Critics*, New Haven: Yale University Press, 2007; Harvey C. Mansfield, *Manliness*, New Haven: Yale University Press, 2007.

96. John J. Mearsheimer and Steven M. Walt, "Leaving Theory Behind: Why Simplistic Hypothesis Testing Is Bad for International Relations," *European Journal of International Relations* 19, no. 3 (2013): 427–57.

97. Johnathan Kirshner, *An Unwritten Future: Realism and Uncertainty in World Politics*, Princeton: Princeton University Press, 2022.

98. Joseph M. Parent and Joshua M. Baron, "Elder Abuse: How the Moderns Mistreat Classical Realism," *International Studies Review* 13, no. 2 (2011): 193–213.

99. 关于古典现实主义在现代国际关系研究中的持续相关性，参见 Michael W. Doyle, *Ways of War and Peace*。

100. Yan Xuetong, "Xunzi's and Kautilya's Thoughts on Inter-State Politics," *Strategic Analysis* 44, no. 4 (2020): 299–311. 旨在推进《孙子兵法》和西方战略文本的比较研究的类似观点，参见 Athanassios Platias and Constantinos Koliopoulos (in Greek), *Sun Tzu: The Art of War*, Athens: Diavlos, 2015, pp. 58, 77–82。

101. 作者在最近的一篇文章中详细阐述了这个问题。参见 Athanasios Platias and Vasilis Trigkas, "Strategic Universality in the Axial Age: The Doctrine of Prudence in Political Leadership," *Strategic Analysis* 46, no. 2 (2022): 157–70。

102. 值得注意的是，在中国古典战略文集中，有很多的学派，从理想主义者到道义主义者再到现实主义者等等，参见 Alastair Iain Johnston, *Cultural Realism*, Princeton: Princeton University Press, 1992。阎学通早期著作《古代中国思想与当代中国力量》同样如此。希腊古典文献也有类似的情况，柏拉图代表理想主义学派，而修昔底德则是现实主义传统的创始人。我们关于战略普世性的论点只是意味着，任何属于理想主义或乌托邦方式的国家都将被清除出该体系，也就是说，被吞并、征服，甚至被种族灭绝（华尔兹提出了关于战略或亚战略国家行为的论点）。只有现实主义道路才能最大限度地提高生存概率。因此，一个普世的战略经典必然包括以政治现实主义为基础的有效和成功的战略理论。

103. Colin S. Gray, *Modern Strategy*, New York: Oxford University Press, 1999, p. 1.

104. 请注意，在希腊古典战略文献中，领导力被视为可教可育的。因此，政论文和传记写的都是关于领导行为的概括，这些概括可以对未来的领导人进行说教。正如我们稍后将要提到的，修昔底德花了相当多的时间来讨论塞密斯托克利斯和伯里克利的战略行为，以及采取合理战略行为的美德。正如莉萨·卡莱特所说："修昔底德的功利观表明他的著作是教学性的，因此从这个意义上讲，文章与读者之间的关系就是教师与学生之间的关系。"参见 Lisa Kallet, "Thucydides Workshop of History and Utility outside the Text," in Antonios Rengakos and Antonios Tsakmakis, *Brills Companion to Thucydides*, Boston: Brills, 2006, p. 336。纵观历史，为领导人撰写的咨询文章不计其数，然而，绝大多数都是写给帝王的（参见中世纪关于帝王术的文献）。然而，古希腊经典的丰富之处在于，它为不同政治派别的领导人提供了建议。除了修昔底德和伊索克拉底的作品外，参见：波里比阿，《通史》；色诺芬，《居鲁士的教育》；普鲁塔克，《希腊罗马名人传》。后面的著作尤其不同寻常，因为它研究了整个古希腊历史上的很多领导人：城邦创建者、立法者、将军、国王、皇帝以及民主政治家。

105. David Boucher, *Political Theories of International Relations: From Thucydides to the Present*, Oxford: Oxford University Press, 1998.
106. Yan Xuetong, *Leadership and the Rise of Great Powers*, p. xiv.
107. Athanasios Platias and Vasilis Trigkas, "Themistocles: Leadership and Grand Strategy".
108. Athanasios Platuas and Vasilis Trigkas, "Themistocles must be destroyed: Sparta confronts a rising Athens," *Historical Review of Sparta* 1, no. 1 (2022): 129–56.
109. Athanasios Platias, "The Grand Strategy of Themistocles," in *Thermopylae and Salamis: Assessing their Importance in the Modern World*, Athens: MV Publications, 2021.
110. Diodoros Siculus, *Bibliotheca historica*, 11.41.
111. Thucydides, *History of the Peloponnesian War*, 1.97. 有趣的是，雅典的霸权体系是在得到盟国同意后建立的，似乎与公元前651年齐国领导的联盟体系惊人地相似。我们没有进行充分的比较，但这可能是未来一个值得研究的话题。参见 Yan Xuetong, *Leadership and the Rise of Great Powers*, p. 45。
112. Thucydides, *History of the Peloponnesian War*, 1.95.1, 1.96.1.
113. 狄奥多图斯与克里昂之间进行的关于雅典应该对反叛的国家实行惩罚的辩论

中，对贡品和善意的讨论非常精彩。狄奥多图斯基于功利主义道义为宽大处理提出了明确的论点，而克里昂则支持完全按照规定彻底消灭那些人。狄奥多图斯赢了公民大会上的辩论，反叛国家的人民得以幸免于难。

114. 全面研究参见 Richard Ned Lebow, *The Tragic Vision of Politics*, Cambridge: Cambridge University Press, 2003。

115. Athanasios Platias and Konstantinos Koliopoulos, *Thucydides on Strategy: Grand Strategies in the Peloponnesian War and their Relevance Today*, New York: Columbia University Press, 2010, pp. 72–5.

116. Thucydides, *History of the Peloponnesian War,* 2.8, 3.13, and 3.31.

117.《伯罗奔尼撒战争史》第二卷第八节明确指出斯巴达在伯罗奔尼撒战争开始时就享有善意。

118. Athanasios Platias and Konstantinos Koliopoulos, *Thucydides on Strategy.*

119. 尽管修昔底德对雅典的民主政治制度持批评态度，认为它很容易被煽动者劫持，但他坚持认为，谨慎的领导人仍然可以驯服民主国家的这种灾难性倾向。当他将伯里克利称为"第一位公民"时，这一点就显而易见了，伯里克利的领导如此有影响力，以至于他领导下的雅典只是名义上的民主国家。伯里克利没有改变雅典的民主制度，但通过政治技巧，他成功地控制了群众的热情。早些时候，塞密斯托克利斯对雅典的政治体制进行了改革。因此，在修昔底德身上，我们可以看到领导人如何改革现有的制度或在现有的制度内有效运作。邓小平也有类似的表现。

120. 在他们关于判断的研究中，斯坦利·艾伦·伦肖恩和黛博拉·韦尔奇·拉森准确地捕捉到了这一点，他们说"正确的判断可以避免战争，或者赢得战争。糟糕的判断可能引发战争，或者输掉战争"。参见 Stanley Allen Renshon and Deborah Welch Larson, *Good Judgment in Foreign Policy*。

121. 关于这一点及其在现实主义传统中的历时相关性，参见 Jonathan Kirshner, "Offensive Realism, Thucydides Traps, and the Tragedy of Unforced Errors: Classical Realism and US-China Relations," *China International Strategy Review* 1, no. 1 (2019): 54, 60–2。

122.《荀子·议兵》。

123. 同上。

124. 请注意，谨慎是指导领导者制定大战略的美德，而善意是方法。
125. Jacqueline de Romilly, *The Rise and Fall of States According to Greek Authors*, Ann Arbor: University of Michigan Press, 1991.
126. Isocrates, *On the Peace*, 8.134.
127.《荀子·王制》。
128. Vasilis Trigkas, "Review of the Book: The Long Game: China's Strategy to Displace American Order by Rush Doshi," *Pacific Affairs* 95, no. 1 (2022): 132–4.
129. 阎学通所说的"霸权"用的不是最初希腊语中的"领导"含义，而是带有现代帝国主义支配地位的含义。有关该概念的详尽研究，参见 Michael Doyle, *Empires*, Ithaca: Cornell University Press, 1986。
130. 美国的霸权模式被描述为"邀请来的帝国"或"不可抗拒的帝国"。参见 Geir Lundestad, "Empire by Invitation," *Journal of Peace Research* 23, no. 3 (1987): 263–77; Victoria de Grazia, *Irresistible Empire: America's Advance through Twentieth-Century Europe*, Cambridge, MA: Harvard University Press, 2006。
131. 当乔治·凯南主张将遏制政策作为对抗苏联的适当战略时，他预见到"克里姆林宫领导人对其追随者的纪律是如此轻率、无情、过度施压和自私，以至于很难让他国长期忍受其权势"。引自 John Lewis Gaddis, *Strategies of Containment*, Oxford: Oxford University Press, 2005, p. 41。关于这一点，另参见 Athanasios Platias and Konstantinos Koliopoulos, *Thucydides on Strategy: Grand Strategies in the Peloponnesian War and their Relevance Today*, Chapter 1。美国并不总是尊重盟友。华盛顿经常参与秘密行动和政权更迭。然而，总的来说，它的行为仍然比苏联克制得多，英国、德国和加拿大等美国核心盟友从未挑战过美国的权威。
132. Thucydides, *History of the Peloponnesian War*, 1.76.3.
133. 关于对雅典使节的演讲和对道义现实主义的独特分析，参见 Jacqueline de Romilly, *Thucydides and Athenian Imperialism*, trans. Philip Thody, Oxford: Basil Blackwell, 1963; Clifford Orwin, "Justifying Empire: The Speech of the Athenians at Sparta and the Problem of Justice in Thucydides," *The Journal of Politics* 48, no. 1 (1986): 72–85; Clifford Orwin, *The Humanity of Thucydides*, New Jersey: Princeton University Press, 1994。
134. John Lewis Gaddis, *Strategies of Containment*, p. 389.

# 第八章
# 道义现实主义的创新和与其对话

马里奥·泰洛

## 未来全球秩序将出现两极情景？

鉴于当前迫切需要围绕全球转型进行实证研究，阎学通教授的"道义现实主义"需要以实例来证明其理论符合当前形势。阎学通的著作和文章的创新之处在于聚焦一个双重性问题。第一，他解释了中国崛起和美国衰落这一并行过程。阎学通认为，当前的多极世界将不可避免地走向一个新的两极世界，包括一场新型的冷战。贯彻其现实主义研究方法，阎学通教授认为，美国保持其超级大国地位的可能性在未来要比欧盟民事力量（civilian power）更有前途。此外，阎学通还在另一本相关著作《历史的惯性》中说，欧洲将与巴西、印度、日本和俄罗斯一起衰落。[1]第二，他预测在十年内将出现中美两极格局，其特征将前所未有，"在形式和内容上"都与1947—1991年的美苏两极格局不同。

于是，读者想知道如何解释以下困惑：在意识形态对抗的重要性远不如上一次两极时代的大背景下，核威慑、中国在经济全球化中日益上升的地位以及在数字经济中争夺技术领导权的斗争，这三者相互作用，能否使共存成为可能，并避免两极对抗演变为军事冲突。阎学通的文章讨论了这些事，但有些观点具有争议性：他预测两极格局即将到来，这个预测涉及四个有争议的问题，其中有实证的，也有理论的。

首先，两极的预测是否低估了美国？阎学通预测美国霸权衰落的看法是完全正确的，但是，当下多极世界里的军事实力仍然明显是不对称的，是向美国倾斜的，至少未来几十年都将如此。根据斯德哥尔摩国际和平研究所关于军事实力的年度统计报告，中美的差距仍然很大，美国与中国的核弹头数量分别为 6 000 枚和 300 枚。美国面对的主要问题，也就是美国实力的局限性，不在于与中国的军事竞争，而是美国独特的军事实力越来越不适于应对绝大多数全球性和地区性挑战，这包括传统安全和新安全挑战，即委内瑞拉、伊朗、利比亚、叙利亚问题，以及恐怖主义、移民、网络安全、气候变化等。

其次，尽管用了许多令人印象深刻的数据支持其预测，但关于印度、日本、巴西、俄罗斯和欧盟的相对实力到 2023 年将严重下降的预测是否言过其实？尽管许多人承认，在以往十年或更长的时间里，两极趋势一直在增强，但很多从事国际关系研究的学者持与阎学通相反的观点，认为世界实力结构现在和将来都是多极的。[2]

再次,对立联盟的形成是否符合中国的利益并有利于和平?在阎学通看来,两极意味着建立平衡的联盟。英国学派创始人布尔对联盟的解读是格劳秀斯式的,他的观点是联盟有可能提供一种超越无政府状态的初级制度。[3] 不过,不仅现实主义者,连美国保守的右翼人士都预测中俄将结盟。卡根、班农和其他安全顾问都支持与北约"域外"的力量合作,特别是在中东国家,甚至与美日印澳四方安全对话机制协调,以遏制中国。阎学通对这种趋势的分析是正确的。然而,中俄结盟将不可避免地强化"反独裁民主联盟"的对抗。好在目前不仅中国领导层不喜欢这个趋势,而且欧盟也不喜欢。尽管中国对俄罗斯有能源需求,但中国领导层谨慎地防止与衰落的俄罗斯关系过于密切。此外,和欧盟一样,加拿大和日本也反对中美共治的两极(认知肤浅的记者们在2014年曾想象的"G2",即两国集团),也反对对峙的两极。对峙的两极将迫使美国这些小伙伴采取与美国一致的立场,从而导致相应的负面的经济、文化和政治结果。印度的莫迪政府虽然是反自由主义的民族主义领导,但也强烈反对两极格局。

最后,国际政治经济重要到何等程度?阎学通教授也承认,现在中国与西方的经济相互依存关系比以往任何时候都更重要(金融、产业链、技术联系等)。国际政治经济学家认为,尽管现在有贸易战、加剧的竞争、反复出现的紧张局势,但从长远来看,国际贸易和投资互联互通可以实现双赢博弈(与零和博弈相反）。中国将巩固其通向全球首要经济体的道路，但这只能发生在相互依存的世界经济中（与第一个两极世界截然不同），这是有政治含义的。在这种相互依存的背景下，尽管区域局势紧张，制度化的国际生活仍在继续，成千上万的国际制度、公民社会网络，双边、区域、区域间和全球层面的协议在数量上和范围上都在增加。

这四个有争议的问题有一个共同的理论背景：复杂的相互依存关系仍然非常重要，制度韧性与多极实力格局相匹配也非常重要。

# 是自由主义的危机，还是美国版的自由主义的危机？

阎学通的确讨论了有关全球治理危机的关键问题：讨论他的论文的确非常激发思考，但他对西方文献的认知有限。我认为阎学通低估了西方内部的分歧，欧洲的重要哲学家哈贝马斯认为这种分歧自小布什政府时期以来一直存在，[4]特朗普当选之后更加严重。[5]阎学通对自由主义面临着国内和国际双重挑战的强调绝对是正确的。阎学通教授强调了出现向"个人专制政权"和缺少法制的历史倒退趋势的风险。右翼民粹主义的内部挑战的确非常强大，对英国脱欧公投的结果和特朗普在美国的当选都产生了决定性的影响（迄今对匈牙利、波兰和意大利的选举也产生了同样的影响）。尽管特朗普在2020年的大选中落败，但这次选举证明极右翼民族主义浪潮在美国尚未结束。虽然美欧有许多共同点，但跨大西洋的分歧有着深刻的经济、政治和文化根源，以及深远的历史原因。

中国学者反对北约，主要理由是北约体现了西方同盟的一致性。毫无疑问，直到1991年冷战结束，基于共同价值观的北约对遏制苏联起着至关重要的作用。然而，自苏联解体及核威胁结束以来，欧洲对美国核保护伞的需求大大下降，而美国对欧洲的伙伴关系看上去也不太感兴趣了。北约改革如果不以建设一个战略自主的更强大的欧洲支柱为目标，就无法让欧洲成员与美国分担责任。无论是否喜欢，在苏联解体后，北约正在经历"身份危机"，这不是多边问题，而是等级问题。2019年1月，在制裁伊朗的政策上，北约与美国保持了距离，这一年马克龙认为北约正在迅速"脑死亡"。[6]重大历史趋势使北约受挫，如跨大西洋裂痕加深、战略利益分歧加大、威胁观念多种多样，以及对当前和未来多边合作的理解越走越不同。

就其战略和文化的一致性而言，西方的危机是自由价值观（法治、透明、人权和少数群体权利）的危机吗？

学界正在广泛地讨论"自由主义的危机"和/或"美式自由主义的危机"。[7]自由主义是个极具争议的概念。在这场争论中，阎学通对自由主义的解读是双重的：一方面，他知道这个概念的理论含义；另一方面，他又将其等同于20世纪90年代的自由主义意识形态。阎学通实际上认为自由主义是种"意识形态"，它影响着"国际价值体系，以至于后冷战时代的国际秩序被称为自由主义秩序"。但在我看来，这个定义像是将政治理论狭隘地历史化了，政治理论源于西方的三次革命（分别发生于英国、美国和法国），如阎学通教授所了解的那样，也是源于洛克、孟德斯鸠和康德（欧洲）的政治思想。值得关注的是，对自由主义的双重定义影响了正确认识当下的意识形态转型，即"自由主义的衰落"。

中国人对当前危机的范围和深度的看法尤其重要。阎学通教授认为，"在中国，自由主义在政治上指的是西方民主，在经济上指的是市场经济"；另外，它还包括"自由、民主、民权、世俗政府、国际合作，以及支持这些理念的相关方案"。[8]阎学通强调二战后美国在推行自由主义中的主导作用，包括建立联合国和布雷顿森林体系，这是正确的；然而，在他精彩的分析中有一点使人失望，他欢迎自由主义转型为其他的东西，这表现为他不加批评地引用了福山那著名的"历史终结论"意识形态。许多人将作为政治理论的自由主义和作为美国意识形态的自由主义混为一谈——由于美国对国际货币基金组织的影响，特别是1989年的"华盛顿共识"的影响以及对全球经济的影响，作为美国意识形态的自由主义已经转变为新自由主义了。无论美国怎样利用自由主义的观念，在国际关系中，自由主义的本质仍然是：基于规则的治理、透明化和多边制度化。多边制度以共同的规则和程序为基础，从而形成行为通则和互惠原则。在这里，我对阎学通教授的著作的探讨变得更具批判性，因为他认为这些原则与美国的主导地位有关，而在我看来，这些原则是人类中立倾向的成果，也是人类的共同成果。这些原则可能与美国的强权无关。

这一争论的另一方面是关于什么会替代自由主义。新的全球秩序将以新的规范和世界中心为基础吗？这次的历史变化与以往从罗马秩序到中世纪欧洲，到西班牙秩序，到不列颠秩序，再到美国秩序有相似性吗？世界会迎来中华秩序吗？如果不是，全球政治的真正问题，是建立一个负责制定规范的世界中心，还是建立一个新的多边治理机制？如果是后一种情况，可否通过使自由主义更具包容性和多元化来实现其现代化？例如，使之包括"司法公正和文明"？还是说，两极对抗会形成一个新的"中国霸权"？这个霸权概念的含义是什么？

## 霸权和领导的概念分歧和趋同

我们所说的"霸权"是什么意思？国际关系理论界的一个主要概念挑战是如何精准和正确地理解"霸权"这一概念，这对大量专注国际领导的文献来讲都是至关重要的，其中也包括阎学通最近出版的新书。我们迫切需要就"霸权"这个概念进行更为深入的讨论。依据中国古代的权威儒家哲学家荀子和大臣管子的思想,[9] 阎学通将霸权理解为一个领导类型,"与英明的大国相反"。然而,在西方政治学中,它的意思几乎完全相反:霸权恰恰是指一种英明的大国,与单纯的统治、暴力和赤裸裸的强权相对立。荀子将"王"与"霸"对立起来,管子则以"通德者王,谋得兵胜者霸"为前提,确认了这种二元对立。[10] 于是,(在中国文化里,)霸权是与仁慈的对外政策相对的,而在西方思想中,霸权则意味着相当仁慈的对外政策。借助讨论阎学通的著作中所提出的一些问题,我们可能能通过共同的研究议题来深入了解这种分歧。

如果对"霸"的正确理解是霸权,我们就会面临处理对立的概念化的挑战。这不是个小问题,尤其是对于一场必然引起争论的高水平理论对话来说。肤浅的媒体将霸权等同于强权,在西方舆论界和决策圈里有些人受其影响也是这样使用这个概念,一些学术水平较高的欧洲学者认为对这一概念的使用是混乱的或模糊不清的。在国际上,西方认识论学界有三个杰出的学派研究了这个概念化问题,他们是加拿大学派、制度主义学派和吉尔平对新现实主义认识论的修正。[11]

罗伯特·考克斯和斯蒂芬·吉尔创立了加拿大国际关系学派,他们通过搜集1929—1935年葛兰西在法西斯监狱里写的狱中札记,使他的著名思想得以复活。我们从趋同的角度开始分析。葛兰西的"霸权"理论是一种关于领导的理论,霸权的概念包含了阎学通所定义的"实力"和"权威"。阎学通也是聚焦于讨论霸权国家兴衰的"机制"。他引用了卡尔的话,赞同葛兰西的理论,即"从长远来看,人类总会反抗赤裸裸的强权"。

然而,葛兰西研究策略的核心内容是强化强权和霸权这两个概念的对立性,国内政治和国际政治上都是如此。除了军事和经济这样的物质实力,霸权还包括建立共识的能力。霸权当然需要强力的基础(阎学通称之为实力),但常识告诉我们,如果没有道德和知识的文化影响力,缺乏知识分子的支持、争取不到公民社会的认可和人心,霸权就无法存在。所有这些因素对于获得权力和维持权力都是至关重要的。在国际舞台上,正是国际领导国有了这种综合性的霸权能力,才使得盟友和各种伙伴接受其领导。霸权一词拉丁语作 hegemonia,这个概念源于希腊语 ἡγεμονία/hegeomai,意思是带头、领导。这种领导可以是政治领导、文化领导或商业领导。主要例子来自古希腊历史学家们的著作,如希罗多德、色诺芬、修昔底德、普鲁塔克,他们的著作都涉及两个对立联盟之间的长期冲突,第一个联盟由雅典领导(提洛同盟),第二个联盟由斯巴达领导(伯罗奔尼撒同盟)。

一方面,葛兰西的理论意在解释霸权对稳定国际秩序和国内秩序的作用。另一方面,这一理论还关注推动进步变革的条件,即进步的变革是通过"反霸权"(无论是在国内层面还是在国际层面)的形式取得的,这超越了国际征服或侵略的做法,也超越了列宁 1917 年领导的十月革命。在这种"主体间性"的情景里,获得政治霸权成为夺取国家权力或国际权力的先决条件。[12] 这一观点是个激进的变化,它不仅与第二国际的马克思主义经济决定论相对立,也与苏联基于革命工具同盟的"运动战"战略相反。葛兰西认为,运用历史的辩证法可将他的理论用于任何社会阶层和每一个国家。回到与阎学通教授的相似之处,葛兰西将霸权危机描述为"权威危机"。在国际层面,武力(统治)和建立共识(霸权)之间也是对立的。斯大林领导下的共产国际宣扬"资本主义总危机"的理论,而葛兰西则专注于美国经济和文化霸权的出现,他认为这种霸权源于生产和消费的理性化和现代化(福特主义),包括工人私人生活的合理化和现代化。[13] 葛兰西的霸权概念是对传统的马克思主义——考茨基的经济决定论和列宁主义/斯大林主义正统观念——的重大修正。

阎学通对葛兰西修正马克思主义很感兴趣,而秦亚青则间接地提出他自己的文化霸权理论,令读者惊讶的是,秦亚青将其理论与沃勒斯坦的正统马克思主义世界体系理论联系在一起。[14] 在我看来,秦亚青喜欢加拿大学派的观点,尤其是吉尔的看法。吉尔认为"主导思想体系是建立在强迫被统治者和被主导者接受的共识之上",这种观点与葛兰西对霸权与强权区别的理解是冲突的。秦亚青认为葛兰西的观点属于建构主义强调观念结构的思想，而批评他的人认为，将葛兰西思想纳入主流国际关系理论是缺乏明确依据的，这些人强调体系层面的权力作用——这是华尔兹的术语。华尔兹对全球体系的定义是极具争议的；我想提请大家注意，华尔兹里程碑式的著作《国际政治理论》出版于1979年，而卡普兰的著作是1965年出版的，后者才是第一部将"体系"概念应用于国际关系的著作。此外，葛兰西受了塔尔科特·帕森斯和戴维·伊斯顿的体系理论的影响，[15]而华尔兹的新现实主义体系理论对他没有任何影响。基欧汉也使用了全球体系这个概念，他并未认同华尔兹的新现实主义（见下文）。无论如何，葛兰西关于权力和国际体系的概念与欧美现实主义理论相去甚远。

第二种西方的霸权理论是由新制度主义学派提出的，基欧汉是其最著名的代表人物。[16]只有向世界提供"国际公共物品"的国家，才能建立和巩固其稳定的国际霸权。公共物品的内容远不只是降低交易成本，降低交易成本仅是制度建设的一个主要结果。[17]军事实力和经济利益不足以稳定霸权或建立合作机制。后现实主义持相似的观念，认为从罗斯福到肯尼迪时期设计的美国霸权大战略崩溃后，世界就进入了后霸权时代。越南战争的后果是沉重的预算负担，尼克松于1971年做出了具有里程碑意义的决定：此后，无论谁当总统，美国都无力也不再愿意提供像1944—1971年那样的公共物品（以美元为国

第八章 道义现实主义的创新和与其对话

际稳定支柱的布雷顿森林体系）。国际"公共物品"的定义是什么？鉴于西方和中国对这一概念的体感不同，需要深入讨论这一概念。

我对公共物品的定义如下：一种惠及所有人和每个国家的物品，包括领导国的敌人，就像全世界在以往30多年里都使用美元，美国的主要竞争对手苏联也如是。[18]《霸权之后》一书很好地表达了基欧汉关于美国国际权威和作用下降的理论，但这并不意味着美国世界主导权和军事主导地位的终结。在此书出版之前，历史学家查尔斯·金德尔伯格出版的著作为基欧汉建立理论提供了有用的资料。[19]

阎学通的著作中对"公共物品"这个概念的认识与我的不同：他试图区分结盟与"冷战思维"，认为结盟是"个有效的道义战略，领导国通过结盟可赢得国际支持并建立权威"。然而，根据定义，结盟是为反对某种外部威胁或其他国家，是排他性的。如果我们同意结盟是一种公共物品，那么对一群国家而言的公共物品对其竞争对手来说就不是公共物品。这其实是权力再分配，而不是为全人类提供公共物品。现实主义的工具性终于显露出来了：结盟是改变"国际规范，改变秩序的性质，以至可能改变整个国际体系"[20]的一步。

阎学通的分析以及他对公共物品颇具争议的定义，对于分析当前的国际转型问题极具启发性，下述两个例子清楚地表明这一点。

首先，美国和欧盟于 2013—2017 年进行谈判但未能签署《跨大西洋贸易与投资伙伴关系协定》，美国和 12 个亚太伙伴于 2015 年签署了《跨太平洋伙伴关系协定》，但后来特朗普于 2017 年决定退出该协定。出人意料的是，日本与其他国家继续这一协定，成为《全面与进步跨太平洋伙伴关系协定》。这反映出奥巴马对建设跨太平洋和跨大西洋的同盟关系方法不同，一种是建立国际贸易规范，另一种是维持"朋友"关系。遏制中国的目的使阎学通将奥巴马政府归类为排他性的"守成型领导"，而和伊肯伯里持相同看法的学者则认为，《跨太平洋伙伴关系协定》有向包容性方向发展的动力和潜力。在我看来，这两个协定远非为了搞排他性联盟，而是为实现真正的霸权领导（西方所理解的霸权与阎学通的王道型领导非常接近），它们就应明确转型为新多边主义的集团，最终目标应囊括中国和其他新兴经济体。此事如果按我的方法做，环境保护、社会权利、公共采购、公共冲突解决机制和其他创新等新贸易标准，就能成为"公共物品"，而不是像《跨大西洋贸易与投资伙伴关系协定》那样的同盟方案。特朗普对奥巴马的严厉批评可以证明我的观点，与此同时，中国决定支持《区域全面经济伙伴关系协定》则可视为打破同盟的策略，即分化特朗普的美日印澳四方安全对话机制。我想强调的是，与美国的政策相反，欧盟当下的战略是一种包容性的理念，摸索建立更大的多边治理机制：避免"结盟"，同时与韩国、日本、越南、中国

（正在谈判全面投资协议）、澳大利亚、新西兰和东盟都在谈判高水平和全面贸易和/或投资协议。

其次，国际权力正在从依靠军事实力向依靠非军事实力方向演变。根据阎学通教授和现实主义传统的观念，不加区分地反对使用武力胁迫不仅"与王道型领导的行为背道而驰"，而且意味着一国或全球行为体"拒绝维护国际秩序"，[21]从而引发混乱。然而，我们也许会同意这样一种观点，即美国和俄罗斯出于他们自己的国家利益，对中东进行军事干预（2002—2019年），这不仅没有维持秩序，反而破坏了整个地区的稳定。人们还会注意到，相比之下，欧盟向巴西施压，要求其不要退出第21届联合国气候变化大会上通过的《巴黎气候变化协定》，这有效地使博索纳罗改变其此前的退出决定，但欧盟没有使用军事威胁，而是提出一种贸易安排（在2019年签署了《欧盟-南方共同市场协议》）。这种将欧盟市场、贸易和权力相挂钩的方法（与《巴黎气候变化协定》和其他多边标准挂钩），可以用于所有贸易和投资的安排。也许国际政治经济及其工具体系要比古典现实主义更能解释如何能使人采取违背自己意愿的行为。"一带一路"倡议[22]和《欧盟绿色协议》[23]这两个例子进一步展示了如何利用国际经济工具影响国际政治。

第三种关于霸权概念的解释来自一个完全不同的思想流派。该流派的代表是吉尔平，他是华尔兹最好的信徒之一，是一位具有新现实主义思想的杰出政治经济学家，前几年不幸去世。结构现实主义认为，国际秩序永远是无序的，这一观点遭到广泛批评，吉尔平通过深入研究全球体系的历史变化讨论了这些批评，这是华尔兹从未考虑过的问题。吉尔平通过研究全球霸权在同一个国际秩序中的变化，回答了这个关键问题，这似乎也是阎学通教授感兴趣的核心问题。吉尔平提出了"霸权周期"的概念并对其做了解释，他认为每个霸权周期有四个连续的时期和阶段：出现、巩固、面对挑战和衰落。[24]

另一位现实主义政治经济学家沃勒斯坦有一篇流传广泛的论文，他将马克思主义和法国历史学家布罗代尔的发现相结合，使人们注意到在观念和文化两个维度上的国际霸权周期，世界边缘地区的绝大多数知识分子和领导人，他们所受的教育、价值观和行为都是由世界资本主义体系的中心塑造的。[25]在西方资本主义向全球体系转变的五个世纪的历史中，西班牙、荷兰和英国相继掌控全球霸权证实了霸权周期理论。美国是否也会经历这种周期性衰退？也许它将建立一种新的霸权周期？秦亚青教授正确地批评了沃勒斯坦的结构决定论。

总之，新制度主义、新现实主义和加拿大追随者拥护的意大利马克思主义，这三个西方学派的理论渊源不同，其目标各异。然而，这三派学者都不仅区分了霸权与强权，而且对霸权的理解包括的内容更广泛、更全面、更多维。再提出一个与主导权概念同义的新概念是没有意义的。阎学通的著作通过复杂的概念化把读者原本清楚的一个关键概念变成一个相反的意思，这当然有助于认识论学界的研究。

尽管如此，人们对霸权有一些误解。在 20 世纪 80 年代和 90 年代与中国学者首次对话后，我就怀疑中国学者对霸权有误解，当时毛泽东的影响还在。20 世纪 60 年代初，毛泽东指责苏联的对华行为像个"霸权"国，是"社会帝国主义"的行为方式，这体现为苏联撤离专家和 1969 年的中苏边界争端。毛泽东理解的霸权就是强权。而西方三大学派（葛兰西、考克斯、基欧汉或吉尔平和沃勒斯坦）则认为，苏联放弃成为霸权和进步大国的抱负后，它成了一个傲慢的强权超级大国。每位学者在读了阎学通的著作之后都可能意识到，其对霸权概念的不同认识并非只受毛泽东影响，还受到不同古代背景文化的影响：一方面是古希腊历史，另一方面是荀子和管子的思想，它们之间存在着很大的文化差异。只有弄清楚这种初始差异，才能进行建设性的对话。

这仅仅是个枯燥的学术问题吗？我们不这么认为。

根据基欧汉、吉尔平和葛兰西的观点，我们将当前的国际失序或过渡体系定义为"后霸权体系"，因为美国不再愿意也无力扩展其在文化和意识形态领域的国际权力了，即不像它在 1944—1971 年那样提供国际公共物品了。中国或欧盟能否取代美国成为新的霸权稳定体系的中心？

尽管跨大西洋裂痕不断加深，但欧盟无法取代美国成为西方霸权。内部原因是，欧洲思想领袖们认为过度强调国家主权不仅危害欧盟的国际作用，而且对地区和平和全球和平都是潜在威胁。原因有二：首先，对欧盟来说，70年的内部常规实践是分享和集中国家主权，多边主义和超越民族国家的合作治理成了一种"生活方式"，拒绝多边主义将无异于自杀。在欧洲历史上，拿破仑失败后的整个19世纪，以国家主权文明的形式向多边主义迈进的第一步是在"欧洲协调"的背景下完成的。[26]而另一条路径是悲剧的民族主义选择，它引发了两次世界大战。当下民族主义在许多欧盟国家再次兴起，对多边主义与和平构成了重大挑战。

不幸的是，在过去十年里，欧盟内部再次受到新的民族主义、民粹主义和极右翼政党的挑战，他们不仅极端地反对欧盟，而且反对移民及和平合作，尤其是反对与中国合作。这是一个严重的挑战，只有通过成功的全球性和区域性多边合作，尤其是与中国的成功合作，才能应对。中国学者有时不太了解欧洲民族主义复兴带来的挑战有多严重。欧洲大陆的困境表明其内部存在两种相互冲突的逻辑。一方面，我们有调解旧日宿敌矛盾的欧盟制度范式，用于结束（现实主义的）"安全困境，并通过强有力的跨国治理方式促进合作"。另一方面，我们看到一种新民族主义趋势，其活跃的表现被秦亚青定义为"民粹现实主义"。尽管这股势力在2019年欧洲议会选举中表现不佳，并一直受到欧盟新领导的谴责，但从英国脱欧的激进支持者到提倡弱欧盟的机会主义斗士，包括波兰的卡钦斯基、匈牙利的欧尔班、意大利的萨尔维尼、荷兰的维尔德斯和法国的勒庞，形成了一大批民族主义和民粹主义的极右翼政党，对欧盟构成长期挑战。极左翼与极右翼势力经常会合到一起，反对欧盟。这些大麻烦也会影响到文化领域。

在西方，民族主义复兴是一个紧迫问题，中国学者经常低估这一点。例如，法国的《巴黎宣言》[27]激活了天主教反教皇方济各的活动和一度被认为过时的反动的民族主义协会。看看倡导新民族主义范式的都是哪些人：一边是阿兰·德·伯努瓦[28]和与其文化背景不同的米歇尔·翁弗雷，另一边是阿兰·芬基尔克罗[29]，甚至还有雷吉斯·德布雷[30]。贝特朗·巴迪[31]、皮埃尔·布迪厄[32]、皮埃尔·哈斯纳[33]等学者倡导的后主权主义曾一度是占主导地位的范式，而如今遭到质疑。二战之后，意大利的极右翼民族主义的文化影响一直很弱。然而，伴随着旧的"地缘政治"回归，民族法西斯思想也复活了，极右翼民粹主义者不仅受到墨索里尼的启发，也受到埃兹拉·庞德和俄罗斯的亚历山大·杜金的影响。多亏了诺贝尔托·博比奥[34]、阿尔蒂耶罗·斯皮内利[35]、翁贝托·埃科[36]和许多其他欧洲主义者的影响，基督教、自由主义和左翼这三大文化流派所提倡的欧洲主义观念，在过去和现在都在知识界占据主导地位。在德国，哈贝马斯的思想最具代表性，他的后民族国家理念如今也遭到了越来越多的挑战。他提倡将欧洲作为一个公共领域和欧洲宪政爱国主义，做法是旧日敌对国家和解与建设超民族国家的民主治理体制。如今批评这种理念的不仅有卡尔·施米特极右传统主权主义的继承者，还有各种新民族主义者，包括弗里兹·沙普夫[37]和沃尔夫冈·施特雷克[38]这些"社会福利民族主义者"。

民族主义在西方国家的胜利已经破坏了稳定的国际合作，有像过去一样在欧洲及之外地区引发新的战争的危险。欧洲人主要关注的是民族主义，认为这种趋势不利于欧洲内部和平和与外部的多边合作，尤其不利于与中国合作；而中国人则专注于与万隆会议十项原则（1955年）相关的国家发展历史，用国家主权和互不干涉的概念摆脱殖民主义。这种差别在很大程度上解释了为什么欧洲和中国在国际关系理论上的关注重点不同。绝大多数欧洲国际关系理论研究者认为，威斯特伐利亚范式（通过实力均衡、不干涉内政和国家主权原则来实现稳定）在1914年失败了，在1939年彻底崩溃。我认为阎学通的著作推进了对中欧观念差别的相互理解。厘清认知差别是形成共同概念的基础。

## 霸权与领导的关系

阎学通最近的这部著作推动了跨文化对话迈向共识。我们是否应该用阎学通所使用的中国概念来定义美国当下的全球作用呢？美国当下的全球政策的特征是特朗普主张的"美国优先"，他的粗鲁行为和保护主义政策集中体现为想拥有单边主导世界的国家主权。阎学通将特朗普式的领导与最坏的领导类型——希特勒领导的纳粹政府和1935—1945年日本军国主义政府及其不道德、不合法及完全暴虐的行为，进行了细致区分。他将后两者列为"强权型领导"。针对特朗普式的领导，阎学通提出了一个新型领导概念——"昏庸型领导"[39]，即不可信、不负责、不可预测、双重标准的领导，[40]类似于周朝最后一位统治者幽王。他引用伊肯伯里和约瑟夫·斯蒂格利茨的话来支持自己对特朗普的定性。总的来说，他创造的新概念与前面提到的三个西方学派有个相似之处，即认为存在两种比霸权更粗暴的领导方式——强权型领导和昏庸型领导，二者不属于霸权型领导的异型，而是两种不同类型的领导。在欧洲人看来，这是正确的一步，接近了西方学派反对将"霸权"等同于"强权"的看法。

　　阎学通认为，霸权型领导的可信任性对盟友和对手而言是相反的：对朋友讲信誉，对敌人采用丛林法则，这使得和平成为可能，但不稳定。这样定义的霸权也许适用于冷战那几十年间的美国。然而，我们俩在此事上的认识存在重大分歧，需要更深入的讨论：阎学通将冷战时期的美国政府和苏联政府都纳入相同定义的"霸权型领导"。[41]

在我看来，这样评价苏联在冷战时期的国际作用，与毛泽东将苏联定义为"霸权"是一致的，但这不仅与前面提到的西方学派的认识相冲突，也与阎学通区分霸权型领导和昏庸型领导的做法相冲突。

此外，由于霸权型领导遵循双重标准原则（见前文），它不仅与昏庸型领导和强权型领导截然不同，与王道型领导的主要特征也大相径庭。阎学通认为，王道型领导是可信任的，其行为符合国际规范。令人难以同意的是，阎学通提到的唯一的王道型领导是富兰克林·罗斯福，[42]而美欧文献都将其界定为美国霸权。[43]那么，1947年的转向和冷战的开始，真的是美国的多边霸权发生了重大改变吗？一部分西方文献同意阎学通的观点，杜鲁门继续和巩固了罗斯福1944—1945年的普世主义大战略（见为1945年《联合国宪章》铺平道路的1944年布雷顿森林会议和1944年敦巴顿橡树园会议）。这一战略是在艰难的安全背景和两极对抗的大势下做出的。[44]无论如何，布雷顿森林会议启动的多边进程一直发挥着作用，不仅在受凯恩斯思想启发的国际货币基金组织和世界银行的机构建设中起作用，在世界贸易组织的前身关税与贸易总协定的建立中也发挥了作用。中国于2001年成为世界贸易组织的成员。此外，在斯大林的命令下，南斯拉夫和捷克斯洛伐克两个东欧国家决定拒绝参加马歇尔计划（1947—1957年）：这就是为什么它们未能从这个项目中受益。在大约30年的时间里，美国持续为世界提供国际公共物品,如美元作为国际货币,还通过生产和消费的现代化与理性化、电影、音乐以及向全球推广"美国生活方式"为世界提供了文化霸权。

许多西方学术专家分析了冷战时期美国霸权的黑暗面,其依据是美国在国内实行麦卡锡主义和以莫须有罪名进行的政治迫害,在第三世界地区,例如南美洲和东南亚,实行帝国主义政策。[45]但是,霸权的确意味需要两大支柱:建立共识和强权。这些历史讨论对当前多极的后霸权秩序也有意义。我们需要比较研究中国在多边(基欧汉认为是"反多边"[46])组织(如世界贸易组织、亚洲基础设施投资银行[47],甚至新开发银行)内的领导地位的演变进程,还需要比较研究跨区域政策("一带一路"倡议)从合作演变为与美国准冷战式对抗的变化。

在讨论冷战后的情况时,阎学通增加了新的标准来区分王道型领导与霸权型领导,即霸权"支持集体国家的分离主义,而不支持民主国家的分离主义"。人们可能会说,普京统治的俄罗斯正在支持格鲁吉亚、乌克兰和摩尔多瓦的欧洲分离主义势力。普京和特朗普都在支持欧盟和其他区域组织里的分离主义与分裂行径(比如支持英国脱欧)。在许多观察家看来,这些政策违反了国际法/规范,因此,根据前面对霸权含义的解释,这些政策远非霸权行为。

此外,读了阎学通的著作之后,可能需要进一步探讨的是，这种对历史长期霸权的概念化是否以及在多大程度上对理解短期的领导也有影响。在西方的理解中（罗伯特·卡根是一个例外[48]），美国的权威和国际战略信誉正在不可避免地下降。大多数观察家认为，美国最近的政策反复摇摆，从克林顿，到小布什，到奥巴马，再到特朗普，是伴随必然走向后霸权时代的一种有限并发症，其特征是美国的能力和权威相对衰落。

总之，阎学通就领导概念所提出的四种复杂的理想类型[49]，在知识方面是一种杰出的进步；然而，就其适用性而言，我们的结论与其既有某种共识，也有一定分歧。分歧在于对美国的霸权型领导的认知，至少是对美国在西方的霸权型领导的认知，特别是美国在冷战前的领导，即便在冷战期间，美国还是坚持了20年的领导。在西方的普遍观念里，罗斯福提供的国际领导是"霸权型领导"的理想类型，而阎学通将其归为"王道型领导"。这种领导类型并非截止于1945年罗斯福逝世。多边模式是霸权型领导的一种，将强权和建立共识两者结合起来，这种领导模式在冷战的艰难条件下持续了下来，当然在此期间有摇摆和矛盾现象。不过，联合国和布雷顿森林体系在资本主义三十年的黄金岁月里都在继续塑造着西方世界。我认为，阎学通的著作有可能低估了多边制度规则和程序的作用：这些规则和程序使欧共体/欧盟得以逐步发展，并在冷战和两极格局结束后得以建立起包容性组织框架，使中国和新兴经济体得以加入世界贸易组织、国际货币基金组织、世界银行以及

第八章　道义现实主义的创新和与其对话

其他联合国机构（世界卫生组织、国际奥林匹克委员会、联合国教科文组织、联合国儿童基金会和联合国开发计划署）。

阎学通教授认为，1945—1947年是美国从"王道型领导"向"霸权型领导"的转变期（如果这两种领导类型被认为是相互对立的，见前文）；霸权型领导的定义适用于美国和苏联——两国都是履行对阵营内部盟友的承诺，同时对竞争对手则采用双重标准。如果将等级制的华约的历史（1956年出兵布达佩斯，1968年出兵布拉格，1980年威胁波兰）及中苏同盟的历史（中苏的决裂和20世纪60年代末的冲突）同北约的非对等和多边争议的历史（这包括了戴高乐和勃兰特在东西方对话政策上的紧张关系，以及欧洲对美国在欧洲部署潘兴导弹的批评）进行比较，即使加上标志着美国霸权政治和文化影响力走向转折的越南战争，我们仍肯定会得出这样的结论：美苏有实质性的不同。

此外，在经济方面，将专制的经济互助委员会与"嵌入式互相依存的资本主义"的黄金三十年期间的跨大西洋市场（结合了自由贸易与凯恩斯主义的国家政策）进行比较，可以作为历史差异的证据，这也解释了美国取得冷战胜利和苏联体系崩溃的原因（其解释力强于现实主义者所强调的里根政府的导弹部署计划的作用）。总而言之，构成霸权的两个条件——文化影响力/权威（如葛兰西所说）和国际公共物品都在下降，在苏联集团中甚至不存在，所以我们重申，美元作为国际货币长期起着稳定贸易的作用，苏联甚至能从中受益。我们发现，一方面，在分析1945—1989/1991年霸权型领导的具体行为时，我们与阎学通对霸权的概念不同；另一方面，阎学通对霸权的精辟阐述使这个对话有了可能，且更加深入。

当谈到如何定义后霸权秩序背景下美国领导的特质时，我们则必须探讨趋同的观点。阎学通认为，美国的领导类型从老布什的"守成型"转变为克林顿的"进取型"，然后又转变为小布什的"争斗型"，并于2009年在奥巴马领导下重回"守成型"。但是，"当特朗普入主白宫，他建立了一个争斗型的经济-政治领导，是守成型和争斗型领导的混合体"[50]。他是如何在当政的四年里严重削弱美国的国际领导力的？好吧，也许可以将区分霸权和非霸权的关键标志定为，一国是否对其经济阵营及其盟友的经济和安全利益给予国际支持。无论是支持"新兴市场"原则的克林顿，还是支持《跨太平洋伙伴关系协定》和《跨大西洋贸易与投资伙伴关系协定》的奥巴马，从扩大联盟的角度讲两人都不是明显的"守成型"领导，而特朗普则首次引发了对盟友依赖的崩溃，使其盟友转向政治上更加独立于美国的立场。例如，尽管美国退出《跨太平洋伙伴关系协定》，安倍晋三仍然在推进《全面与进步跨太平洋伙伴关系协定》；默克尔宣布了著名的2017年"独立宣言"；[51] 欧盟在亚太和南美比以往任何时候都更加积极主动地建立贸易协定（用阎学通的温和措辞讲，通过经济扩张成为"守成型领导"）。

我们与其他西方学者，如伊肯伯里，都和阎学通一样试图寻找新概念，更恰当地定义特朗普"破坏美国参与创建的这个秩序"的行为；对"昏庸型领导"这一概念的阐述是对这项研究的创新性贡献。在 2020 年美国总统选举之后，我们面临的挑战是，用什么概念来界定拜登在连续性和不连续性之间维持平衡的做法。

## 总结

增进西方尤其是欧洲与中国知识界之间的沟通是个有价值的共同目标。从这种趋同开始构建一种科学语言，特别是在政治学和国际关系学的主要概念方面建构科学语言，有利于知识进步和国际关系多元化理论的逐步建构，[52] 从而为中国、印度、南美洲、非洲和欧洲的研究路径打开机会之窗，以超越美国主流国际关系理论长期以来压倒性的主导地位。阎学通的《大国领导力》既明晰又富有创新性，为读者提供了详细的信息，以了解当下将中国古代思想概念化的深层根源。总之，阎学通这样的中国作者用当代概念诠释中国传统文献并以外语开启对话，这是非常重要的贡献。把这些文献译成外语实际上不仅是语言工作。哲学家、符号学家、小说家翁贝托·埃科认为，"翻译是欺骗"。为什么呢？因为语言承载的不仅是各学科的问题，还涉及多种"文化背景"或"隐性知识"，以及不同的历史经验。

中国杰出学者们的著作在建设共同语言上取得了如此巨大的进展，欧洲学者应该做出与之相应的努力。在本章，我们讨论了诸多重要概念，如霸权、自由主义、多极、两极、地区主义和多边主义。多样性仍有意义，但通过建立一种共同的科学语言形成趋同的情形正在增多。要摆脱不沟通，甚至"文明冲突"的主要危险，促进和深化这种科学对话是唯一的路径。这是学术界对深化双边及区域间的民众对话做出的一个重要贡献。

## 注释

1. Yan Xuetong, *Inertia of History: China and the World by 2023*, Newcastle: Cambridge Scholars Publishing, 2019; Yan Xuetong, *Leadership and the Rise of Great Powers*, Princeton: Princeton University Press, 2019.
2. Charles A. Kupchan, *No One's World: The West, the Rising Rest, and the Coming Global Turn*, Oxford: Oxford University Press, 2012.
3. Hedley Bull, *The Anarchical Society: A Study of Order in World Politics*, New York: Columbia University Press, 1977.
4. Jürgen Habermas, *The Divided West*, Malden: Polity Press, 2006.
5. Daniel Deudney and G. John Ikenberry, "Liberal World: The Resilient Order," *Foreign Affairs* 94, no. 4 (2018): 1–15.
6. "Emmanuel Macron Warns Europe: NATO Is Becoming Brain-Dead," *The Economist*, 7 November 2019, https://www.economist.com/europe/2019/11/07/emmanuel-macron-warns-europe-nato-is-becoming-brain-dead.

7. Amitav Acharya, *The End of American World Order*, Cambridge: Polity Press, 2018.
8. Yan Xuetong, *Leadership and the Rise of Great Powers*, p. 128.
9. 阎学通的著作《大国领导力》及其关于"中国古代人物"的附录所提供的信息极其有用。阎学通教授还于 2011 年由普林斯顿大学出版社出版了《古代中国思想与当代中国力量》一书。有关当前研究中国化的非常关键的方法（仅作为一种合法化功能），参见 Anne-Marie Brady, "State Confucianism, Chineseness, and Tradition in CCP Propaganda," in Anne-Marie Brady (ed), *China's Thought Management*, Oxford: Routledge, 2012, pp. 57–9。当然，这种"工具性"解释也用于西方社会。然而，我们必须承认，对比参照中国古代思想也促使实现了知识的进步。有关这一公开辩论，另参见 Daniel A. Bell, *China's New Confucianism: Politics and Everyday Life in a Changing Society*, Princeton: Princeton University Press, 2008, pp. 5, 8, and 9; Valerie Niquet, "'Confu-talk': The Use of Confucian Concepts in Contemporary Chinese Foreign policy," in Brady (ed), *China's Thought Management*, pp. 76–7。
10. Yan Xuetong, *Leadership and the Rise of Great Powers*, pp. 27, 39, 49.
11. 关于这些差异的更深入介绍，参见 Mario Telò, *International Relations: A European Perspective*, New York: Routledge, 2009。
12. 葛兰西有关"阵地战"的渐进主义和改革主义概念是他在《狱中札记》中提出的，参见 Antonio Gramsci, *Prison Notebooks*, edited and translated by Joseph A. Buttigieg with Antonio Callari, New York: Columbia University Press, 2011, p. 15。
13. 同上，"Americanism and Fordism"。
14. Qin Yaqing, *A Relational Theory of World Politics Cambridge*; New York: Cambridge University Press, 2018.
15. Talcott Parsons, *The Social System*, London: Routledge, 1951; David Easton, *The Political System: An Inquiry into the State of Political Science*, New York: Knopf, 1953; Morton Kaplan, *System and Process in International Politics*, New York: John Wiley & Sons, Inc., 1957.
16. Robert O. Keohane, *After Hegemony: Cooperation and Discord in World Political Economy*, Princeton: Princeton University Press, 1984.

17. 诺思提出了经典的交易成本的定义，参见 "Transaction Costs, Institutions and Economic History," *Journal of Institutional and Theoretical Economics* 140 (1984): 7–17.
18. Mario Telò, *International Relations: A European Perspective*, with Foreword by Robert O. Keohane, London: Routledge, 2009, pp. 87–9.
19. Charles Kindleberger, *The World in Depression: 1929–1939*, Berkeley: University of California Press, 1973; Charles Kindleberger, *World Economic Primacy: 1500–1990*, Oxford: Oxford University Press, 1996.
20. Yan Xuetong, *Leadership and the Rise of Great Powers*, p. 65.
21. 同上，第 66 页。
22. 关于"一带一路"倡议，参见 Mario Telò and Yuan Feng (eds), *China and the EU in the Era of Regional and Interregional Cooperation: The Belt and Road Initiative in a Comparative Perspective*, Brussels and London: Peter Lang, 2020。
23. 欧盟委员于 2019 年 12 月发布《欧盟绿色协议》，后与 7 月 2 日批准的《欧盟下一代复苏计划》一起于 2020 年 12 月 11 日由欧洲理事会发布最终版本。
24. Robert Gilpin, *War and Change in World Politics*, Cambridge: Cambridge University Press, 1981.
25. Immanuel Wallerstein, *The Modern World System*, New York: Academic Press, 1974, 1980, 1989.
26. Mario Telò, "The Three Historical Epochs of Multilateralism," in Mario Telò (ed), *Globalization, Europe, Multilateralism: Towards a Better Global Governance?*, Burlington: Ashgate, 2014, pp. 33–73.
27. Philippe Benetton, Remi Brague, and Chantal Delsol, *La Déclaration de Paris: Une Europe en laquelle nous pouvions croire*(Paris Declaration: A Europe We Can Believe, A Manifesto), Paris: Cerf, 2018.
28. Alain de Benoist, *Contre le liberalisme* ( Against Liberalism), Monaco: Le Rochée, 2019.
29. Alain Finkielkraut, "Nul n'est Prêt à Mourir pour l'Europe" (Nobody Is Ready to Die for Europe), *Le Point*, 30 June 2016, https://www.lepoint.fr/europe/alain-finkielkraut-nul-n-est-pret-a-mourir-pour-l-europe-30-06-2016-2050917_2626.php.

30. Regis Debray, *L'Europe Phantôme* (Europe as a Phantom), Paris: Gallimard, 2019.
31. Bertrand Badie, *Un Monde sans Souveraineté* (A World without Sovereignties), Paris: Fayard, 1999.
32. Pierre Bourdieu, "Pour un mouvement social européen" (For a European Social Movement), *Le Monde Diplomatique*, 1999, pp. 1–16.
33. Pierre Hassner, "L'Europe et le Spectre des Nationalismes" (Europe and the Specter of Nationalisms), *Esprit*, 1991, pp. 5–20.
34. Norberto Bobbio, "Etat et Démocratie Internationale" (State and International Democracy), in Mario Telò (ed), *Démocratie et Relations Internationales* (Democracy and International Relations), Bruxelles: Complexe, 1999, pp. 143–58.
35. Andrew Glencross and Alexander Trechsel (eds), *EU Federalism and Constitutionalism: The Legacy of Spinelli*, London: Lexington, 2010.
36. Umberto Eco, "It's Culture, Not War, That Cements European Identity," *The Guardian*, 26 January 2012, https://www.theguardian.com/world/2012/jan/26/umberto-eco-culture-war-europa.
37. Fritz W. Scharpf, "After the Crash: A Perspective on Multilevel European Democracy," *European Law Journal* 21, no. 3 (2015): 384–405.
38. Wolfgang Streeck, *Buying Time: The Delayed Crisis of Democratic Capitalism*, London and New York: Verso, 2013.
39. 阎学通提出的新词"昏庸型领导",来自希腊语 *kratos* / κράτος(权力)和 *anemos* / ἄνεμος,后者在英语中被翻译为"风",在法语中被翻译为"强风"。昏庸型领导,如同强风,或风暴,即以湍流和风暴为特征的政权。
40. Yan Xuetong, *Leadership and the Rise of Great Powers*, pp. 45–8.
41. 同上,第49页。
42. 同上,第44页。
43. 这样定义的不仅出现在前面提到的基欧汉的作品中,还出现在约翰·杰勒德·鲁吉编辑的著作中,参见 *Multilateralism Matters: The Theory and Praxis of An Institutional Form*, New York: Columbia University Press, 1993; G. John Ikenberry, *The Liberal Leviathan*, Princeton: Princeton University Press, 2001; Stewart M. Patrick, *The Best Laid Plans: The Origins of American Multilateralism and the*

*Dawn of the Cold War*, New York: Rowman and Littlefield, 2009.
44. Mario Telò, "The Three Historical Epochs of Multilateralism," pp. 33–73.
45. Tony Judt, *Postwar: A History of Europe Since 1945*, London: Penguin Books, 2005; John Lewis Gaddis, *The Cold War: A New History*, London: Penguin Books, 2006; Odd Arne Westad, *The Global Cold War: Third World Interventions and the Making of Our Times*, Cambridge: Cambridge University Press, 2006.
46. Robert O. Keohane and Julia C. Morse, "Counter-multilateralism," in Jean-Frederic Morin et al (eds), *The Politics of Transatlantic Trade Negotiations: TTIP in a Globalized World*, New York: Routledge, 2015, pp. 17–26.
47. Matthew D. Stephen and David Skidmore, "The AIIB in the Liberal International Order," *Chinese Journal of International Politics* 12, no. 1 (2019): 61–91.
48. Robert Kagan, *The Jungle Grows Back: America and Our Imperiled World*, New York: Knopf Doubleday Publishing Group, 2019.
49. Matthew D. Stephen and David Skidmore, "The AIIB in the Liberal International Order".
50. 同上，第 37 页。
51. 转引同上，第 42 页。
52. Qin Yaqing, *Globalizing IR Theory: Critical Engagement*, London: Routledge, 2020.

# 第九章
## 道义现实主义与中美关系

黛博拉·韦尔奇·拉森

随着中国在世界舞台上的实力和影响力增强,许多观察者想知道中国的崛起将如何影响当前美国主导的世界秩序。一些人认为,现有体系最终将演变成两个对立的阵营,就像美苏冷战一样。[1]也有人认为,世界秩序将崩溃从而陷入无政府状态,而不是出现两极,几个大国为各自利益而竞争,没有秩序原则,也很少合作。[2]与以往的权力转移一样,中国可能会与衰落的美国发生军事冲突。[3]防御性现实主义者认为,美国和中国最终将学会管理它们之间的竞争,以便在存在共同利益的领域进行合作。[4]

然而,这些预测在很大程度上源于西方的国际经验,没有考虑到当下的地区和历史差别。有一个用中国古代哲学思想预测未来的概念,即天下,这个概念的含义是所有国家都将服从中国的偏好。[5]相反,道义现实主义将先秦诸子的真知灼见与古典现实主义相结合。基于先秦哲学思想,该理论在传统的霸权概念外划分出其他类型的全球性领导——特别是王道型领导和强权型领导。王道型领导为小国提供经济利益和安全保障，从而赢得它们的支持。[6]

道义现实主义理论暗示了，中美竞争可能不同于以往的崛起国与主导国之间的竞争，例如美苏冷战。这两个国家的目标是获得或保持高于对方的地位，这比军事实力差距更难衡量，也更具主观性。由于全球化和核武器，争夺更高地位的竞争将主要发生在经济和先进技术领域，而不是导弹和意识形态领域。[7]在特朗普采取收缩、自利和交易式的外交政策之后，拜登的当选使价值观的意义凸显，他希望恢复美国的全球领导力和道义领导作用。拜登政府可能标志着中美在制定国际规范方面展开竞争的时代。虽然这些差异有助于和平，但没有美苏冷战那样明确的地理"红线"，则有可能会导致意外的海上冲突。

接下来，我将用道义现实主义理论分析中美关系，并将其与权力转移理论和其他现实主义理论进行对比。第一部分重点介绍美苏冷战和当前中美战略形势的差别，这些差别使冷战不太可能重演。第二部分讨论未来中美在技术上的竞争，强调国内改革和政治领导的重要性，政治领导是道义现实主义所强调的变量。第三部分关注中美海上竞争的风险，这可能会打乱中国以经济为基础的战略。第四部分着重谈中国塑造全球规范的政策，这符合道义现实主义的政策建议。第五部分分析了拜登采取的以价值观为基础的外交政策、"样板的力量"所展现的道义现实主义,以及这种外交政策对中美关系的可能影响。结论部分进行总结,并针对如何减缓中美竞争紧张程度提出建议。

## 中美竞争正在成为一场冷战吗?

长期来看,随着美国相对实力优势的下降,中国与美国差距缩小,世界可能会变为两极。要做出毫不含糊的预测是困难的,因为世界变化在很大程度上取决于中美的领导素质、改革能力,以及俄罗斯、土耳其或印度等其他主要国家的对外政策取向。即便形成两极格局,也不必然导致中美之间出现类似于美苏那样的冷战。

冷战超越了常规的战略竞争,被视为一场关乎人类生存的竞争,在这种竞争中,超级大国只能进行短时的和有限的合作。值得怀疑的是,两极体系是否必然导致了美苏冷战。即使处在两极格局下,美苏本可对双边关系做不同于冷战的多种其他定性。例如,这两个国家超级大国可以达成一个瓜分欧洲势力范围的协议;也可以早些寻求缓和式的有限敌对关系,在一些问题上合作,在另一些问题上竞争;或者发生一场热战。要解释美苏之间为何陷入冷战,我们需要考虑较低分析层次的变量。[8]

导致美苏冷战的条件包括核武器、意识形态竞争以及超级大国缺乏互动。在当代,中国和美国都拥有足以摧毁对方的核武器。相互确保摧毁的现实会阻止任何一方采取可能升级为直接战争的行为。[9]

虽然核武器有助于防止中美发生军事冲突,但是导致冷战的其他条件并不存在。中美的分歧并非围绕意识形态问题,而是围绕物质利益和地位竞争。[10]这两国没有向其他国家扩散本国的意识形态或政治制度。意识形态竞争是一种零和竞争,任何一方都不能容忍对方政治制度的存在。苏联的马列主义认为资本主义国家从根本上是不合法的,帝国主义者则一心要摧毁社会主义制度。[11]随着意识形态因素被剔除,中美竞争就变得没有那么激烈,竞争范围也小很多。

中美相互交流的频繁程度和交流问题的广泛程度都远大于美苏。中美经济不仅通过贸易联系在一起,还通过投资和多国生产网络联系在一起,这与冷战的战略禁运大不相同。[12]如今,中美经济如此交织在一起,双方脱钩不仅会对它们自身的经济造成巨大损害,还会对世界其他地区的经济造成巨大破坏。[13]许多美国制造的产品依赖于中国供应链,这些联系无法被轻易取代。[14]

冷战期间,美国的遏制政策旨在从经济和政治上孤立苏联。美国试图阻止其盟友与苏联进行贸易,同时限制可能增强苏联军事力量的产品出口。[15]由于全球化,世界不太可能回到冷战那种相互排斥的贸易集团。各国不想被迫在与美国进行贸易还是与中国进行贸易之间进行非此即彼的选择。如今，像韩国和日本这样的美国盟友或友好国家的主要贸易伙伴都是中国。[16] 阎学通预测，同盟和联盟将依据不同问题进行组合。[17]

## 技术竞争

中美竞争与美苏冷战存在重大区别。竞争的主要领域可能是地位，而不是军事力量。军事力量是影响地位的主要因素，但其他因素也很重要，如经济发展和技术创新。地位比物质实力更难度量，更具象征性，获得大国地位不一定需要从军事上打败对手，而是建立在集体信念之上。[18]

道义现实主义理论认为，崛起国采用的战略各不相同，这取决于一个时代的技术和规范。19世纪后期，大国通过努力占领海外殖民地获取特殊地位。但二战后，民族自决的规范最终导致了英国、法国等建立的殖民帝国的解体。自冷战结束和全球化兴起以来，国家不必控制领土便可通过贸易和投资获得市场和原材料，同时核武器震慑了核大国之间的战争。[19]

道义现实主义还认为，战略的选择取决于政治领导的类型。中国主要靠经济和社会网络关系影响他国，从而获得大国地位。[20] 中美竞争将在经济领域、技术创新以及制定贸易、投资、汇率和知识产权规则方面，而不是在获得核优势或意识形态联盟方面。[21]

为了获得全球大国地位和避免陷入中等收入陷阱，中国必须进行技术创新。[22] 几十年来，中国通过补贴、产业政策和对外企投资在研发方面投入了大量资金。政府设定了中国要成为全球先进技术领导者的目标。为了实现这个目标，中国在 2015 年宣布了《中国制造 2025》，计划在 10 项未来技术上获得市场主导权，包括信息技术、航空航天、机器人和电动汽车。[23]

相较于军备竞赛，科技竞争升级为战争的可能性较小。不过，一些技术具有军事用途，一国的相对技术优势会影响他国的安全。中美技术竞争越来越集中在两用技术上，如人工智能、机器人、无人机、云计算和虚拟现实，这些技术都具有潜在军事用途。美国政府认为，中国政府的《中国制造 2025》和"军民融合"政策正在威胁美国的安全，其目的不仅是实现进口替代和自给自足，而且旨在用国家力量破坏美国的军事优势。[24]

从奥巴马政府开始，美国对向中国公司出口敏感技术的美国公司和中国投资的美国先进技术公司实施越来越多的限制。[25] 特朗普政府担心中国电信巨头华为可能利用其 5G（第五代移动通信技术）网络进行间谍活动。美国商务部将华为列入特殊实体名单，这意味着该公司在没有获得豁免的情况下无法购买美国的半导体芯片，而要获得豁免很难。[26] 截至 2021 年，60 家中国公司被列入美国特殊实体名单。[27] 除了增加需要接受审查的中国公司的数量，拜登政府还通过了一项法案，即

《芯片和科学法案》，将为从事半导体、生物技术、人工智能和量子计算等先进技术基础研究的公司拨款 2 000 亿美元。这一重大产业政策意在与中国竞争。[28]

经济和技术竞争的"安全化"增加了互不信任和误解。[29] 2019 年 11 月在北京举行的新经济论坛上，曾任美国总统国家安全事务助理的基辛格警告说，美中两国正处于"冷战的山脚"，紧张局势可能升级为比一战更严重的冲突。[30]

## 权力和平转移？

传统的权力转移理论认为，崛起的中国和目前的主导国美国之间可能会爆发战争。而与权力转移理论相反，中国或美国都不太可能故意向对方发动战争。但比较令人担忧的是，中美在东亚水域"灰色地带"的竞争导致双方军事相扰加剧，这有可能引发军事摩擦。

吉尔平认为，随着时间的推移，各国实力的不均衡增长终将导致权力分配和威望等级的不平衡变化。最终，崛起国将与主导国进行争夺霸权的战争，以重新分配领土和势力范围，并改变国际分工，从而符合其利益。[31]

一个与之相关的理论框架是权力转移理论，该理论认为，一旦达到与主导国相等的实力，不满的挑战国就会发动战争，以获得在体系内的应有地位。[32] 权力转移理论家们强调，崛起国对体系的满意度影响战争的可能性，米尔斯海默的进攻性现实主义理论断言，所有国家都决心要获得更多的权力。米尔斯海默预测，中国将试图获得地区霸权并将美国挤出东亚，这是一种门罗主义。[33]

格雷厄姆·艾利森借鉴修昔底德的观点，认为崛起国和主导国的冲突是由"结构性压力"引起的，例如雅典和斯巴达的竞争导致了伯罗奔尼撒战争。崛起国和衰落的大国需警惕落入"修昔底德陷阱"。[34]

和多数传统的权力转移理论一样，道义现实主义认为，基于无政府状态和权力的零和性，崛起国与当下全球领导国之间存在着结构性矛盾。此外，道义现实主义与其他现实主义理论的不同之处在于，它强调崛起国有多种战略可选择。[35] 由于中国实行经济-技术战略，道义现实主义预测中美不会发生战争，但也没有完全排除战争危险，尤其是代理人战争。[36] 虽然蓄意的战争不太可能发生，但偶发的海军对抗可能会导致意料之外的军事冲突。由于中美这两个幅员辽阔的核大国在地理上相距遥远，若发生冲突最有可能是在海上。[37] 中国想对其沿海水域进行监管，防止一个敌对大国控制占其货运量85%的海上航线。[38] 除了防御目的，中国政府正在利用海军扩大其全球领导力，中国人民解放军海军的任务从沿海水域扩展到"远洋"就表明了这一点。在2012年中国共产党第十八次全国代表大会上，中国领导人申明中国将"建设海洋强国"。2020年，中国拥有世界上规模最大的海军，约有350艘舰艇和潜艇，而美国的战斗舰队约有293艘舰艇。[39]

在中国增加其海军力量和海上拓展的同时，美国也增加了在亚太地区的海军活动，这是奥巴马宣布的"转向亚洲"战略的一部分，该战略实际始于他的前任小布什。[40]为了反对中国增加在南海的存在，美国一直不断增加"自由航行"的行动次数，中国对此表示反对，经常以中国海军舰艇或飞机发出警告表达不满。其结果是，中国现代化的海军力量与美国军舰对抗不断上升，增加了冲突的风险。[41]

升级为核战争的风险也许威慑不了代理人战争或低烈度的小规模冲突。自相矛盾的是，核均势可能会提高低烈度海军冲突的可能性，尤其是在"灰色地带"。由于对生存威胁的可能性较低，一国则可能会用武力来解决海洋主权或航行自由的争端，因为它会认为冲突升级为中美战争的可能性很小。[42]过度相信冲突不可能升级为战争则更可能引发战争。

缺乏地理上的"红线"或明显跨越战争门槛的行动标准，更可能导致意外冲突。冷战期间，美苏在欧洲确定的东西界线使各方都不敢对另一方采取任何军事行动。派遣军队越过东西德的边界曾是引发第三次世界大战的信号。然而，中美在东亚的对抗事关海上边界，但那里没有明确的边界，却有着关于中国南海和东海的主权争议。除了澄清意图外，在欧洲跨越公认边界的军事入侵还可能导致征服欧洲，破坏权力均势。因此，任何军事冲突在欧洲的利害关系都比在亚太地区大。[43] 美国认为，既成事实和国际规范及国际法的适用范围经常是不确定的和模糊的。[44] 在处理中美军舰碰撞冲突上的不确定性有可能导致意外的升级。

因美国众议院议长佩洛西于 2022 年 8 月 2 日窜访中国台湾引发的危机，使不明确红线的风险戏剧化。这并非前所未有的事件，美国众议院前议长金里奇曾于 1997 年窜访中国台湾，但此次事件的背景是美国与中国台湾的官方联系不断增加。中国认为佩洛西的窜访违反了美国的一个中国原则，侵犯了中国主权，从她离开后的第二天开始，中国进行了 72 小时的实弹演习。

安全困境的加剧可能会增大中美发生冲突的可能性，一国捍卫其利益的努力会被另一国视为侵略，这有导致冲突和不信任螺旋上升的潜在危险。[45] 中国认为美国升级和重申其亚洲同盟的行为是攻击性的和威胁性的，而美国国防部则表达了对中国军事现代化和军事演习的担心。[46]《2018 美国国防战略报告》指责中国奉行长期的全国战略，并预测中国将"继续推行军事现代化的计划，寻求在短期内获得印太地区霸权，并在未来取代美国获得全球优势地位"。中国发表了 2019《新时代的中国国防》白皮书作为回应，这是 2015 年之后的第一份国防白皮书，声称美国"挑起和加剧大国竞争，大幅增加军费投入，加快提升核、太空、网络、导弹防御等领域能力，损害全球战略稳定"。相比之下,中国的国防政策是"防御性"的。[47] 现实主义和道义现实主义都强调安全困境是非常棘手的。

随着佩洛西的窜访台湾和中国在台湾海峡军事活动的增加,美国试图通过强化与东亚盟友的关系和向台湾提供更多军事援助阻止解放军登陆该岛,这可能会加剧安全困境。如果中国感到被迫对美国官员或政客每次窜访台湾都做出强烈反应,而美国认为不得采取反制措施,那就有可能导致中美军事冲突。[48]

## 国际规范的作用

道义现实主义与其他现实主义理论的不同之处,在于它强调道义权威和建立新规范是获得全球领导地位的关键。基于中国古代哲学思想,阎学通对王道型领导(王道)与霸权型领导(霸道)做了区分。王道型领导通过行使仁慈的领导和为追随者提供利益的方法吸引追随者,而霸权型领导则以威慑潜在的侵略者的方法为盟友提供安全保障。根据道义现实主义理论,王道型领导会比霸权型领导吸引更多的追随者和附庸国。阎学通建议中国成为王道型领导,而当下美国是一个霸权型领导。[49]

与自由主义一样,道义现实主义强调规范的重要性。领导国通过建立被广泛接受的规范就能维持秩序,避免被迫使用代价高的强迫手段。然而不同的是,自由主义将个人的人权和民主作为普世原则,道义现实主义理论则认为大国是为了自己的利益建立规范。王道型领导一视同仁地实行道义原则,而霸权型领导对待盟友和对待中立国或对手是不同的,对盟友保持战略诚信,但对非盟友国家则按照强权政治规范行事。采取双重标准的做法削弱了霸权型领导的道义权威,使其被谴责为虚伪。[50]

中国经常自称是不同于历史上帝国的"新型大国"。中国希望利用儒家遗产成为一个"道义"大国。[51] 2017年10月,中国共产党第十九次全国代表大会报告宣布,中国"给世界上那些既希望加快发展又希望保持自身独立性的国家和民族提供了全新选择,为解决人类问题贡献了中国智慧和中国方案"[52]。这个陈述与道义现实主义相一致,说明中国希望推广替代自由主义的新规范。[53]

在2015年和2017年联合国日内瓦办事处举办的联合国大会上,中国用"人类命运共同体"的概念强调了一套不同的规范。在这两次大会上所做的演讲中,中国从政治、安全、发展、文化和环境方面进行阐述,主张以协商、伙伴关系、开放和多边主义方式解决争端。[54]在政治方面,中国提倡以对话为解决争端的手段,提倡伙伴关系而非结盟。在安全方面,中国呼吁建立"共同、综合、合作、可持续"的安全观,以取代冷战思维。在经济方面,中国展望一个市场和政府协同发力的开放型全球经济。[55]

"人类命运共同体"与"一带一路"倡议紧密相连。"一带一路"倡议旨在实现"政策沟通、设施联通、贸易畅通、资金融通、民心相通,打造国际合作新平台"。通过"一带一路"倡议,中国将建设连接东南亚、南亚、中亚、中东和欧洲的管道、港口、桥梁和铁路。该项目还包括一条"数字丝绸之路",帮助各国通过电缆和5G网络建立互联网连接。[56]

"一带一路"倡议不仅是个建设有形基础设施和加强互联互通的项目。它被视为中国提高对全球规范影响力和削弱自由主义规范的潜在手段。[57] "一带一路"倡议的地理范围超出了中国传统的势力范围,延伸到了欧洲、非洲、中东和拉丁美洲。加入"一带一路"倡议并接受贷款和投资的国家被鼓励也发展其他的互联互通,如自由贸易协定、中国工业标准、智慧城市计划、学术交流和科学联合研究中心。[58]

建立新规范需要有足够多的国家遵守这些规范。领导国可以靠树立好榜样、奖励遵守规范的行为和惩罚违反规范的行为来灌输新的规范。中国古代思想认为,以身作则是引导他人遵守礼仪或规范的最佳方法。[59]

## 道义竞争

拜登承诺恢复美国的道义领导力,这可能会增加中美在制定全球规范方面的竞争。特朗普执政时奉行纯粹的交易性和自利性的外交政策，甚至与道义现实主义原则相反，受其个人利益而不是国家利益或国际利益驱动。[60] 例如，虽然特朗普在2018—2020年期间与中国进行贸易战，迫使中国改变产业政策和知识产权保护政策，但中美两国元首在2019年6月于日本大阪会晤时，特朗普却恳求中国购买美国的大豆和小麦，以确保他在2020年再次当选总统。特朗普的行为明确说明，他更关心的是自己的连任，而不是中国贸易行为。的确，根据他的前任国家安全事务助理博尔顿所说，特朗普就是从自身连任角度看待所有外交政策问题的。

特朗普的对华政策极其不一致，时而称赞中国领导人是他的朋友，时而升级针对中国产品征收的关税。[61] 由一个完全出于自身利益的领导者个人做决策，导致政策前后不一，且不可预测，因为个人利益的波动性大于国家利益。[62] 特朗普曾多次赞扬中国对新冠疫情的管理政策，而当疫情蔓延到美国时，特朗普在2020年3月开始用反亚裔的言辞指责中国。[63]

特朗普不讲道义的霸凌式对外政策严重损害了美国的道义声誉。根据道义现实主义理论，战略信誉对霸权国来说是最重要的规范，但特朗普放弃了之前美国发起的多边自由主义规范，如《巴黎气候变化协定》、《跨太平洋伙伴关系协定》和《全面联合行动计划》（伊核协议）。[64] 美国的实力基本并无变化，但因特朗普忽视多边机构和对盟友的承诺，导致美国失去了国际影响力。[65]

拜登要重新强调美国政策的自由主义价值观，恢复美国的道义权威。[66] 但他意识到，美国不能强迫其他国家采取美国的价值观。在 2021 年 1 月 20 日的就职演说中，拜登总统强调，美国领导世界将"不仅靠我们的实力作为榜样，而且靠我们作为榜样的力量"[67]。"榜样的力量"类似于道义现实主义的建议，即王道型领导国通过自己遵守国际规范树立良好榜样，以鼓励他国效仿。[68]

拜登所说的"榜样的力量"，不仅指美国在世界舞台上的行为，也包括美国对国内问题的管理，如新冠疫情、不平等、基础设施老化和技术挑战。在他的第一次新闻发布会上，这位美国总统宣示了他要"证明民主有效"的决心，以便高效地与中国竞争。[69] 换言之，美国政府必须在解决社会弊病和不平等问题上取得进展，才能证明它是有能力的，是能完成使命的。拜登在美国国务院发表他的第一次重要的外交政策演讲时说，美国将寻求恢复"我们的信誉和道义权威"，并"修复我们的道义领导力"。[70] 根据道义现实主义理论，政治领导力是一国相对地位的最重要决定因素。要提升地位，领导者必须成功地实施国内改革计划。[71]

在上任的头两年，拜登成功地启动了一项重大的疫情救助计划，投入了 1 万亿美元用于基础设施建设，落实了一项防止危险人群获得枪支的措施，通过了一项旨在降低老年人处方药成本、扩大补贴以帮助人们支付医保费用的法案，并投资

3 700亿美元用于遏制气候变化的项目。[72]

拜登还重申了他对美国盟友的承诺,如北约盟友以及韩国和日本这样的双边盟友,以恢复受损的美国战略信誉,这是道义现实主义的基本价值观。2021年慕尼黑安全会议是他与欧洲盟友的首次公开会议,会上他说:"美国回来了。"特朗普多次拒绝确认美国依据北约盟约第五条保护每个成员国的承诺,与其相反,拜登则承诺"我们将坚守信念",因为"攻击一个成员国就是攻击所有成员国"。[73]

在建立美国的道义领导方面,更有实效的成果是拜登政府成功地促成北约制定统一的抵抗俄罗斯出兵乌克兰的政策,即向乌克兰提供军事援助和对俄罗斯实施制裁。拜登能够利用乌克兰危机重新发挥美国在全球舞台上的领导作用,重新与欧盟合作。[74]拜登将俄乌冲突定义为"重大的道义问题"[75]。

阎学通预测,中国在近期也许没有足够的实力建立适于所有国家的国际规范,尤其是工业化的西方国家。根据道义现实主义理论,规范和实力结构不变,国际体系的类型就不会改变。[76]由于二战后是美国塑造了国际机构和盟友网络,因此美国具有非凡的影响力。[77]但另一方面,中国正在创建自己的国际机构,这些机构与美国支持的体系平行并独立,如亚洲基础设施投资银行、新开发银行、上海合作组织。

根据道义现实主义理论,结构性矛盾将阻碍中美提供联合的全球领导。与此同时,这两个大国在近期都没有可能获得无可争议的全球领导地位。中美在国际权威上的分化，可能会导致在气候变化、毒品、反恐和移民等全球治理问题上缺乏统一行动。[78]

## 总结

中美未来的竞争将在许多重要方面与冷战不同。如果形成竞争的集团，它们将比冷战时期松散，意识形态色彩和地缘因素更弱。国家间的同盟与联合依据不同问题而不断变动。[79]中美错综复杂的经济关系可以防止冲突升级。

美苏冷战在军事、经济和意识形态领域展开，而中美竞争则可能主要集中于争夺地位和先进技术。地位是个国际社会集体认同的问题，所以它并不必然是零和的。这两个国家可以采取社会合作的战略，承认各自在不同领域的主导地位来管控地位竞争。[80]在给东亚国家提供经济援助和贸易方面，中国可发挥领导作用，美国则可提供地区安全保障，这可以看作国际分工。[81]中国表示愿意在卫生安全、气候变化和武器扩散等中美有共同利益的特定领域进行合作。[82]

中美技术竞争可能会导致美国在经济联系和供应链上对中国有限脱钩。鉴于美国越来越担心如此多的离岸生产会威胁安全，中国正努力在新兴技术方面自给自足，以降低美国利用半导体等"卡脖子"技术的能力。为了保护其技术地位，美国对私企技术出口和中国对美国公司的投资施加了更多的限制。这些旨在降低相互依赖安全风险的做法不会将全球化缓和冲突的作用全部抵消掉。[83]

虽然以往的权力转移都导致了战争，但中美可以采取措施，降低海上小规模冲突或代理人战争导致意外战争的可能性。鉴于误解有导致意外升级的风险，中美军方之间应进行更多的沟通和对话，继续就有关危机管理和核武器问题进行谈判。中美两国比历史上任何国家都更大和更强，它们需要参考历史教训，确定如何行使国际领导。

**注释**

1. Østen Tunsjø, *The Return of Bipolarity in World Politics: China, the United States, and Geostructural Realism*, New York: Columbia University Press, 2018.
2. Charles A. Kupchan, *The West, The Rising Rest, and the Coming Global Turn*, New York: Oxford University Press, 2012; Richard Haass, "How a World Order Ends: And What Comes in Its Wake," *Foreign Affairs* 98, no. 1 (2019): 30; Alexander Cooley and Daniel Nexon, *Exit from Hegemony: The Unraveling of the American Global Order*, New York: Oxford University Press, 2020.
3. John J. Mearsheimer, *The Tragedy of Great Power Politics*, New York: W.W. Norton, 2001; Graham Allison, *Destined for War: Can America and China Escape Thucydides's Trap?*, New York: Houghton Mifflin Harcourt, 2017.
4. Thomas J. Wright, *All Measures Short of War*, New Haven: Yale University Press, 2017; Timothy R. Heath and William R. Thompson, "Avoiding US-China Competition Is Futile: Why the Best Option Is to Manage Strategic Rivalry," *Asia*

*Policy* 13, no. 2 (2018): 91–119; Andrew Scobell, "Perception and Misperception in US-China Relations," *Political Science Quarterly* 135, no. 4 (2020–21): 637–64.

5. Zhao Tingyang, "Rethinking Empire from a Chinese Concept 'all-under-Heaven'," *Social Identities* 12, no. 1 (2006): 29–41; June Teufel Dryer, "The Tianxia Trope: Will China Change the International System?" *Journal of Contemporary China* 24, no. 96 (2015): 1015–31.

6. Yan Xuetong, *Ancient Chinese Thought, Modern Chinese Power*, Princeton: Princeton University Press, 2011, pp. 65–6, 71; Yan Xuetong, *Leadership and the Rise of Great Powers*, Princeton: Princeton University Press, 2019, pp. 43, 48–50.

7. Timothy R. Heath and William R. Thompson, "Avoiding US-China Competition Is Futile": 105–7.

8. Deborah Welch Larson, *Origins of Containment: A Psychological Explanation*, Princeton: Princeton University Press, 1985, pp. 328–31.

9. Fiona S. Cunningham and Taylor M. Fravel, "Assuring Assured Retaliation: China's Nuclear Posture and US-China Strategic Stability," *International Security* 40, no. 2 (2015): 7–50.

10. Yan Xuetong, *Leadership and the Rise of Great Powers*, pp. 87–8, 90–3.

11. Nigel Gould-Davies, "Rethinking the Role of Ideology in International Politics During the Cold War," *Journal of Cold War Studies* 1, no. 1 (1999): 90–110.

12. Thomas J. Christensen, *The China Challenge: Shaping the Choices of a Rising Power*, New York: W.W. Norton, 2015, p. 42; Østen Tunsjø, *The Return of Bipolarity in World Politics*, pp. 110–11; George Magnus, "China and the US Are too Intertwined to Keep Up the Trade War," *Financial Times*, 7 June 2019.

13. Keith Johnson and Robbie Gramer, "The Great Decoupling," *Foreign Policy*, 14 May 2020, https://foreignpolicy.com/2020/05/14/china-us-pandemic-economy-tensions-trump-coronavirus-covid-new-cold-war-economics-the-great-decoupling/.

14. "Endgame," *The Economist*, 15 August 2020, p. 56.

15. Michael Mastanduno, "Strategies of Economic Containment: US Trade Relations with the Soviet Union," *World Politics* 37, no. 4 (1985): 503–31; Michael Mas=tanduno, *Economic Containment: CoCom and the Politics of East-West Trade*,

Ithaca: Cornell University Press, 1992; Ian Jackson, *The Economic Cold War: America, Britain and East-West Trade, 1948–63*, Houndsmill, Basingstoke, Hampshire: Palgrave, 2001; Richard N. Cooper, "Economic Aspects of the Cold War, 1962–1975," in Melvyn P. Leffler and Odd Arne Westad (eds), *Cambridge History of the Cold War*, Volume 2, *Crises and Détente*, Cambridge: Cambridge University Press, 2010, pp. 52–54.

16. Yan Xuetong, "The Age of Uneasy Peace: Chinese Power in a Divided World," *Foreign Affairs* 98, no.1 (2019): 40–6; Edward Wong, "US vs. China: Why This Power Struggle Is Different," *The New York Times*, 27 June 2019; Thomas J. Christensen, "'There Will Not Be a New Cold War': The Limits of US-Chinese Competition," *Foreign Affairs*, 24 March 2021, https://www.foreignaffairs.com/articles/united-states/2021-03-24/there-will-not-be-new-cold-war.

17. Yan Xuetong, *Leadership and the Rise of Great Powers*, p. 99.

18. Minghao Zhao, "Is a New Cold War Inevitable? Chinese Perspectives on US-China Strategic Competition," *Chinese Journal of International Politics* 12, no. 3 (2019): 371–94.

19. Yan Xuetong, *Leadership and the Rise of Great Powers*, pp. 63–64, 100.

20. 同上，第2，56—57，63，100页。

21. Yan Xuetong, "The Age of Uneasy Peace": 46.

22. Andrew B. Kennedy and Daren J. Lim, "The Innovation Imperative: Technology and US-China Rivalry in the Twenty-First Century," *International Affairs* 94, no. 3 (2018): 554–7.

23. Evan S. Medeiros, "The Changing Fundamentals of US-China Relations," *Washington Quarterly* 42, no. 3 (2019): 100; James McBride and Andrew Chatsky, "Is 'Made in China 2025' a Threat to Global Trade?" Council on Foreign Relations, 13 May 2019, https://www.cfr.org/backgrounder/made-china-2025-threat-global-trade.

24. Orville Schell and Susan L. Shirk, "Course Correction: Towards an Effective and Sustainable China Policy," Asia Society and Center on US-China Relations, February 2019, https://asiasociety.org/center-us-china-relations/course-correction-towards-effective-and-sustainable-china-policy: 11; Evan S. Medeiros, "The

Changing Fundamentals of US-China Relations": 99.

25. Bob Davis and Lingling Wei, *Superpower Showdown: How the Battle between Trump and Xi Threatens a New Cold War*, New York: HarperCollins, 2020, p. 131.
26. 同上，第 25——27 页。Richard Waters, Kathrin Hille, and Louise Lucas, "Trump Risks a Tech Cold War," *Financial Times*, 25–26 May 2019; Kiran Stacey, "US Tightens Restrictions on Suppliers to Huawei," *Financial Times*, 17 August 2020.
27. James Politi, Demetri Sevastopulo, and Hudson Lockett, "Trump Blacklist Ups Ante with China," *Financial Times*, 20 December 2020.
28. Edward Wong and Ana Swanson, "Export Banks Are at Heart of US Plan to Foil China," *The New York Times*, 6 July 2022; Ana Swanson, "Fearing China's Drive, US Funds Chip Makers," *The New York Times*, 4 August 2022.
29. Orville Schell and Susan L. Shirk, "Course Correction": 27.
30. Evelyn Cheng, "Fallout from US–China Trade Conflict Could be 'Even Worse' than WWI, Kissinger Says," 22 November 2019, CNBC.com.
31. Robert Gilpin, *War and Change in World Politics*, New York: Cambridge University Press, 1981, pp. 13–15, 31, 33, 198–9.
32. A. F. K. Organski, *World Politics*, New York: Alfred A. Knopf, 1958, pp. 328–9; A. F. K. Organski and Jacek Kugler, *The War Ledger*, Chicago: University of Chicago Press, 1980, p. 23; Jack S. Levy, "Power Transition Theory and the Rise of China," in Robert S. Ross and Zhu Feng (eds), *China's Ascent: Power, Security, and the Future of International Politics*, Ithaca: Cornell University Press, 2008, pp. 11-33.
33. John J. Mearsheimer, *The Tragedy of Great Power Politics*; John J. Mearsheimer, "The Gathering Storm: China's Challenge to US Power in Asia," *Chinese Journal of International Politics* 3 (2010): 381–96.
34. Graham Allison, *Destined for War*, pp. 29, 39–40. 对艾利森解读修昔底德的评论，参见 Jonathan Kirshner, "Handle Him with Care: The Importance of Getting Thucydides Right," *Security Studies* 28, no. 1 (2019): 1–24.
35. Yan Xuetong, *Leadership and the Rise of Great Powers*, pp. 64, 72, 200.
36. 同上，第 100 页。

37. Jonathan D. Caverley and Peter Dombrowski, "Too Important to be Left to the Admirals: The Need to Study Maritime Great-Power Competition," *Security Studies* 29, no. 4 (2020): 580.
38. "A Chained Dragon," *The Economist*, 6 July 2019, p. 35.
39. "Why China Wants a Mighty Navy," *The Economist*, 27 April 2019, p. 40; Cary Huang, "China Takes Aim at the US for the First Time in Its Defense White Paper," *South China Morning Post*, 7 August 2019; Office of the Secretary of Defense, Military and Security Developments Involving the People's Republic of China, *Annual Report to Congress*, 2020, p. vii.
40. Nina Silove, "The Pivot before the Pivot: US Strategy to Preserve the Power Balance in Asia," *International Security* 40, no. 4 (2016): 45–88.
41. Orville Schell and Susan L. Shirk, "Course Correction": p. 26; Østen Tunsjø, *The Return of Bipolarity in World Politics*, p. 138; "Identify Yourself," *The Economist*, 20 June 2020, pp. 33–34.
42. Østen Tunsjø, *The Return of Bipolarity in World Politics*, p. 129.
43. 同上，第 136 页。
44. Michael Green, Kathleen Hicks, Zack Cooper, John Schaus, and Jake Douglas, "Deterrence Theory and Gray Zone Strategies," in *Countering Coercion in Maritime Asia: The Theory and Practice of Gray Zone Deterrence*, Center for Strategic & International Studies, May 2017 (Lanham MD: Rowman & Littlefield), https://www.csis.org/analysis/countering-coercion-maritime-asia.
45. John H. Herz, "Idealist Internationalism and the Security Dilemma," *World Politics* 2, no. 2 (1950): 157–80; Robert Jervis, "Cooperation under the Security Dilemma," *World Politics* 30, no. 2 (1978): 167–214.
46. Adam P. Liff and G. John Ikenberry, "Racing towards Tragedy?: China's Rise, Military Competition in the Asia Pacific, and the Security Dilemma," *International Security* 39, no. 2 (2014): 57–8; OSD, Military and Security Developments, p. ii.
47. *China's National Defense in the New Era*, Beijing: Foreign Languages Press, 2019, https://www.xinhuanet.com/english/2019-07/24/c_138253389.htm; Ben Lowsen, "China's New Defense White Paper: Reading between the Lines," 30 July 2019,

*The Diplomat*, https://thediplomat.com/2019/07/chinas-new-defense-white-paper-reading-between-the-lines/.
48. "Danger Ahead," *The Economist*, p. 35.
49. Yan Xuetong, *Ancient Chinese Thought, Modern Chinese Power*, pp. 43, 47–51, 86–8; Yan Xuetong, *Leadership and the Rise of Great Powers*, pp. 43–5, 48–9.
50. 同上，第 44—45、106、118—120 页。
51. Zhang Feng, "The Rise of Chinese Exceptionalism in International Relations," *European Journal of International Relations* 19, no. 2 (2011): 310–22; Rana Mitter, "The World China Wants: How Power Will – and Won't – Reshape Chinese Ambitions," *Foreign Affairs* 100, no. 1 (2021): 165.
52. "Full text of Xi Jinping's Report at 19th CPC National Congress," https://www.chinadaily.com.cn/m/qingdao/2017-11/04/content_34771557.htm.
53. Yan Xuetong, *Leadership and the Rise of Great Powers*, pp. 131–2.
54. Xi Jinping, "Working Together to Build a New Partnership of Win-Win Cooperation and Create a Community of Shared Future for Mankind, at the General Debate of the 70th Session of the UN General Assembly," 28 September 2015, https://gadebate.un.org/sites/default/files/gastatements/70/70_ZH_en.pdf; Xi Jinping, "Work Together to Build a Community of Shared Future for Mankind," speech at UN Office at Geneva," 19 January 2019, https://www.xinhuanet.com/english/2017-01/19/c_135994782.htm. 相关讨论和解读，参见 Denghua Zhang, "The Concept of 'Community of Common Destiny' in China's Diplomacy: Meaning, Motives and Implications," *Asia & the Pacific Policy Studies* 5, no. 2 (2018): 196–207; Liza Tobin, "Xi's Vision for Transforming Global Governance: A Strategic Challenge for Washington and Its Allies," *Texas National Security Review* 2, no. 1 (2018): 155–66。
55. Xi Jinping, "Working Together to Forge a New Partnership of Win-Win Cooperation," https://www.fmprc.gov.cn/mfa_eng/wjdt_665385/zyjh_665391/t1305051.shtm; Nadège Rolland, *China's Vision for a New World Order*, National Bureau of Asian Research, NBR Special Report #83, January 2020, pp. 38–9.
56. "Full text of Xi Jinping's Report at 19th CPC National Congress," https://www.

chinadaily.com.cn/m/qingdao/2017-11/04/content_34771557.htm; Denhua Zhang, "The Concept of 'Community of Common Destiny'": 196; Daniel Tobin, "How Xi Jinping's 'New Era' Should Have Ended US Debate on Beijing's Ambitions," Center for Strategic and International Studies, May 2020, https://www.csis.org/analysis/how-xi-jinpings-new-era-should-have-ended-us-debate-beijings-ambitions.

57. Nadège Rolland, *China's Vision for a New World Order*, p. 40.
58. 同上,第 41 页。James Kynge and Nian Liu, "Tech's New Rulemaker," *Financial Times*, 8 October 2020.
59. Yan Xuetong, Leadership and the Rise of Great Powers, pp. 22–3, 113.
60. Yan Xuetong, Leadership and the Rise of Great Powers, p. 8.
61. Deborah Welch Larson, "Policy or Pique? Trump and the Turn to Great Power Competition," *Political Science* Quarterly 136, no. 1 (2021): 54–5, 57, 61–2.
62. Yan Xuetong, *Leadership and the Rise of Great Powers*, pp. 140–2.
63. Michael D. Swaine, "Chinese Crisis Decision Making: Managing the COVID-19 Pandemic, Part Two: The International Dimension," Chinese Leadership Monitor (2020), n45, www.prcleader.org/swaine-1.
64. Yan Xuetong, *Leadership and the Rise of Great Powers*, pp. 137–8.
65. 同上,第 56—57 页。
66. David E. Sanger, "Looking to End 'America First' and Re-engage with the World," *The New York Times*, 10 November 2020.
67. Inaugural address by President Joseph R. Biden Jr, 20 January 2021, https://www.whitehouse.gov/briefing-room/speeches-remarks/2021/01/20/inaugural-address-by-president-joseph-r-biden-jr/.
68. Yan Xuetong, *Leadership and the Rise of Great Powers*, p. 43.
69. David E. Sanger, "Biden Stakes Out his Challenge with China: 'Prove Democracy Works'," *The New York Times*, 27 March 2021.
70. "Remarks by President Biden on America's Place in the World," 4 February 2021, https://www.whitehouse.gov/briefing-room/speeches-remarks/2021/02/04/remarks-by-president-biden-on-americas-place-in-the-world/.

71. Yan Xuetong, *Leadership and the Rise of Great Powers*, pp. 25, 39, 82–7.
72. Michael D. Shear and Zolan Kanno-Youngs, "A Victory for Biden, and a Bet on America's Future," *The New York Times*, 12 August 2022.
73. David E. Sanger, Steven Erlanger, and Roger Cohen, "Biden Reaffirms Alliances' Value for US Policies," *The New York Times*, 20 February 2021.
74. Mark Landler, Katrin Bennhold, and Matina Stevis-Gridneff, "After Zelensky's Plea, the West Raced to Form a United Front," *The New York Times*, 6 March 2022.
75. Joseph R. Biden Jr, "President Biden: What America Will and Will not Do in Ukraine," *The New York Times*, 1 June 2022.
76. Yan Xuetong, *Leadership and the Rise of Great Powers*, pp. 170–1.
77. Wu Xinbo, "China in Search of a Liberal Partnership International Order," *International Affairs* 94, no. 5 (2018): 1017.
78. Yan Xuetong, Leadership and the Rise of Great Powers, pp. 65, 199–200.
79. 同上，第 199 页。
80. Deborah Welch Larson and Alexei Shevchenko, *Quest for Status: Chinese and Russian Foreign Policy*, New Haven: Yale University Press, 2019.
81. G. John Ikenberry, "Between the Eagle and the Dragon: America, China, and Middle State Strategies in East Asia," *Political Science* Quarterly 131, no. 1 (2016): 9–43; Yang Yuan, "Escape Both the 'Thucydides Trap' and the 'Churchill Trap': Finding a Third Type of Great Power Relations under the Bipolar System," *Chinese Journal of International Politics* 11, no. 2 (2018): 213–18, 229–33.
82. Michael Crowley, "Biden, Covering Range of Thorny Issues, Talks with Xi for First Time as President," *The New York Times*, 11 February 2021.
83. Philip Stephens, "Supply Chain 'Sovereignty' Will Undo the Gains of Globalisation," *Financial Times*, 19 March 2021.

第十章
回应批评:道义现实主义论国际领导

阎学通

特朗普于2017年1月就任美国第45任总统，这使"领导很重要"的观念成为国际关系学者讨论的一个主要话题。尽管没人否认新的美国领导带来了国际政治的剧变，但很少有人依据这一现象从理论上研究国际领导的独特性质。[1]道义现实主义是一种国际关系理论，它把大国的国际领导类型变化作为引发重大国际政治变化的原因。为了完善道义现实主义理论，本项研究邀请了多位优秀学者就此主题撰写了七章内容。这些学者提出的问题和所做的批评使我意识到，不清楚国际领导和国内领导两者之间的差别，严重影响了人们从理论上理解国际领导这个概念。本章将通过讨论国际领导的特殊性，回答这七章提出的问题，以独特性质、相对道义、质量衡量、功能条件和深入研究为具体话题，依次讨论。

# 国际领导的性质

虽然国际领导和国内领导有许多共同之处,但国际关系理论工作者还是需要了解领导的实际构成要素是什么,这能增强我们对领导的独特性质的理解。国内领导是按照等级制度运作的,国际体系的无政府性使国际领导与国内领导很不一样,因此从无政府角度分析国际领导的性质是最为合理的。

## 从个人层次分析国际领导

无论是关于国际领导还是国内领导的研究,大量的文献普遍将领导定义为,在一个具体情况下领导者和追随者的互动过程。[2] 理查德·休斯、罗伯特·吉纳特和戈登·柯菲说:"领导并不仅仅是领导者的个人品质或领导者所做的事。领导是影响他人实现团队目标的过程,而不仅仅是一个人或一个职位。"[3] 领导的三个构成要素是领导者、追随者和具体情境,具体情境可用来区分国际领导和国内领导的不同性质。前者是在无政府体系里形成的,而后者是在等级体系里形成的。它们之间的差异类似于学术权威和军事指挥官之间的差异。根据这种差异,道义现实主义将国际领导定义为,领导国决策者与追随国决策者在无政府体系里的互动过程。由于国际领导者及其追随者都是各个国家的决策者,所以道义现实主义将国际领导作为个人分析层次的自变量。

贺凯教授和方圆圆博士质疑此种研究方法，认为道义现实主义应更明确地将领导这个概念定义为领导者个人或政府/国家这样的领导集体。[4]他们的批评非常重要，这说明我有必要澄清这一问题，即在个人分析层次上，国际领导是单个领导人还是一组决策者。实际情况表明，国内领导是由一国最高领导人和其核心官员组成的，而国际领导则可能由一个或一个以上的国家领导组成。就国内领导而言，美国的国家领导包括总统、副总统、国务卿、总统国家安全事务助理和其他一些政策制定者，中国的国家领导包括中共中央总书记和几位政治局常委。至于国际领导，联合国的领导由安理会五个常任理事国的国家决策者组成，现在的欧洲领导通常指的是德国总理、法国总统和欧盟领导人。

在国内层面，对外政策是由最高领导人及其主要内阁成员协商制定的。在国际层面，当国际领导只有一个大国的时候，决策过程与国家政策制定相近。当国际领导由多个国家的领导人构成时，决策实际是在他们之间的协调过程中产生的。国际领导既可以是机构性的，如联合国安理会五个常任理事国的领导，也可以是非机构性的，如罗斯福、斯大林、丘吉尔在雅尔塔会议上的领导。然而，无论是在国内层面还是在国际层面，对外政策都是由国家最高领导人做出最终决定。因此，将国际领导和国内领导都作为个人层次的变量是最符合实际情况的。

普拉蒂亚斯教授和齐思源博士认为，道义现实主义"没有充分考虑到结构对激励或阻碍政治改革有着重大影响"[5]。他们批评说，我的理论没有涉及结构对政策制定的影响。很明显，我对此事没有表达清楚，需要做进一步阐述。诚然，所有的国际领导都是在特定的国际权力结构内行使的，领导人在制定对外政策时必然受到这种权力结构约束。作为一种二元论的理论，道义现实主义认为，特定的国际权力结构决定了一国的国家利益或战略目标，而决策者们的战略偏好决定了实现这些利益的方法。权力结构是体系分析层次的变量，它影响一国如何准确界定其国家利益，但并不决定如何实现这些利益的决策。领导决定对外政策，即行为方式。由于道义现实主义假定国家在既定权力结构中的位置决定其国家利益，因此该理论集中于解释领导的战略偏好。也就是说，该理论将权力结构视为常量，而非变量。方圆圆说，考虑到"一国在体系中的地位决定其实施领导的环境，这就使道义现实主义既是个结构理论又是个施动者理论"[6]。

## 国际领导基于国家实力而非合法性

国际领导和国内领导都是由个人实施的，但前者以国家物质实力为基础，而后者以制度合法性为基础。在无政府的国际体系中，强国担任国际领导，因为它们拥有维持体系秩序的实力，而弱国缺乏这样的实力。同时，国际领导不是靠个人能力实施的，而是凭借国家实力实施的。例如，在冷战后，不论是克林顿还是小布什实施全球领导都不是靠个人能力，而是基于美国的超级实力。默克尔能够与马克龙共同执掌欧洲，却不能领导全球，这并非因为她个人的领导能力在哪个方面不如美国领导人，而是因为德国的实力小于美国。

在等级体系中，国家领导人们被赋予国内领导权是基于制度合法性而非他们的物质实力。在大多数情况下，促成国内领导权更迭的不是继任者拥有的物质实力大于现任领导，而是他们拥有执掌国家权力所需的政治合法性。这就是为什么历史上曾有过那么多的少年国王和皇帝，以及为什么如今有那么多无能的总统。然而，在内战、军事政变或类似的暴力事件导致国内领导权更迭时，国家处于无政府状态，此种情况下领导权更迭的结果取决于相互敌对的政党的物质实力，而非制度合法性。此种情况以另一种方式表明，在无政府体系中实施国际领导靠的是政治实体的物质实力。

由于国家实力对国际领导如此重要，在单极格局里，只有唯一的超级大国具备获得领导地位的实力。在两极或多极格局体系里，经常缺乏全体系的领导，因为每个大国都有能力排斥其他国家的领导。如果两个超级大国或几个大国愿意相互合作，也有可能形成一种联合的领导。然而，这种情况在历史上较少发生，在两极或多极格局下，更为常见的是缺乏全体系的国际领导。无政府体系对领导的实力要求这个逻辑同样也适用于地区领导。也就是说，地区领导可以基于一国的实力，也可以基于几个区域大国的联合实力。澳大利亚在大洋洲的地区领导地位属于前一种情况，德国和法国在欧洲的联合领导地位则属于后一种情况。

## 国际领导基于伙伴关系而非从属关系

　　国际领导的追随者都是代表独立国家的个人。由于追随者拥有各自的实力，特别是军事实力，国际领导只能通过与追随者协商来实施领导，而不能像等级体系里的国内领导那样向下属发号施令。追随者得服从国内领导，这种合法性要求是以追随者无条件忠于国家为先决条件的。然而，任何国际领导都没有权利要求其任何追随者对其忠诚。虽然国家的实际国际地位以国力为基础，但是任何国家的领导人没有义务执行其他国家的命令。国际领导者和追随者之间是依据双方意愿进行合作的关系。换言之，他们是伙伴关系，而不是上下级关系或雇主和雇员的关系。

　　无论是国家、政府、军队还是公司，凡是有着等级体系的组织机构，每个追随领导的个人都得服从于上级。在法律上或在实践中，追随者都没有与他们的领导者同等的权力。上下级关系的性质理所当然地要求追随者忠于领导者，这种要求体现的是既定机构的整体利益。在上下级的等级体系里,领导者和追随者从来都不是伙伴关系,他们最多是庇护者-依附者关系。在领导者-追随者的关系上,国际领导与等级制的国内领导性质不同,这两种领导的组织方式和实施方式都截然不同。

## 国际领导基于共享的利益而非机构的利益

由于各国都有自己特定的利益,各国领导人会追随那些能保护其国家利益的大国领导者,同时反对那些威胁要伤害其国家利益的大国领导者。由于任何国际体系都不可避免地包括相互敌对的国家,因此体系的领导经常以牺牲某些国家的利益为代价保护另外一些国家的共同利益。敌对国家的利益冲突使国际体系无法形成整体利益。在抗击新冠疫情和控制气候变化这两个新近的例子中,各国之间无法形成共同利益,因此未能以此为基础建立所有国家都接受的全球性领导。

尽管国家间共同利益是建立国际领导的必要条件,但仅具备此条件仍不足以建立起国际领导。还需要领导国和追随者有保护这种共同利益的意愿和能力。任何国家都不会接受比自己弱的国家的领导,因为它们怀疑弱国没有保护共同利益的能力。因此,共同利益、比追随者强的能力和保护追随者的意愿,这三者构成了建立国际领导的充分条件。在强国的领导者有意愿保护追随者的条件下,强国和追随者的共同利益越大,且强国比他国的实力强得越多,强国的领导者获得的追随者就越多。(见表 10.1)。

表 10.1 领导国与他国关系

| 领导国实力 | | 领导国与他国的利益 | | |
|---|---|---|---|---|
| | | 共享 | 不共享也不冲突 | 冲突 |
| 领导国实力 | 强 | 追随者 | 中立者 | 摇摆的反对者 |
| | 弱 | 犹豫的追随者 | 中立者 | 反对者 |

不同于国际领导的利益基础,国内领导是以一国的整体利益为基础的,这种整体利益被自然且合法地定义为一国领导者和普通大众的共同利益。当一国的领导是合法的,依据宪法该国大众就成为其追随者。虽然个人可以为全体人民的利益反对国家领导,但任何个人都没有法定权利为个人利益而反对国家领导。鉴于国际领导和国内领导的利益基础不同,前者通常靠扩大领导国及其追随者的共同利益来巩固其领导地位,而后者则通过提高国家利益的重要性来巩固地位。例如,与领导国面临共同安全威胁的国家越多,国际领导就会有越多的追随者;而一国面临外国入侵的威胁越大,其国内领导的地位就越稳固。

方圆圆认为,国际领导和国内领导之间存在着对应关系。她说,道义现实主义"没有探讨这两种领导之间的因果关系,甚至没有探讨它们之间的相互作用,且国家领导的类型和国际领导的类型也无对应性"[7]。方圆圆似乎认为国际领导与国内领导的类别应该是一致的,而不认为应区分两种领导的类别标准。事实上，国内领导和国际领导的政治层次差别还只是个表面现象。前面对两者差别的分析表明，它们有截然不同的性质。一个是在上下级体系里发挥作用，另一个是在无政府体系里发挥作用，因此应以不同的标准来判断它们的类型和质量。一般来说，成为合格的国际领导者要比成为合格的国内领导者难得多，因为国际追随者不是下属。也就是说，成为合格的国内领导并不等于满足了当国际领导的条件。因此，国内领导类型和国际领导类型并无任何对应关系。

## 国际领导道义的相对性

根据前面讨论的国际领导和国内领导两者的区别，我们可以推断这两种领导的道义准则也并不完全相同。因此，我们有必要从历史演变、相对比较和非全体性的角度探讨领导道义的一般性特点和国际领导道义准则的独特性。

### 道义准则随历史演变

国际领导和国内领导的具体道义准则都是随着历史的发展而演变的。例如，几千年过去了，奴隶制才被批评为一种不道义的政治制度。在两个多世纪前美国建国时，华盛顿和其他开国元勋保留了奴隶制。直到1862年林肯政府颁布《解放宣言》时，美国才废除了奴隶制。自此，越来越多的美国人开始认为奴隶制是违背道义的。不过，很少有人谴责华盛顿领导的美国政府保留了奴隶制。国际领导的道义准则也同样是演进的。在1945年的雅尔塔会议上，罗斯福、斯大林和丘吉尔讨论并决定了战后对某些国家进行军事占领的安排。如今，未经邀请对一个独立国家进行军事占领的行为通常被视为不道义的国际行为。然而，至今还没有人因为这一军事占领决定而批评罗斯福、斯大林、丘吉尔在雅尔塔会议上的领导作用。

  道义现实主义强调，国际领导道义标准就以历史当时的标准为依据。贺凯教授不认同这种观点，他怀疑做出客观判断的可能性。他问道："我们如何区分道义规范与其他规范？特别是，人权是道义规范还是双重标准规范？防止核扩散是道义规范还是双重标准规范？"[8]他的问题表明，我需要澄清国际道义应该根据国家标准还是普世标准来判断。历史经验表明，大多数人都有能力对他们所在时代的国际领导做出客观判断。例如，特朗普是冷战后唯一没有卷入新战争的美国总统，但与老布什、克林顿、小布什和奥巴马相比，特朗普领导的美国政府却被认为是最不讲道义的。这是因为在我们这个时代，判断国际领导道义的标准已经从军事考虑演变为政治考虑。世界大战的威胁，特别是核战争的威胁已经减少，人们主要是从全球化而非和平的角度评价特朗普政府的。[9]对《不扩散核武器条约》

的道义判断也是如此。在20世纪60年代，大多数国家将其视为双重标准规范，但现在则认为它属于道义规范。

某一类型的国际领导的含义也是随着历史发展演变的。例如，在孟子之前的时代，汉语中的"霸"（霸道/霸权）指的是一种正面类型的国际领导，后来到了孟子和荀子时期，他们将"霸"与"王"（王道）区分开来，王道成为最道义的国际领导。道义现实主义赞同这种区分，将霸权型领导视为一种不如王道型领导那么讲道义的领导类型。泰洛、王庆新、普拉蒂亚斯和齐思源不同意道义现实主义的这种区分，他们都认为，依据霸权一词在汉语和希腊语中的原始含义，霸权型领导不应该被归类为不那么人道的领导类型。[10]他们的看法很有见地，提醒我们有些政治概念在历史长河中会发生演变。忽视政治概念的认知演化会导致理论的含混不清。

"霸权"在古代确实并不被视为不讲道义的领导类型，但二战后这种认识在全球范围内改变了。在冷战期间，主要是发展中国家将霸权视为一种倾向于欺凌弱小国家的国际领导。然而，自冷战结束后，包括美国在内的几乎所有国家都将霸权视为一种不好的领导类型。例如，在20世纪90年代，美国学者将美国的领导定义为"仁慈的霸权"，试图将其与贬义的霸权区分开来。[11]人们对"恐怖主义"一词的认知也有相似的改变，在几个世纪的时间里，"恐怖主义"都曾是指一种以暴力革命行动反抗不公正统治的政治信仰。2001年"9·11"事件后，恐怖主义则完全变成了贬义词。根据冷战以来"霸权"含义的变化，道义现实主义将霸权和王道划分为两种国际领导类型，并区分了它们的不同特征。同时需要指出，"仁慈的霸权"与"霸权"两个概念所表达的只是程度差别，而非性质差别。

## 国际领导的相对道义

依据本章《国际领导的性质》一节的讨论，我们可以推断出，任何一个既定的国际体系里都不可避免地有相互敌对的国家，它们的利益相互冲突。因此，面对共同的敌人，国际领导必须依据领导者和追随者之间的共同利益行事。这样的现实决定了，在一个既定国际体系内，不可能所有成员都认为某个国际领导是道义的。因此，这意味着，国际领导只能是相对有道义，而不是绝对有道义。领导的道义是主体间的事务或外部性事务，是由追随者和非追随者对领导者的政策和行为的看法决定的。首先，这意味着，领导者自认为其行为是道义的，并不影响他人对其是否道义的判断。其次，人们依据特定历史情况而非固定不变的标准来判断领导是否道义；也就是说，人们通常是通过历史纵向比较来判断国内领导是否道义，依据同时期的横向比较来判断国际领导是否道义。

在大多数情况下，人们通过与其前任进行比较来判断现任国内领导是否道义。而判断国际领导是否道义则是通过将其与同一体系中的其他领导进行比较。世界上从来没有道义完美的国际领导，但在特定的历史时期，某些领导显然比其他领导讲道义。例如，在公元前1世纪，汉朝对中亚国家采取了征服政策，要它们接受其领导，但不必提供物质服务。相比之下，匈奴对那些国家实行奴役政策，强迫它们提供劳役和农产品。[12]即使在古代，这两种领导都是不道义的，但匈奴的中亚政策比汉朝的更不道义。因此，对比不同的国际领导行为，弱国会选择追随相对讲道义的领导国。因此，从理论上讲，追随者的选择是用来判断特定时期国际领导道义的很好指标。

## 国际领导道义是非全体性的

正是因为每个国际体系都不可避免地有相互敌对的国家，所以国际领导不可能保护每个国家的利益。这种矛盾意味着，在体系层次上，国际领导的道义总是倾向部分国家，而不可能被所有国家认可。当国际领导履行其保护领导者和追随者共同利益的职责时，它无法避免伤害到对立国家的利益。这就是为什么在既定的国际体系里，不可能每个国家都认为体系领导是讲道义的。

张锋教授不同意道义现实主义从政府道义的角度来理解国际领导的道义，因为他认为国际领导应具有全球道义观，这是现代国际组织领导者所必备的素质。他认为，政府道义这个概念过于狭隘，"似乎忽略了全球正义的整体议题"[13]。张锋的评论非常重要，因为政府道义和国际道义并不总是一致的。这就是为什么我将道义分为三个层次：个人、政府和国际。[14] 我们必须承认一个事实，即所有国际领导者都将其本国政府的道义视为国际道义的一部分，却不认为他国政府的道义也是国际道义的一部分。这类似于一种心理，即每个政党都将其成员对其忠诚视为道义的，但从不将这一原则应用于敌对的政党。

贺凯从另一个角度表达了不同意我的观点，他不认为政府道义与遵守国际规范和维护在同盟中的信誉相关联。[15] 他的观点代表了许多自由主义学者和建构主义学者的观点，他们认为保护和平、民主和人权才是遵守国际规范的主要动因。现代国际领导的确比传统的国际领导更关心全人类利益，但另一个事实是，那些行使国际领导权的个人也确实是将其本国的利益置于全人类利益之上。事实上，国际领导权通常由强国领导人行使，他们实现本国利益以维护对盟友的战略信誉为基础，而非对敌人讲信誉，这样做是履行他们自己的政府职责。这揭示了一个不好的现实，即政府道义在国内是全体性的，而在国际上则是非全体性的。

国际领导道义的非全体性意味着，国际领导的战略信誉需要得到追随者的信任，而非敌人的信任。张锋认为，我对战略信誉的理解是有缺陷的，脱离了荀子的原义。他说："在关系性解释之下，'信'不再是一个抽象的原则，而是一种美德或习惯，用于在建立关系中提高信誉和促进信任。阎学通忽视了'信'在道义规范中的这个关系性的层面。"[16] 普拉蒂亚斯和齐思源认为，"一个关于领导的通用性理论，必须对有助于战略成功的基本美德做清楚解释和界定"。[17] 张锋、普拉蒂亚斯和齐思源都将道义现实主义提出的战略信誉解释为一种美德。准确地讲，我无意将战略信誉视为政治美德；因此，很明显是我未表达清楚自己的认知。为了澄清这一点，我想进一步阐述一下。对于道义现实主义来说，战略信誉是最低层次的国际领导道义，因此不能被视为美德[18]——这如同不偷盗的意识是社会道德原则，但这一原则过于基本，还不符合美德性质。如果将美德这个概念用于国内领导的道义是可以的，但将国际领导的道义视为美德则是不恰当的，因为国际领导只关心领导者和追随者的共同利益，而非体系内所有国家的共同利益。此外，领导国的政策制定者在法理上要优先保护本国的利益。

人们经常依据国际领导为国际社会提供的公共物品判断其是否道义。然而，由于存在相互敌对的国家，国际领导无法为每个国家都提供公共物品。例如，一国的国防通常被视为该国全体公民的公共物品，然而，旨在防止人类毁于核战争的《不扩散核武器条约》却不被印度、巴基斯坦或朝鲜视为公共物品。这些国家认为，该条约反映的是双重标准的国际领导。泰洛质疑同盟可以提供公共物品的观点。[19]张锋认为，结盟"可能恶化与非盟友之间的关系，给同盟本身以及同盟与其目标国家之间的整体关系带来不利后果"。[20]看一下当前的国际现象，泰洛和张锋的批评非常有助于完善道义现实主义。

在当下中美战略竞争中，中美两国政府对同盟的看法是对立的。前者将同盟视为冷战思维的产物，后者则将其视为保护自由世界秩序的公共物品。[21]中美关于同盟的对立观点反映了一个现实，即从体系层次来看，同盟是集体物品而非公共物品，但同盟对盟友来说则是公共物品。这如同非欧盟国家将欧盟成员国的公共物品视为集体物品。泰洛建议应根据内容定义国际公共物品，他将有关贸易、环境保护、社会权利、争端解决机制的规范和创建其他新规范视为公共物品。[22]而事实上，多边规范或上述领域的条约并不可能得到每个国家的欢迎。甚至世界贸易组织的规范也遭到了特朗普政府的反对。

## 对国际领导的衡量

由于国际领导不同于国内领导，对其衡量需要一套适合其特性的标准。国际领导可以保护体系中一些国家的利益而非所有国家的利益；因此，它的受欢迎程度应该根据其追随者的数量来衡量。由于追随者的实力不同，国际领导的质量则应依据追随者的实力和重要性来衡量。无论从字面上还是从实际上来说，受欢迎程度和质量都不等于有效性；因此，衡量国际领导的有效性则应依据领导结果而不是领导过程。领导本身就是过程。

## 依据追随者数量衡量受欢迎程度

国际领导的受欢迎程度是指在既定的国际体系内被各国接受的程度。领导者的追随者越多，就表明它越受欢迎。我们知道，在既定的国际体系内有着不同国际领导之间的竞争，一个领导的追随国数量占体系内国家总量的比例是衡量该领导受欢迎程度的可信指标；比例越大，说明受欢迎程度越高，反之亦然。例如，美国的领导在20世纪90年代初的受欢迎程度就比21世纪初高，美国在这两个时期都对伊拉克的萨达姆政权发动了战争。在1990年，30多个国家追随美国的领导加入了海湾战争，但在2003年只有13个国家参加了伊拉克战争。而同期，联合国会员国从1990年的159个增加到2003年的191个。[23] 与21世纪初相比，20世纪90年代初时追随美国的国家数量占联合国会员国总数的比例要高得多。

在大多数情况下，领导国盟友的增加或减少是国际安全领导的受欢迎程度变化的标志。拉森教授质疑我关于通过建立联盟来增进国际领导的想法，其理由是盟友的安全利益并不总是与领导国的安全利益一致。[24] 不可否认，盟主与盟友的安全利益冲突确实会削弱国际安全领导的受欢迎程度。正因为如此，领导国的受欢迎程度在很大程度上取决于其维持同盟团结的能力。例如，在冷战期间，美国的安全领导比苏联的更受欢迎，表现为美国的盟友增加和苏联的盟友减少。在此需要明确的是，追随者的数量只是领导受欢迎程度的标志，而非领导质量的标志。

## 依据追随者实力衡量质量

国际领导的受欢迎程度并不等同于其质量，后者指的是其在国际体系内对国际事务的影响力。在大多数情况下，质量衡量取决于追随者的总体实力，其原因是独立自主的国家只接受比其强大的国家为国际领导。一个强大的追随国对国际事务的影响力大于一个或几个弱小的追随国，因此，追随者的力量越大，领导可产生的影响力就越大。例如，一个国际领导，其追随者是英国、法国、德国和日本等工业化国家，其国际影响力就远大于一个由十几个发展中国家为追随者的国际领导。故此，一个国际领导的追随者实力越强，其质量越高，反之亦然。在无政府状态下，国际事务在很大程度上由少数大国决定，而不是由大多数国家决定。所以，国际领导质量与国际事务决策权大致相等。依据这样的现实，联合国安理会授予五个常任理事国以否决权。

国际领导是由决策者们组成的，因此国际领导的质量在很大程度上取决于决策者们的战略信誉。只有当一个强国的国家领导人拥有足够的战略信誉，并取得他国信任时，该国才能成为合格的国际领导。例如，尽管印度是南亚实力最大的国家，但它却成不了地区领导。印度在该地区没有追随者，主要是因为印度国家领导人未能赢得任何一个邻国的信任。中国领导人意识到了国际战略信誉的问题，并于2021年提出中国要塑造可信、可爱、可敬的国际形象。[25] 依据国家实力和战略信誉两个变量，国际领导的质量可分为四类：坚实、普通、脆弱和很差（见表10.2）。

表10.2 国际领导质量

|  |  | 领导国实力 | |
| --- | --- | --- | --- |
|  |  | 强 | 弱 |
| 领导者的战略信誉 | 高 | 坚实 | 普通 |
|  | 低 | 脆弱 | 很差 |

按照我前面提出的标准，特朗普时期的美国领导是质量很差的。然而，王庆新教授不同意这种判断，他认为我低估了美国的实力和韧性。[26] 他不认为特朗普政府的外交政策削弱了美国的综合实力，导致美国霸权衰落。他的论点意味着，我的理论缺乏用其他标准衡量国内领导和国际领导的质量。国力增强是衡量国内领导质量的重要标准，但这个标准可能不适于衡量

国际领导的质量。根据道义现实主义理论，国家实力和战略信誉都是国际领导质量的组成部分。故此，如果仅关注国力对国际领导质量的影响，而不考虑战略信誉的影响，我们可能会误判一个既定国际领导的质量。当未来的历史学家重新评估特朗普对美国物质实力的影响时，他们恐怕也不得不承认，与冷战后其他的美国领导人相比，特朗普当政的美国全球领导力是最差的，因为美国失去了欧洲盟友的许多支持。

## 依据结果衡量有效性

既然国际领导是实现群体目标的过程，其有效性就是目标实现的程度。衡量领导的有效性应依据结果而非过程，因为结果和过程并不总是一致的。在某些问题上，领导的成功或失败是有随机性的。领导的受欢迎程度和质量高并不保证在任何既定问题上都能实现团体的目标。最近的例子是，美国盟友们支持拜登政府从阿富汗撤军，但结果是，阿富汗政府没有进行抵抗，塔利班和平接管了国家政权。这与美国盟友们的预期完全相反。如拜登所承认，"这确实比我们预期的要快"[27]。

衡量国际领导是否有效不能凭一次结果。对有效性的衡量应根据大量的结果，这和测量天气预报的准确性一样。人们不会因一次预报失误就怀疑气象服务的整体预测效果。准确与否由准确率决定，而不是由一次结果决定的。这个原则也适用于衡量国际领导的有效性。例如，富兰克林·罗斯福的国际领导被认为是有效的，不仅因为它建立了联合国，还因为它在二战前和二战期间取得了许多经济、军事和政治成就。

衡量国际领导的有效性是通过比较得出来的，因为国际领导的成败常常取决于政治或军事集团的相互竞争。某些领导在多种情况下都能取得显著的良好成果，而有些领导即使有追随者帮助也实现不了目的。首先，衡量国际领导的有效性应考虑竞争各方的实力差别。实力弱的一方要赢得胜利需要有比实力强的一方实施更有效的领导。其次，有效性的衡量应限于既定的领域。有些国际问题比其他问题更难解决，例如国际战争就比经济危机难解决。将有效性衡量限制在相似的国际问题上，这样做出的哪个领导更有效的判断才有较强的说服力。

## 国际领导的体系层次影响

道义现实主义视国际领导为个人层次的自变量，将其用于解释体系层次的国际现象。与体系层次的变量（如权力结构、文化结构和国际规范）相比，国际领导对国际变化的直接影响大于其他变量。国际领导类型的变化的确会改变国际秩序、国际规范和国际格局。

## 对国际秩序的理论解释

　　国际关系理论从两方面解释国际秩序：秩序的有无和既定秩序的特性。国际体系的无政府状态意味着无秩序是个自然现象，因此，需要有特殊条件才能形成秩序。战争代表无秩序，和平代表有秩序。建立起来的国际秩序会有其历史特殊性，例如，两次世界大战之间的帝国主义秩序、冷战时期的霸权秩序和后冷战时期的自由主义秩序。

　　古典现实主义理论认为，国际秩序是以"权力均势"为条件的，新现实主义理论将均势这个概念现代化，变成"权力结构"。然而，"权力结构"这个概念却无法解释为何在同一类权力结构下，会出现有序和无序两种情况，也无法解释为何在权力结构不变的情况下，会出现不同模式的国际秩序。建构主义认为，文化结构是解释国际秩序的关键变量，因此和新现实主义有相同缺陷，也解释不了在同一文化结构下为何出现秩序有无的交替现象，例如两次世界大战之间有一段和平时期。建构主义还不能解释为何同一文化结构下的秩序模式会不同，如冷战时期的霸权秩序和冷战后的自由主义秩序。有关秩序模式的问题，历史演变形成的文化结构还解释不了为何秩序模式会发生逆转，例如2016年以来的逆全球化的秩序趋势。新自由主义认为，国际机构靠降低交易成本约束国家的行为，从而促成国际合作。然而，新自由主义的解释缺乏说服力，解释不了在相同国际组织的条件下有序与无序交替发生的现象,更解释不了为何发生了当前的逆全球化趋势。

道义现实主义将国际秩序的有无以及秩序的多种模式归因于国际领导的类型。国际秩序的变化是由主导国的政策直接引发的。不同的领导类型有不同的战略偏好。领导类型的变化导致了政策的巨大调整。因此,在解释国际秩序有无及不同秩序模式的问题上,国际领导比权力结构、文化结构或国际规范更有说服力。如果新的国际领导类型与之前的不同,国际秩序的模式将相应改变,否则将保持不变。

贺凯质疑:"如果中国未来真的取代了美国的霸权,但中国没有改变国际体系的自由规范,我们能说中国领导的自由秩序与美国领导的自由秩序是一样的吗?"[28] 我的回答是肯定的。不过,现实情况是,中国要改变而不是维持自由规范。受华尔兹的影响,贺凯怀疑道义现实主义理论是否有解释决策的能力。[29] 他的质疑代表了许多国际关系学者的普遍观点。不过,建设将体系层次的变化与个人层次的决策相连接的理论是值得尝试的。道义现实主义能通过大国领导这个变量将两个层次的变化联系到一起,这或许就是道义现实主义的优势。领导类型的变化不仅能解释秩序有无的交替,还能解释秩序模式的逆转。国际领导有实力塑造新模式的秩序,这个过程既可以建立也可以破坏国际秩序。例如,目前一些大国的民粹主义领导正以脱钩和去全球化的政策破坏自由主义秩序。

## 国际规范是由国际领导建立的

国际规范不是在国家互动的过程中自动形成的。如同法律和法规是由掌权者制定的一样,国际规范是由国际领导建立的。为了维持一个对自己国家利益有利的持久秩序,主导国的领导人热衷于推进某些约束他国行为的规范。但为了确保这些规范有效,他们也需要以身作则遵循这些规范。贺凯问道:"当主导国的利益受到它自己所创建的规范的严重破坏或威胁时,它会怎么做?"[30]他的问题与当前的争论直接相关,即特朗普政府为何破坏美国建立的自由主义秩序。国际关系学者中存在一种误解,认为崛起国是修正主义国家,而霸权国从来都不是修正主义国家。事实上,霸权国也可能是修正主义国家,为了自己的新利益,它们是有意愿改变自己最初创建的国际规范的。

由于不同类型的国际领导倾向于不同的规范,所以新型国际领导崛起之后,在多数情况下会建立新的规范。国际规范在冷战后的变化可以证明这一点。冷战期间,美苏都没有绝对主导世界的领导地位。实际上,两者都施行霸权型领导,在这类领导之下的国际规范,双重标准是其主要特征,尤其是在军控领域。冷战后,美国成为唯一的超级大国,获得全球领导地位。于是,根据其新的全球利益,美国按照全球化原则推进自由主义规范,其主要内容是政治民主化和经济市场化。

贺凯不同意道义现实主义对国际规范的分类,他认为整体性的分类忽视了规范的细微差别,而这些差别塑造和构成了国家利益和行为。[31] 由于规范分类与领导分类密切相关,泰洛认为国际领导需要有子类别,认为不应将美国和苏联视为同类霸权型领导。[32] 贺凯和泰洛关于分类的见解会激励道义现实主义在未来的改进中细化国际领导和国际规范的分类。从方法论上讲,每个大类内总有子类。当将国际规范或国际领导的分类用于广阔的历史范围时,大类别的适用性要强于小类别或更细的类别。对复杂的长期历史进行细类划分往往是很困难的。为了适用于古代和现代历史,道义现实主义采取了对国际规范和领导进行大类划分的方法,但这仍可以把时代因素考虑进来。

学界争论在中美两极竞争中可能形成什么样的新规范,这场激烈的争论与世界是否会陷入新冷战的问题直接挂钩。拉森担心中美竞争存在演化为新冷战的风险。[33] 贺凯也担心,如果中国奉行反美价值体系而放弃在意识形态方面的开放立场,新冷战将不可避免。[34] 许多人像拉森和贺凯一样担心新冷战会发生,但我持不同看法。[35] 在数字时代,中美竞争的焦点是赢得数字优势,拥有数字优势才能成为赢家。由于技术标准对新的国际规范至关重要,中美两国都在向全球推进各自的数字技术标准,而不是拓展意识形态。尽管双方的意识形态冲突不会消失,但不再是中美竞争的核心。因此,影响与追随者关系的关键因素将是谁的数字技术标准更受他国欢迎,而不是意识形态的吸引力。

## 国际格局由国际领导塑造

国际格局由大国的物质实力结构和大国的战略关系构成。国家领导决定了一国物质实力的增长速度，同时国际实力结构取决于大国不同的物质实力。不过，大国战略关系主要由国际领导决定。也就是说，领导国与追随国之间关系的重大改善或恶化也会塑造国际格局。此外，国际领导还能带来国际格局的程度变化和类型变化。所有大国都追随一个国际领导可形成单极格局，但当其竞争对手迫使所有大国加入反对该领导的联盟时，就可能形成两极格局。

人们通常从物质实力结构的角度讨论国际格局。而实际上，大国战略关系对国际格局的程度影响比实力结构的影响要频繁得多。大国的国家领导人通常需要用几十年的时间才能改变国际实力结构，但他们经常在相对较短的时间内改变与其他大国的战略关系。例如，中国领导人花了40年时间才缩小了中美实力差距，但中国决策者在20世纪70年代初放弃了反美外交政策，用了不到一年的时间就与美国建立了战略合作关系。

依据实力结构和大国战略关系两个要素，我将当前的国际格局定义为中美竞争的两极格局。王庆新认为，我高估了中国的实力，低估了美国的实力，因为中美之间的实力差距仍然很大。[36] 泰洛将当前的国际格局视为多极而非两极。王庆新和泰洛代表了许多人的观点,即当下世界是多极,而不是两极。[37] 然而,除了美国和中国,目前没有任何一个国家或国际行为体被视为超级大国。当然,中美的实力差距依然很大,但其他国家与中国的实力差距比中美差距要大得多。例如,截至 2023 年底,中国的国内生产总值是美国的 64.19%,而第三大经济体日本的国内生产总值仅是中国的 23.63%。[38] 除了经济实力差距,中美两国的军事、技术、文化和外交实力都比其他大国大得多。如果再加上其他大国与这两个超级大国的关系,两极格局就更加明显。日本和英国站在美国一边,俄罗斯站在中国一边,而德国和法国则采取对冲策略。

# 制度的作用在于领导

制度决定论是一种非常流行的政治学范式,已经成为许多学者的信仰,以至于他们忽视了一个事实,即没有政治领导,任何政治制度都无法自动发挥作用。国际制度尤其如此。事实上,是国际领导决定国际制度,而不是相反。

## 国际领导定义国际制度的功能

西奥多·罗斯福在自传中强调领导人在善治中的作用,他认为好的立法不能确保善治,只有通过管理实现善治。[39]这就是说,政治领导决定政治制度能否发挥作用,或者在多大程度上发挥作用。国际领导人和国内领导人都有建立、维持或摧毁制度的政治权力。故此,道义现实主义将领导视为制度形成和发挥作用的先决条件。

自特朗普政府以来,美国一直未提供可靠的全球领导,这导致多边机构的功能明显下降。例如,世界贸易组织在美国的领导下曾维持了自由贸易原则,但当特朗普政府放弃对世界贸易组织的领导后,该组织便无力约束贸易保护主义了。由于中国和美国都没有能力单独提供坚实的全球领导,政治不确定性已成为当今两极世界的突出特征,全球治理也越来越没有效率。

许多人错误地将治理等同于政治制度,甚至等同于政治体系。事实上,国际治理和国内治理都是政治领导的实施,这与政治制度或政治体系不同。在同样的政治体系下,或在同样的政治制度里,政治领导可以实施不同类型的治理。无论在国际社会还是在国内社会,决定治理作用的是政治领导,而不是政治体系或政治制度。例如,全球军控制度的治理,在克林顿政府的领导下运行良好,但在小布什政府的领导之下严重失效。[40]

## 国际领导很少被国际制度约束住

泰洛认为,道义现实主义"低估了多边制度规则和程序的作用"[41]。贺凯也有类似的看法,认为道义现实主义对国际制度关注得太少。[42]他们的批评反映了由自由主义倡导的制度决定论在政治学中的主导地位。然而,在无政府体系里,国际领导不太受联合国等国际制度的约束,因为这些机构没有国家那种独立的物质实力。因此,这些机构的实质领导是建立在它们领导国的实力之上的。也就是说,国际制度没有独立的实力惩罚其领导国违反国际规范的行为。例如,联合国安理会从未对美国的错误行为施加过任何有约束力的惩罚。由于没有受惩罚的顾虑,掌有国际领导权的国家在其国家利益与国际机构的规则发生冲突时,很不尊重国际机构的规则。

王庆新认为,道义现实主义不应把领导作为决定国家兴衰的唯一因素,还应考虑政治反对势力、官僚阻力以及领导面临的严重物质制约等因素。[43]王庆新的论点是对的,即现代民主体系的政治制度对国家领导人的任性行为构成了某些约束力。但是,这种制度约束在多大程度上能起作用则取决于国家领导人是否尊重政治制度。同样,国内制度因领导不同而约束力不同,例如那些对奥巴马政府产生了极大影响的制度约束,对特朗普政府却变得软弱无力。与国内制度相比,国际制度对国际领导的约束力就更弱,因为它们没有与前者相同的政治权力。

国际体系是无序的,但不是民主的。国际领导的决策是基于其实力和利益,而非合法性。包括北约在内的国际机构没有独立的权力阻止自己的领导或敌人的领导做出某些决策。国际机构的领导国决定这些机构应做什么，机构只有执行它们决定的作用。也就是说，国际制度的作用仅限于其领导国的政策制定者所同意的范围之内。虽然国际制度对国际领导的约束力很小，但这并不意味领导国有绝对的决策自由。所有大国领导人在行使国际领导权的时候，也要依据特定的历史条件。因此，他们必须以国际和国内形势的变化为依据进行决策。

## 未来的国际领导研究

对国际领导的理论研究是无止境的。国际领导是如何形成的，这本身就是个有意思的议题。由于国际领导和国内领导是不同的，因此有许多值得研究的问题，例如，如何构建合格的国际领导？不同类型国际领导的转换是如何发生的？就现实国际政治而言，中美竞争中可能出现什么类型的全球领导也是一个特别引人注目的议题。

### 国际领导的形成

由于道义现实主义将国际领导视为自变量，尚未涉及领导的形成问题。为了加深我们对国际领导的了解，国际关系学者需要将其视为一个因变量，研究其形成、延续、衰落和消亡的过程。谈到领导的形成问题，会自动地使国际领导类型成为一个有意思的议题。贺凯建议做这样的研究，即"在国内和国际两个层次上，有哪些因素引发了不同领导类型的形成"[44]。我非常同意他的观点，由于决定国际领导和国内领导各自类型的因素可能不同，因此，最好将国际领导和国内领导分开来研究。

　　研究一个具体的领导类型是如何形成的，将增进我们对大国国内条件与国际领导类型之间关系的理解。普拉蒂亚斯和齐思源建议将个体层次变量（领导）与政治心理学和哲学相结合，从而建立一个以领导为中心的总体性理论，以解释霸权转移。[45] 齐思源还认为，意识形态在领导类型的形成中有重要作用，学者们忽略了一个事实，即中国千禧一代的世界观不仅受现代科学和中国传统文化的影响，也受民族主义的爱国教育影响。[46] 他们的建议对研究国际领导的类型很有意义，这使我想到了两个关键问题：在体系层面，是国际领导的类型决定了主流价值观，还是后者决定了前者？国际领导的类型是由什么决定的，领导人的个人价值观、国家价值观还是国际主流价值观？

　　建立国际领导常与战略信誉问题相关。从理论上讲，战略信誉问题值得从多个方面进行研究。战略信誉作为因变量，直接关系到国际领导的存续和影响，而战略信誉作为自变量，则关系到国际领导的建立。2021 年美国从阿富汗撤军，这使得美国的盟友对美国更加不信任，这个现象赋予战略信誉研究以现实意义。既然任何国际领导失去所有追随者的信任都无法存续，从追随者而不是领导者的角度研究战略信誉就更为合理。

## 未来十年的国际领导

在撰写本文时，美国仍然是世界上最强大的国家。因此，美国的领导对国际关系学者最具吸引力。尽管道义现实主义是中国学者提出的国际关系理论，但它对拜登的影响似乎大于对中国领导人的影响。拜登在就职典礼上承诺，将按照以身作则的原则，为世界提供一个道义现实主义的领导。[47]然而，战略信誉的基础是行动而非承诺。国际关系专家们正在讨论拜登的战略信誉是如何被其结束阿富汗战争的糟糕撤军计划损害的。[48]由于领导类型是由行为而非言语决定的，我们需要更多的实证研究来确认美国政府在未来十年内将为世界提供什么类型的领导。

关于美国的全球领导类型问题，泰洛认为，按每届政府划分美国的领导类型是不合适的，他认为："定义后霸权秩序背景下美国领导的特质时，我们则必须探讨趋同的观点。"[49]方圆圆持类似观点，不同意将特朗普和拜登归类为不同类型的国际领导，并认为他们的对华政策有很多相似之处。[50]我非常重视泰洛和方圆圆对美国不同领导人相似性的观察。他们的观点意味着应对既定国家领导的类型做进一步的实证研究。现实的国际领导差别比理论上的差别要复杂得多。美国不同领导人采取的政策，其相似性主要是在战略目标上，而非具体策略上。例如，特朗普和拜登的对华战略目标都是减缓中国的崛起，但前者采取的是单边主义策略，而后者采取的是多边主义策略。

中国已是全球两个最大的国家之一，但是对中国领导人的研究远远少于对美国领导人的研究，在未来十年里这种情况可能依旧。因此，研究特定领导人的政治思想可为理解中国领导的特色奠定基础。尽管中国学者就中国未来全球领导力了解的情况多于外国学者，但从事这方面研究的外国学者多于中国学者。

由于国际领导的类型通常与国际意识形态之争有关，因此国际关系学者从这方面入手研究即将到来的全球领导是合理的。在过去的一百年里，世界见证了国际领导类型的变化伴随着一次次意识形态浪潮的兴衰，如帝国主义、法西斯主义、共产主义、民族主义、自由主义和民粹主义。贺凯认为："在当前危机之后，自由主义有可能演变，民主也有可能重建。"[51]他的观点意味着美国有可能恢复其自由主义领导地位。然而，贺凯可能低估了当前自由主义的衰落趋势。尽管我欣赏贺凯关于自由主义有复兴可能的想法，但我仍认为，我们不应该忽视这样一个事实，即"自由主义"的含义正在从褒义向贬义转变，且往往与非主流性取向群体有关。[52]既然所有的可能性都值得我们关注，就更不能忽视民粹主义，因为它在包括中美在内的所有大国里都很盛行。一个更为现实的议题是，正在兴起的民粹主义在未来十年会如何影响新国际领导的形成。

## 总结

虽然有关领导的研究是传统的研究，但很少有研究者明确区分国际领导和国内领导。其主要原因是这两种领导往往由霸权国的同一领导人行使。事实上，国际体系的无序性使国际领导的特性与国内领导截然不同。国际领导是一种伙伴关系的互动过程，建立在领导国和追随国各自的实力和共同利益之上。国内领导则是上下级关系的互动过程，建立在政治合法性和体系整体利益之上。国际领导的特性决定了其道义是横向比较和非全体性的。同理，衡量国际领导的受欢迎程度、质量和有效性应分别依据追随国数量、追随国实力和实现群体目标的结果。

道义现实主用国际领导的类型解释国际秩序、国际规范和国际格局的变化，这样将个人、国家和体系三个层次的分析联系起来。其理论解释对于古代和现代的国际政治都适用，但仍有许多的改进空间。例如，该理论未讨论不同领导类型的形成问题，也未讨论战略信誉的建立和消失的问题。国际领导的分类需要细化，以便更加符合复杂的历史情况。作为一种普世的国际关系理论，道义现实主义要经受实证检验，特别是未来十年的全球领导类型将检验该理论的效力。此外，由于缺少对中国领导的研究，这可能增加道义现实主义理论被中国外交政策而非美国外交政策证伪的可能性。

为了深入理解国际领导这一事物，道义现实主义故意控制了其他对国际政治有影响的变量。建立国际领导的科学理论就必然要求理论严格，但理论严格的结果是无法像多变量分析那样对特定领导做全面解释。无论如何，建立国际关系理论，包括建立决策理论，都不能替代政策分析。

## 注释

1. 在讨论国家之间的互动时，道义现实主义选择了"interstate"（国家与国家之间）而不是"international"（国际），因为前者适用于古代和现代的事务或情况，而"国际"一词的正确使用仅适用于15世纪民族国家出现后的事件。道义现实主义以古代政治思想和历史为基础，提出一种普世理论，用以解释国家之间现代和古代的政治现象。
2. Richard L. Hughes, Robert C. Ginnett, Cordon J. Curphy, *Leadership: Enhancing the Lessons of Experience* 5th edition, New York: The McGraw-Hill Companies Inc, 2006, p. 6.
3. 同上，第21页。
4. 见本书第三章和第五章。
5. 见本书第七章。
6. 见本书第三章。
7. 见本书第三章。

8. 见本书第五章。
9. Joseph E. Stiglitz, "Trump's Rogue America," Project Syndicate, 2 June 2017, https://www.project-syndicate.org/commentary/trump-rogue-america-by-joseph-e-stiglitz-2017-06.
10. 见本书第四章、第七章和第八章。
11. Robert Kagan, "The Benevolent Empire," *Foreign Policy*, Summer 1998, https://carnegieendowment.org/1998/06/01/benevolent-empire-pub-275.
12. 杨倩如:《汉匈西域战略成败的原因——兼论大国的对外战略导向与战略信誉》,《国际政治科学》, 2016 年第 3 期, 第 78—80 页。
13. 见本书第六章。
14. Yan Xuetong, *Leadership and the Rise of Great Powers*, Princeton: Princeton University Press, 2019, p. 8.
15. 见本书第五章。
16. 见本书第六章。
17. 见本书第七章。
18. Yan Xuetong, *Leadership and the Rise of Great Powers*, p. 19.
19. 见本书第八章。
20. 见本书第六章。
21. "US Role in the World: Background and Issues for Congress," US Congress, 19 January 2021, pp. 2–4, https://sgp.fas.org/crs/row/R44891.pdf; Xinhua, "China urges NATO to abandon outdated Cold War mentality," *China Daily*, 26 January 2022, https://www.chinadailyasia.com/article/257588.
22. 见本书第八章。
23. 《世界知识年鉴 1991 / 92 年》, 北京: 世界知识出版社, 1992 年版, 第 799 页;《世界知识年鉴 2004 / 2005》, 北京: 世界知识出版社, 2005 年版, 第 1061 页。
24. Deborah Welch Larson, "Can China Change the Interstate System? The Role of Moral Leadership," *The Chinese Journal of International Politics* 13, no. 2 (2020): 175.
25. 新华社:《习近平在中共中央政治局第三十次集体学习时强调 加强和改进国

际传播工作 展示真实立体的中国》,《人民日报》, 2021 年 6 月 2 日, 第 1 版。

26. 见本书第四章。
27. "Read the Full Transcript of President Biden's Remarks on Afghanistan: Mr. Biden spoke from the White House on Monday afternoon after the collapse of the Afghan government to the Taliban," *The New York Times*, 16 August 2021, https://www.nytimes.com/2021/08/16/us/politics/biden-taliban-afghanistan-speech.html.
28. 见本书第五章。
29. 同上。
30. 同上。
31. 同上。
32. 见本书第八章。
33. Deborah Welch Larson, "Can China Change the Interstate System? The Role of Moral Leadership," *The Chinese Journal of International Politics* 13, no. 2 (2020): 176, 179–82.
34. 见本书第五章。
35. Yan Xuetong, "The Age of Uneasy Peace," *Foreign Affairs* 98, no. 1 (2019): 40–6; Yan Xuetong, "Bipolar Rivalry in the Early Digital Age," *The Chinese Journal of International Politics* 3, no. 3 (2020): 314–16, 340–1.
36. 见本书第四章。
37. 见本书第八章。
38. "GDP (current US$)," World Bank Group (Data), https://data.worldbank.org/indicator/NY.GDP.MKTP.CD?end=2023&name_desc=false&start=1960.
39. Theodore Roosevelt, *An Autobiography*, New York: Macmillan, 1913, p. 76.
40. Joseph Cirincione, "Strategic Collapse: The Failure of the Bush Nuclear Doctrine," Arms Control Association, November 2008, https://www.armscontrol.org/act/2008-11/features/strategic-collapse-failure-bush-nuclear-doctrine#authbio.
41. 见本书第八章。
42. 见本书第五章。
43. 见本书第四章。
44. 见本书第五章。

45. 见本书第七章。
46. Vasilis Trigkas, "On Global Power Differentials, Moral Realism, and the Rise of China: A Review Essay," *Journal of Contemporary China* 29, no. 126 (2020): 9.
47. "Inaugural Address by President Joseph R. Biden, Jr," 20 January 2021, The White House, https://bidenwhitehouse.archives.gov/briefing-room/speeches-remarks/2021/01/20/inaugural-address-by-president-joseph-r-biden-jr/.
48. Stephen M. Walt, "Afghanistan Hasn't Damaged US Credibility," Foreign Policy, 21 August, 2021, https://foreignpolicy.com/2021/08/21/afghanistan-hasnt-damaged-u-s-credibility/.
49. 见本书第八章。
50. 见本书第三章。
51. 见本书第五章。
52. David Brooks, "When Dictators Find God," *The New York Times*, 9 September 2021, https://www.nytimes.com/2021/09/09/opinion/autocracy-religion-liberalism.html.

# 附录 1
# 拉杰什·拉贾戈帕兰与阎学通笔谈

# 对阎学通 2019 年所著的
# 《大国领导力》一书的评论[1]

拉杰什·拉贾戈帕兰

现实主义正在其现今的母国美国慢慢消亡。它在欧洲或世界其他地区已久不盛行，而美国似乎也有此趋势。华尔兹曾预测均势必将重新恢复。深受他这种观念的影响，一些杰出的现实主义者（包括在世时的华尔兹本人）在过去 30 年的大部分时间里一直在寻找一种难以捉摸的对抗美国单极权力的方法。华尔兹建立了"防御性"现实主义，该理论的激进支持者们甚至认为，可以用再保障的方法克服现实主义的一个核心概

---

[1] 首次发表于 *India Quarterly: A Journal of International Affairs* 75, no. 3 (2019): 405–9。

念——安全困境。在美国的国际关系研究界，现实主义与自由主义越来越相似。这种趋势虽也有些可敬的例外，但人们很难不对现实主义理论的现状失去信心。

如果说现实主义在美国逐渐消亡，正如有些人注意到的那样，它似乎在中国正在蓬勃发展。阎学通的新书《大国领导力》就是一个很好的例子。这是可以理解的，因为中国崛起，阎学通关注的是崛起国如何赶上并取代已有的主导国。许多关于权力转移的文献，特别是现实主义理论，都理所当然地认为，随着时间的推移，不同国家的财富增长速度不同会导致新的大国崛起。由于现实主义理论多不关注国内事务，倾向于研究在不均衡增长情况下国家如何互动，因此他们从一开始就忽略了这个问题：为什么国家实力的增长是不均衡的？甚至现实主义中的最新分支——新古典现实主义也明显是从关注国内变量入手了解各国如何应对国际压力的，并没有研究这个问题。当然，国家实力的不均衡增长是一个更宏大的问题，很长时间以来，许多社会科学工作者为此做了大量的研究，包括韦伯的奠基性著作，不过我们尚无满意的答案。

阎学通给出的答案是：政治领导的质量。他提出了一整套复杂的观点，但看上去似乎的确如此。他认为："当崛起国的领导力比主导国和其同时代主要国家的领导力更强且更高效时，所有这些国家的国际权力将以崛起国胜过主导国的方式被重新划分。"[1] 这种领导力是以领导改革的能力为基础的。正如阎学通所说,"与很少进行或不进行改革的国家相比,一国领导不断进行及时的改革,该国的实力就会增长得较快"[2]。阎学通认为,国际领导本身是主导国或崛起国的一个功能而非仅仅是权力,领导力建立在战略信誉上,而反过来战略信誉又建立在领导的道义质量上:"崛起国的成功归因于该国有一个按普世道义准则制定外交政策的政治领导。"[3] 但是,单凭道义的力量是不足够的,物质实力也是必要的,如阎学通所说,"没有超强的实力,任何领导国都无法只凭道义行为来维护国际秩序"[4]。

国际领导是建立在国家实力和战略信誉基础之上的,而后者更为重要。这与绝大多数现实主义理论不同,它们更多地强调实力的作用而非其他变量。战略信誉使国家获得权威,阎学通认为权威比实力更重要。反过来,战略信誉又取决于国际领导的合法性及其政治能力。

好的信誉使崛起国能够提高国家的综合实力。这甚至可使资源性实力较弱的国家缩小与现存强国在综合实力方面的差距。这是因为具有较高战略信誉的国家可以吸引到更多的盟友和更广泛的国际支持。阎学通将盟友数量作为衡量国际战略信誉和政治声望的关键指标。[5] 这是一个不常见的指标:阎学通认为,克林顿通过扩展北约增强了美国的实力,而特朗普削弱同盟的作用正在使美国的实力下降。

当然,这在很大程度上是以中国崛起和中美竞争为背景的：由于决定战略信誉的不仅仅是物质实力，因此提高战略信誉为崛起国提供了一条较容易赶上主导国的路径。阎学通认为，美国的行为降低了其战略信誉，从而使中国能够缩小中美差距，因为中国的战略信誉更高，尽管中国在纯粹的物质实力方面还不能与美国匹敌。而且，由于领导国失去战略信誉，它建立的规范作用力也会下降。为什么美国不进行改革以便在竞争中取胜？阎学通给出了一个有意思且具创新性的答案：因为美国的衰落是相对的，而不是绝对的，所以美国的领导很难像中国那样被激发出改革的"热情"。阎学通预计中美竞争将使世界成为两极，不过他还预测这将不同于冷战时期美苏竞争的两极。他认为，中美竞争不会陷入冷战，这是因为两国之间没有意识形态的竞争，也因为全球化以及两国之间的经济和社会互动。世界中心从欧洲向东亚转移（显然，他不愿意使用印太的提法！），以及中美在该地区的竞争，也使这一竞争呈现两极化。这是印度分析人士和学者们尚未充分考虑的现实。

  故此，阎学通建立的理论就是他所说的"二元论理论，既强调政治领导在决策中的重要性，也强调国家实力的重要性"[6]。这与标准的现实主义理论不同，后者主要强调（相对）实力是决定国家行为和国际结果的关键变量。显然，现实主义者并非没有意识到领导的重要性。然而，领导是个难用的变量，阎学通的著作证明，涉足这片浑水是有些危险的。

  阎学通提出了四种类型的国际领导：王道型领导、霸权型领导、昏庸型领导和强权型领导。王道型领导始终是讲道义的。霸权型领导采取双重标准，为盟友提供援助，但对竞争对手冷酷无情。昏庸型领导欺软怕硬，是不可信赖的。特朗普执政的美国被视为此类领导的典型例子。强权型领导是粗暴的现实主义，始终如一，但不可信赖；这类领导建立在他国的恐惧而非信任之上。

阎学通的著作使人很感兴趣，它引出的主要问题是可否将领导视为变量，因为现实主义理论是讲相对实力的。毫无疑问，政治领导不仅重要，而且的确可能是决定国家命运甚至国际体系状况的关键因素。但是，如果国际关系学者此前没有将领导作为理论变量，其原因显而易见：政治领导难以用来作为理论变量。例如，现实主义者依据既定的权力分配来划分国际格局的极数特征。是否可以这样说，依据国家领导的特定类型，我们就能预期特定类型的行为，甚至特定类型的结果？这绝对是有可能的。不过与实力一样，这要求我们准确地定义领导类型，而不必参考国家行为或国际结果这些因变量。这个关键问题是领导不被普遍视为变量的原因之一，阎学通的新作也不能说解决了这个问题。

关键问题是，虽然事后很容易认识到这一变量的重要性，但到目前为止，很难找到一种可用的理论方法来定义领导，特别是因为有同义反复的问题：我们可能会依据领导取得的成果将其归为正面领导类型。这颠倒了因果关系，实际是同义反复。如果我们依据领导行为将其定义为"王道型领导",那么我们又怎么用这个类型来预测其行为呢?阎学通不仅未意识到同义反复的问题,实际上他明确地接受同义反复。例如,他认为"改革的能力是以改革的结果为评价标准的"[7]。如果改革的能力是以改革的结果为评价标准的,那么我们如何创建有用的政权类型来预测其行为呢?

阎学通对多种政权进行了分类(诚然,是以逸事的方式,而非深入案例研究的结果),但如果不知道特朗普总统任期的后果就无法做这些分类,例如,不知道特朗普执政及其对美国领导力的影响,就无法对其定类。此外,这种分类看上去依据的是个人判断,而非实证测量。因此,如果我们在判断当下中美领导类型上存在分歧,那么这种分歧就没有严肃的实证依据,无非是对这些政权性质的看法,或是如何按阎学通建议的领导类型对这些政权分类。全球民调似乎是唯一判断领导类型的实证依据,但这不能令人满意。此外,这种民调支持率因地区而异:在欧洲的支持率与在印太地区的支持率大不相同,这反映出对比美国和中国时人们的看法不同。印度、越南和日本等国对中国的支持率非常低,这反映出它们之间的传统竞争关系。这就是为何民调支持率对总体的领导排名意义不大。

对于现实主义者来说,存在一个困惑,即为何任何此类理论扩展和修正首先是在现实主义理论中显得必要。对一个现实主义者来讲,中国物质实力的增长和中美之间差距的缩小,就足以解释中国日益增长的影响力和美国在国际上面临的困难。尽管美国仍然领先，但今天美国和中国的差距远小于当初美苏之间的差距。尽管美苏之间的物质实力差距大于美中之间的差距，如果那时是两极体系，现在的中美竞争就肯定也是两极体系，或者肯定是朝着那个方向发展的。

除了这些大问题之外，还有些小问题。阎学通对国际体系中极的定义比较特别，也可能是倒退的做法。他在定义国际体系中极的数目时部分地考虑了联盟的作用，提出两极变为单极不仅是因为苏联解体，也因华约解体。曾有一段时期，极的数目确实是通过同盟结构来衡量的，但自从华尔兹在20世纪60年代初说明这种方法的弊端以来，国际体系中极的数目一直是依国家实力分布而非同盟分布衡量的。他还反复论证，特朗普的兴起加剧了自由主义在西方的衰落。这听起来更像是希望而非分析，自由主义的价值观从未像其支持者所希望的那样全面，但也没有像其对手所想象的那样脆弱。像自由主义衰落这样的重大观点，需要某种更加复杂的论证和更为有力的实证支持，而不能依据少数民调结果和几个记者的评论。

另外，阎学通还表示，中国传统价值观和自由主义的结合可能在未来几十年对其他国家也有吸引力。这当然就令人想到一个问题：如此截然相反的意识形态怎能有共同之处？

不过，阎学通有些关于获取权力的鲜明看法对美国现实主义者来说有借鉴意义。例如，关于武力，他说："不分青红皂白地拒绝使用武力是一种国家自杀政策，也是不讲道义的原则，与王道型领导的行为背道而驰。"[8] 这绝对是美国现实主义者应该学习的，这一原则比美国现实主义者最近热衷的"再保障"等理念更符合现实主义。他还提出，领导国和正在崛起的挑战者之间的竞争是不可避免的，这种竞争将是零和性的，[9] 这一理念也是美国现实主义者应该学习的，他们还在忙于用现实主义来寻找避免竞争的方法。

这从很多方面表明了中国国际关系学者的世界观。这种观点也许有代表性，也许没有代表性，但中国主要的国际关系学者对国际政治的运作有此种毫不掩饰的看法，这肯定告诉了我们有关中国可能的国际行为的信息。而且，或许也值得思考一下，现实主义的兴衰与该国的兴衰是不是并行的。若然，中国肯定正在崛起。

# 国际关系道义现实主义的认识论[①]

阎学通

《大国领导力》在出版后 6 个月内获得了 16 篇书评。其中，

---

[①] 首次发表于 *India Quarterly: A Journal of International Affairs* 76, no. 2 (2020): 338–42。

拉杰什·拉贾戈帕兰教授的书评在学术层面和理论层面最引人入胜。我非常欣赏他认真的理论批评，这些批评鼓励我重新思考我的理论。他的评论激发我与他做一次笔谈，讨论一下道义现实主义国际关系理论的认识论问题。

## 政治领导特性的界定

拉贾戈帕兰教授认为，根据其行为界定政治领导的特性是同义反复，因为我们界定领导特性是为了预测其行为。[10]当自变量和因变量被用来相互定义时，同义反复确实变得不可避免。然而，如果我们按时间顺序将自变量和因变量区分开来，就可以避免同义反复。也就是说，用于界定领导特性的行为是发生在做界定之前的，而预测的领导行为是发生在界定领导特征之后的。在道义现实主义理论中，行为是指战略偏好。根据领导已往的行为或战略偏好，我们对其进行了类型特征的界定。根据这种领导类型分类，我们就可以预测相应类型的领导的未来行为或战略偏好。

国际关系研究是一门与心理学非常相似的实证科学。受过训练的临床心理医生根据患者以往的行为，并结合《精神障碍诊断与统计手册》对其精神疾病进行诊断，该手册有一套标准化的特征。然后，医生便预测患者对自己和他人可能做出什么样的伤害行为。同样，国际关系学者用标准化的特征，根据领导以往的政策"诊断"领导的类型，然后用"诊断结果"来预测今后领导的战略偏好。

例如，在特朗普入主白宫后不久，许多美国国际关系学者根据特朗普2017年上半年的政策，预测"不确定性"将是特朗普外交政策的主要特征，[11]又根据对特朗普政府这种不确定性的特征界定，进一步推断出美国的盟友将不愿意支持美国2017年以后的倡议。由于特朗普战略偏好的不确定性，印度政府也减少了对特朗普2017年发起的印太战略的支持。正如2018年香格里拉对话会上体现的那样，印度总理莫迪表示："印度不认为印太地区是一个有限成员的战略区域或俱乐部。"[12]最近，约瑟夫·奈说："特朗普对美国外交政策的长期影响是不确定的。"[13]这些现象印证了人们对特朗普政策不确定性的早期判断。

拉贾戈帕兰教授进一步指出，以实施改革的结果为基础对改革能力进行评估，是不可能"创建有用的政权类型来预测其行为"的。[14]其实，道义现实主义理论将领导类型和改革能力作为两个不同的概念。领导类型是由做事的方法来定义的，而改革能力是由结果来定义的。道义现实主义理论将改革能力进行量化，来衡量领导水平，衡量的要素有两个：改革方向和改革力度。[15]那些曾经成功地实施过改革的领导将被视为改革能力强，因此我们可以预测此类领导在未来还很可能成功地实施改革。例如，由于莫迪在古吉拉特邦的改革获得成功，2014

年大选时，印度民众认为他比辛格的改革能力更强。

拉贾戈帕兰教授断言，全球民调不能作为判断某一领导是否让人满意的实证基础，因为支持率因地区而异。[16] 不同地区的人们确实可能对某一领导有多种不同的看法，但这恰好说明全球民调是对领导的实证判断。任何领导的特性只能由他人来评价，而不能由自己来评价。全球性领导是否道义要看所有国家评估的集合结果，而不能仅凭其盟友或敌人的判断。与地区民调相比，全球民意调查的覆盖范围越广，对全球性领导受欢迎程度的判断就越具有代表性。既然目的是评估全球性领导，那么区域差异就不会降低全球民调的可靠性。

如果国际关系的道义现实主义采用的是价值导向的道义，拉贾戈帕兰教授对全球民意调查的实证可靠性的批评是合理的。然而，国际关系的道义现实主义选取的是工具性道义。于是，行为的受欢迎程度决定了该行为的道义性，无论其受欢迎的原因是政治价值观还是世俗利益。至于应采取价值导向的道义还是工具性道义的哲学分歧，不在我的理论的讨论范畴。

## 国际格局的判断

拉贾戈帕兰教授认为，中美物质实力差距的缩小就能充分解释中国国际影响力的日益增长和美国世界领导地位的日益衰落。因此，他认为没有必要在现实主义理论中加上政治领导力这个变量。[17]均势的变化确实被现实主义理论家用来解释大国战略，但它不能充分解释均势或国际格局的变化是如何发生的。例如，中美日益缩小的物质实力差距也许可以解释中国影响力的上升和美国影响力的下降，但无法解释为什么双方实力差距会缩小而非扩大。

  在道义现实主义理论之前，现实主义理论没有一个自变量既可以解释霸权的衰落，又可以解释崛起国的成功。道义现实主义对现实主义理论最主要的贡献是，将领导国各自的领导力视为一个自变量，并将国际格局或均势的变化归因于各种领导的不同水平的改革能力。这样做有助于我们理解为何某一崛起国能够实现目标，而其他大国不能，以及为何与此同时霸权国衰落。

  除了能解释国际格局是如何变化的，将政治领导视为自变量还可以解释国际规范的类型是如何变化的：当新的全球领导与以前的类型不同时，国际规范的类型将改变。有一个例子可以说明这一点，基于美国领导的联合国成立后，二战后的国际规范发生了改变。二战后美国提供的国际领导类型不同于一战后欧洲大国提供的传统领导类型。

  通过将领导视为一个自变量，道义现实主义也突破了僵化的认识论信念，即任何一个国际关系理论都只能在个人、国家和体系这三个分析层次中的一个层次上发挥作用。领导是由决策者们组成的，主要是最高领导者及其他内阁成员。他们代表各自国家的政府。由于领导国在国际体系中拥有重要地位，所以领导国的国家领导们就成为国际领导的构成要素。于是，这些人的政策严重影响着国际格局、国际规范、国际秩序，甚至整个国际体系的塑造。

有关如何判断国际格局的问题，拉贾戈帕兰教授认为用同盟定义世界为几极是种倒退，并说华尔兹早就在其著作中对此进行过批评了。[18]华尔兹对极的理解深受美苏两极冷战的影响。这两个超级大国拥有全球约90%的核武器和80%的航空母舰。在那种情况下，世界上其他国家不可能通过结盟组成一个同级别的极。然而，华尔兹忽略了一个事实，即虽然同盟本身不能成为一极，但同盟具有强化一个极和协助建立一个极的功能。例如，目前，许多人都不同意冷战后的单极世界正在向中美两极世界转变的判断。然而，如果美国退出北约，与此同时中国与俄罗斯、印度、日本结成反美联盟，这些人就很有可能同意单极世界转向两极的判断了。

## 自由主义影响力下降

拉贾戈帕兰教授不同意自由主义正在衰落的看法，因为他觉得我没有提供实证的根据。[19]自由主义衰落是指其全球影响力不如其在冷战后从1992—2015年那么大，而不是和目前其他的意识形态相比。自由主义仍是世界上最具影响力的意识形态，但它已经不能像以前那样在战略问题上有效地团结西方国家了。所有西方国家在1989年曾联手遏制中国，而如今它们不再像当年那样在意识形态上团结一致。例如，包括印度、德国、法国和英国在内的大多数民主国家拒绝了美国遏制中国电信巨头华为的5G技术的要求。最近，日本对支持美国遏制华为也犹豫不决，澳大利亚的西澳大利亚州政府无视中央政府的决定，宣布与华为合作。

对于中国传统价值观与自由主义相结合有可能创造出新意识形态的看法，拉贾戈帕兰教授明显表示怀疑。因此，他不认为混合的意识形态在未来有可能在全球流行。[20]在中国和美国的执政者是我们这一代人的情况下，我同意他的观点，即这种情况不会发生。[21]然而，中美的千禧一代和Z世代是在后喻文化时代成长起来的。他们的意识形态基础是他们从互联网上获得的知识，而不是父母或祖父母的教育。来自互联网的相同知识使他们的意识形态更相似，而非更不同。中美年轻人之间的世界观差异远小于他们的父母之间的差异，甚至也小于他们和自己父母的差别。二三十年后，当他们成为中国和美国的领导人时，他们将用自己的世界观塑造世界。

冷战结束时，福山认为自由主义将永远主宰世界。然而，过去十年的历史证明他的观点是错的。与福山有关意识形态影响的认识论观点相反，道义现实主义理论认为，任何意识形态都不可能永远主宰世界，因为后代的意识形态必然不同于上一代。数字技术的进步将增强后喻文化，因此，和以往相比，意识形态上的代沟能在更短的时间里形成并扩散。虽然我们不能保证中国传统价值观和美国自由主义价值观在未来必然结合起来，但很有可能到 21 世纪中叶时，中美未来的领导人会为世界提供一种新的意识形态。

虽然中印两国学者有许多学术交流，但关于国际关系理论的讨论还很少。为了丰富现代国际关系理论，中印国际关系学者应为将我们传统的认识论或哲学引入国际关系理论做些贡献。我希望我与拉贾戈帕兰教授的笔谈能够吸引更多的中印学者加入我们的理论讨论。

# 回复阎学通[①]

拉贾戈帕兰

我非常感谢阎学通教授回应我的评论，也很高兴参与这个对话。现实主义仍然是国际政治的核心理论，至少所有其他理论都得先从它们在哪些方面不同意现实主义的角度定位自己。不过，现实主义在国际政治理论研究中的中心地位也是相对于

---

① 首次发表于 *India Quarterly: A Journal of International Affairs* 76, no. 2 (2020): 343–4。

其他理论而言的，其自身缺陷也很多且明显。然而，我相信这是我们必须研究的最有用的理论，也为发展更好的理论提供了沃土。此外，现在美国以外的国际关系学者们非常重视现实主义，因为现实主义的根源遍布全球，尤其是荀子和考底利耶遗产的继承者们没有放任现实主义的领域由他人耕耘。这使我们有充分的理由欢迎阎学通为改进和拓展现实主义理论所做的努力，并支持他关于印度学者和中国学者应该进行更多的理论探讨的呼吁。

还有一个更根本的学术原因，促使我们思考为什么现实主义需要有一些新思想，超越美国狭隘的关注点，不幸的是美国这种狭隘的关注点已经成为现实主义的研究焦点。这种狭隘主义使现实主义只关注大国政治，严重限制了现实主义的潜力，未能帮助我们理解和解释其他地区的国际政治，而那些地区才是大部分国际政治真正的发生地。

举一个小例子，因为现实主义如此沉迷于大国政治，且大国实力有可比性，以致现实主义完全忽略了实力不对等国家间的政治，忽视研究此类国际政治的动力和结果。史学家保罗·施罗德做过研究，发现弱者可以采取多种战略，并不限于均势和从众两种战略。

和阎学通及其他学者一样，我也相信国家的行政创新能力有助于增强其实力，施政能力是一个非常关键但经常被忽视的变量。考夫曼、利特尔和沃尔福思及其他合作者都认为这个变量至关重要；[22] 阎学通对这个变量进行了深入研究，论证了这一变量的关键性，确认施政能力是指领导者个人推动行政变革的能力。我当然很赞同，如果说我仍然有所怀疑的话，针对的不是这个变量的普遍化的问题，而是其操作化的问题。

通过研究以往偏好和行为来预测未来选择，用这个想法来解决同义反复问题很有意思，但我仍认为有些困难。虽然选民甚至分析人士可能会依赖这些结论，但他们还是经常出错。仅举一个例子，自冷战结束以来，美国总统们反复承诺美国会减少参与全球事务，甚至撤军。但没有一个能做到；除了特朗普，甚至很少有人努力尝试一下。观察奥巴马或特朗普过去的观点会有帮助吗？还有一些其他问题：我们能相信领导人说的话吗，尤其是他们关于行为动机的说辞？怎样应对他们工具性的行为，甚至虚伪托词呢？

关于极，真正的问题是：为什么要引入联盟来使问题复杂化，而不是坚持使用较简单的国家相对实力公式？将阎学通提出的问题反过来问，如果中国的实力没有像现在这样惊人地增长，更重要的是，如果这样的增长未能使中国如此迅速地缩小与美国的差距，或在以往 70 年里与美国缩小的实力差距不比其他国家多，那么我们还会考虑两极问题吗？我同意他的观点，即世界有较大可能走向两极，而不是印度政府幻想的多极。此外，如果我们必须考虑正式同盟之外的同盟，那么将同盟纳入衡量极的数量就变得特别有问题，阎学通似乎有这个想法，他谈到了中国、俄罗斯、印度和日本结成同盟，而这些国家不太可能结成正式同盟。

理论化程度也许是个仍待解决的重要问题。华尔兹曾对政策分析和理论建设进行过区分，他认为对外政策可以分析，但理论也许分析不了。[23] 他只是反对将他的结构新现实主义理论用于解释对外政策，这一点本身是合理的。对外政策行为有可能进行归纳吗？华尔兹将这一问题搁置了起来，他是明智的，30 年来，他努力改进现实主义理论，试图使其对政策行为做出确定的预测，尽管有许多令人感兴趣的见解，但预测并不成功，这意味着我们应该谨慎一点。虽然阎学通在将理论研究理论化方面做出了果敢的努力，我也并不低估领导的重要性，但我认为定义和概括这一变量仍面临着相当大的挑战。

## 注释

1. Yan Xuetong, *Leadership and the Rise of Great Powers*, Princeton: Princeton University. Press, 2019, p. 2.
2. 同上，第 192 页。
3. 同上，第 24 页。
4. 同上，第 75 页。
5. 同上，第 41 页。
6. 同上，第 61 页。
7. 同上，第 192 页。
8. 同上，第 66 页。
9. 同上，第 72 页。
10. Rajesh Rajagopalan, "Book Reviews," *India Quarterly* 75, no. 3. (2019): 407.

11. Conor Finnegan and Elizabeth Mclaughlin, "ANALYSIS: How Trump's foreign policy has affected global relations since assuming office," ABC News, 20 July 2017, https://abcnews.go.com/International/analysis-trumps-foreign-policy-impacted-global-relations-assuming/story?id=48734071.
12. "Prime Minister's Keynote Address at Shangri-La Dialogue," Ministry of Foreign Affairs of Indian Government, 1 June 2018, https://www.mea.gov.in/Speeches-Statements.htm?dtl/29943/Prime+Ministers+Keynote+Address+at+Shangri+La+Dialogue+June+01+2018.
13. Joseph S. Nye Jr, "Trump's Effect on US Foreign Policy," Project Syndicate, 4 September 2019, http://www.project-syndicate.org/commentary/trump-long-term-effect-on-american-foreign-policy-by-joseph-s-nye-2019-09.
14. Rajesh Rajagopalan, "Book Reviews": 407.
15. Yan Xuetong, *Leadership and the Rise of Great Powers*, Princeton: Princeton University Press, 2019, p. 13.
16. Rajesh Rajagopalan, "Book Reviews": 408.
17. 同上。
18. 同上。
19. 同上。
20. 同上。
21. Yan Xuetong, *Leadership and the Rise of Great Powers*, pp. 143, 153.
22. S. J. Kaufman, R. Little, and W. C. Wohlforth, *The Balance of Power in World History*, London: Palgrave Macmillan, 2007.
23. K.N. Waltz, "International Politics Is not Foreign Policy," *Security Studies* 6, no. 1. (1996): 56.

# 附录 2
## "中国学派"称谓不当

阎学通

越来越多的中外国际关系学者认为，在过去的10年里已形成了一个国际关系理论的"中国学派"。[1]这一观点之所以流行，部分原因是安明傅努力推进"全球国际关系理论"这一概念。尽管他用"中国国际关系理论"取代了"中国学派"一词，但大多数国际关系学者通常认为它们是一回事，忽略了两者的细微语义差别。安明傅认为："中国国际关系理论极大地丰富了整个国际关系理论和学科，尤其是在探索全球国际关系理论方面。"[2]他的观点强化了有一个"中国学派"的信念。然而，"中国学派"是个不当的称谓，因为中国学者建立的各种国际关系理论在本体论、认识论和假设方面都是不同的，甚至是对立的。

# 一个源于命名不当的称谓

　　据我所知,"中国学派"这一称谓的流行所反映的是对政治学中没有"中国学派"的焦虑,而不是因为建成了这一学派的自豪感。1987年在上海举行的一次学术会议开启了推动国内国际关系理论建设的工作。在20世纪90年代形成了要建立具有中国特色的国际关系理论的构想。[3]在世纪之交,一些年轻的中国国际关系学者创造了"中国学派"一词。[4]过了20多年,中国国际关系学者在构建"中国学派"的问题上仍未达成一致。2021年,徐坚说:"由于各种历史原因,我们还没有建成一个具有中国特色的国际关系理论体系。"[5]

　　要了解中国国际关系学者对"中国学派"的渴望,有必要讨论一下"英国学派"一词的术语影响。"英国学派"由欧洲学者构建的国际关系理论组成,这些理论共享制度主义的研究方法。然而,这一学派的名称并不是依据理论研究方法命名的,而是与这个国家联系到了一起,有时也被称为"英国制度主义者"。不幸的是,他们的中国同行模仿了这种命名方法。正如"英国学派"的创始人之一巴里·布赞在2007年指出的那样,"英国学派"这个名字错误地把这一理论的研究方法与英国联系到一起:以为这个学派是在英国建立的,或者是为英国的利益服务的。[6]此外,是欧洲学者而不是英国学者建设的这个学派,与美国学者所创建的理论相比,这派理论更具历史性和政治性。[7]在13年后，布赞明确表示他不支持"以国家命名国际关系理论的学派"，并指出"以国家命名国际关系理论的学派存在让历史包袱（如历史问题和殖民仇恨）搅浑水的危险"。[8]尽管布赞在中国国际关系学者中备受推崇，但很少有中国学者像他一样反对以国家命名国际关系理论。

由于"中国学派"是以命名不当的"英国学派"为参照所搞出的词语对应，因此"中国学派"与其他国际关系学派之间没有任何理论意义上的类别区分。在过去的20年里，有许多学术文章讨论国际关系理论的"中国学派"，但它们没有任何共同的理论特征。中国学者建立的国际关系理论之间的分歧大于与西方理论的分歧。例如，我的理论——道义现实主义——是现实主义理论的一支，与其他现实主义学派有着相同的理论假定和认识逻辑，例如摩根索的古典现实主义。相比之下，道义现实主义与秦亚青的关系主义理论的差别远大于与摩根索理论的差别，关系主义理论属于建构主义框架。

秦亚青是一位非常正直、严肃的国际关系学者，他的关系主义理论对中国国际关系学者的影响远大于道义现实主义。他可能意识到"中国学派"这个称谓不恰当，在2020年发表的文章中，他接受安明博的意见，用"中国国际关系理论"取代了"中国学派"。[9]然而，替换"中国学派"的新名称并不能解决中国学者创立的各种国际关系理论缺乏共同理论基础的问题。

## 差别超越同一学派

许多学者提出，中国传统文化是建立"中国学派"的坚实基础。然而，从历史上看，学术流派的形成基于共同的理论设计，而非共同的文化背景。

历史上从没有任何政治思想或理论被认定为"中国学派"。考古研究表明，"中国"一词最早出现在西周（公元前1046—前771年）早期的青铜礼器何尊铭文里。[10] 从那时起，中国学者形成了许多世界公认的哲学流派，尤其是儒家、道家、墨家和法家，它们经受了时间的考验。他们的哲学框架在很大程度上影响了现代的政治理论。无论是个人还是集体，都从来没有被称为"中国学派"。为什么？当然不是因为缺乏知名度或影响力，而是由于他们之间存在着巨大的理论分歧，使得"中国学派"这个名称无法用于他们。

中国政治思想，从古至今，丰富多样，都富有中国特色，但从来没有被归为一个学派。在现代中国，许多有影响的政治思想都是外国意识形态与中国传统哲学的结合，如民族主义、共产主义、资本主义、社会主义、新权威主义和自由主义等。这些组合非常复杂。不仅这些从外国借鉴来的理论灵感不同,那些用来与外国思想合成的中国哲学框架也是不同的。因此,中国现代政治思想的不同流派对社会变革有着不同的假定、解释、原则和建议。由于彼此之间的巨大差异,他们永远无法属于同一学派。例如,孙中山的三民主义、毛泽东思想和邓小平理论是三种最有影响的政治思想。尽管创建者们有着共同的中国传统,但这些政治思想从未被认为是统一的"中国学派"的一部分。与此同时,他们中的任何人都代表不了中国思想的多样性。

更大的理想主义梦想是建立一个统一所有学科的"中国学派"。《中国新闻周刊》报道称,某些中国学者认为,采用哲学、历史学、经济学、政治学、法学、社会学和民族学等多学科范式,有可能在每个学科都建立起"中国学派"。[11] 显然,这种异想天开的观念来自泛学科的马克思主义启发,这种想法与学术命名的分类法相矛盾。学派是某一门学科的子集,就像"苹果"是"水果"的子集一样。除非某一学派的现有范式在其他学科中有特别的意义,该学派的名称才能被其他学科接受。例如,政治学有现实主义学派,美术也有现实主义流派。然而,物理学就没有"现实主义学派",因为现实主义范式对自然科学没有意义——从定义的角度上讲,非现实主义的科学就不是科学。目前还没有构建"中国学派"的中国范式,就更谈不上评估这种范式的普世性是否足够用于所有学科了。

# 总结

中国崛起是 21 世纪最重要的国际问题,它为中国学者构建国际关系理论提供了很大的机遇。然而,机遇并不会自动产生理论。构建理论需要科学知识和创新精神。自称的"国家理论"没有影响力,除非能经受住本学科学者们的检验并得到他们的承认。此外,"中国学派"一词对创建普世性国际关系理论是一种约束,因为它将人们的思想限制于只解释中国的经验。

尽管我与那些提倡"中国学派"的中国国际关系学者的观点相反,但我必须说,他们是严肃的学者,在学术上我很尊重他们。在过去的 20 多年里,他们的理想激励了一些中国学者构建国际关系理论,这些理论表达了中国学者的观点。[12] 然而,与 20 年的辛勤工作相比,取得的成果太有限了。正如安明傅所说,中国的国际关系理论需要"提供更令人信服的证据,证明他们提出的概念和解释可以适用于其他社会和更广泛的国际关系"[13]。我建议中国国际关系同人将研究重点从如何构建"中国学派"转向构建普世性的国际关系理论。

### 注释

1. Amitav Acharya, "From Heaven to Earth: 'Cultural Idealism' and 'Moral Realism' as Chinese Contributions to Global International Relations," *Chinese Journal of International Politics* 12, no. 4. (2019): 468–79; Peter J. Katzenstein, "The Second Coming? Reflections on a Global Theory of International Relations," in Yaqing

Qin (ed), *Globalizing IR Theory Critical Engagement*, London: Routledge, 2020, pp. 27–38; Yaqing Qin, "A Multiverse of Knowledge: Cultures and IR Theories," in Yaqing Qin (ed), *Globalizing IR Theory Critical Engagement*, London: Routledge, 2020, pp. 145–51; Yih-Jye Hwang, "Reappraising the Chinese School of International Relations: A Postcolonial Perspective," *Review of International Studies*, published online by Cambridge University Press, 12 April 2021, https://www.cambridge.org/core/journals/review-of-international-studies/article/reappraising-the-chinese-school-of-international-relations-a-postcolonial-perspective/8035C0A9D7A73A130CB 902145A19E487.

2. Amitav Acharya, "From Heaven to Earth: 'Cultural Idealism' and 'Moral Realism' as Chinese Contributions to Global International Relations": 482.
3. 郭树勇:《国际关系:呼唤中国理论》,天津:天津人民出版社,2005 年版,第 1 页。
4. 任晓:《中国国际关系学史》,北京:商务印书馆,2022 年版,第 372 页。
5. 徐坚:《以人类命运理念为引领加强中国特色国际关系理论建设》,《国际展望》,2021 年第 5 期,第 3 页。
6. 巴里·布赞:《英国学派及其当下发展》,李晨译,《国际政治研究》,2007 年第 2 期,第 101 页。
7. 同上。
8. Barry Buzan, "How and How not to Develop IR Theories: Lessons from Core and Periphery," in Yaqing Qin (ed), *Globalizing IR Theory Critical Engagement*, p. 60.
9. Yaqing Qin, "A Multiverse of Knowledge Cultures and IR Theories," pp. 139–55.
10. 姜辰蓉、刘潇:《何尊:刻于"心中"的"中国"》,《新华每日电讯》,2021 年 7 月 6 日,第 8 版。
11. 蔡如鹏:《吹响中国学派的总号角》,《中国新闻周刊》,2017 年第 46 期,第 16 页。
12. 任晓:《"中国学派"问题的再思与再认》,《国际观察》,2020 年第 2 期,第 46 页。
13. Amitav Acharya, "From Heaven to Earth: 'Cultural Idealism' and 'Moral Realism' as Chinese Contributions to Global International Relations": 469.

# 参考文献

Aaronson, Mike, "Interventionism in US Foreign Policy from Bush to Obama," in Michelle Bentley and Jack Holland (eds), *Obama's Foreign Policy: Ending the War on Terror*, Abingdon: Routledge, 2014.

Acemoglu, Daron, Suresh, Naidu, Pascual, Restrepo, and Robinson, James A., "Democracy Does Cause Growth," *Journal of Political Economy* 127, no. 1 (2019): 47–100.

Acharya, Amitav, "Global International Relations (IR) and Regional Worlds: A New Agenda for International Studies," *International Studies Quarterly* 58, no. 4 (2014): 647–59.

Acharya, Amitav, *The End of American World Order*, Cambridge: Polity Press, 2018.

Acharya, Amitav, "From Heaven to Earth: 'Cultural Idealism' and 'Moral Realism' as Chinese Contributions to Global International Relations," *The Chinese Journal of International Politics* 12, no. 4 (2019): 467–94.

Allison, Graham, *Essence of Decision: Explaining the Cuban Missile Crisis*, Boston: Little, Brown, 1971.

Allison, Graham, *Destined for War: Can America and China Escape Thucydides's Trap?*, New York: Houghton Mifflin Harcourt, 2017.

Althusser, Louis and Balibar, Etienne, *Reading Capital*, London: New Left Books, 1970.

Ames, Roger T. and Rosemont, Henry Jr (trans), *The Analects of Confucius: A Philosop-*

*hical Translation*, New York: Ballantine, 1998.

Ames, Roger T., *Confucian Role Ethics: A Vocabulary*, Honolulu: University of Hawai'i Press, 2011.

Annas, Julia, "Virtue Ethics," in David Copp (ed), *The Oxford Handbook of Ethical Theory*, Oxford: Oxford University Press, 2007.

Ashley, Richard K., "Poverty of Neorealism," *International Organization* 38, no. 2 (1984): 225–86.

Audi, Robert (ed), *The Cambridge Dictionary of Philosophy*, 3rd edition, Cambridge: Cambridge University Press, 2015.

Auslin, Michael, "'Leadership and the Rise of Great Powers' Review: No More 'Sage Kings'," *The Wall Street Journal*, 11 August 2019.

Babones, Salvatore, "Taking China Seriously: Relationality, Tianxia, and the 'Chinese School' of International Relations," *Oxford Research Encyclopedias*, 26 September 2017.

Badie, Bertrand, *Un Monde sans Souveraineté* (A World without Sovereignties), Paris: Fayard, 1999.

Bahi, Riham, "The Geopolitics of COVID-19: US-China Rivalry and the Imminent Kindleberger Trap," *Review of Economics and Political Science* 6, no. 1 (2021): 76–94.

Barber, James David, "The Promise of Political Psychology," *Political Psychology* 11, no. 1 (1990): 183.

Baumol, William J., "Productivity Growth, Convergence, and Welfare: What the Long-Run Data Show," *The American Economic Review* 76, no. 5 (1986): 1072–85.

Beckley, Michael, "The Power of Nations: Measuring What Matters," *International Security* 42, no. 2 (2018): 7–44.

Beckley, Michael, *Unrivaled: Why America Will Remain the World's Sole Superpower*, Ithaca: Cornell University Press, 2018.

Bell, Daniel A., *China's New Confucianism: Politics and Everyday Life in a Changing Society*, Princeton: Princeton University Press, 2008.

Bell, Daniel A., *Introduction in Ancient Chinese Thought, Modern Chinese Power*,

Princeton: Princeton University Press, 2011.

Benetton, Philippe, Brague, Remi, and Delsol, Chantal, *La Déclaration de Paris: Une Europe en laquelle nous pouvions croire* (Paris Declaration: A Europe We Can Believe, A Manifesto), Paris: Cerf, 2018.

Bhaskar, Roy, *The Possibility of Naturalism: A Philosophical Critique of the Contemporary Human Sciences*, 2nd edition, Brighton: Harvester, 1979.

Biden, Joseph R., "We've Got a Big Agenda Ahead of Us...The Quad Is Going to Be a Vital Arena for Cooperation in the Indo-Pacific," 2021, https://www.whitehouse.gov/briefing-room/speeches-remarks/2021/03/12/remarks-by-president-biden-prime-minister-modi-of-india-prime-minister-morrison-of-australia-and-prime-minister-suga-of-japan-in-virtual-meeting-of-the-quad/.

Biden, Joseph R., 2021, https://www.whitehouse.gov/briefing-room/speeches-remarks/2021/01/20/inaugural-address-by-president-joseph-r-biden-jr/.

Bobbio, Norberto, "Etat et Démocratie Internationale" (State and International Democracy), in Mario Telò (ed), *Démocratie et Relations Internationales*, (Democracy and International Relations), Bruxelles: Complexe, 1999.

Bourdieu, Pierre, "Pour un mouvement social européen" (For a European Social Movement), *Le Monde Diplomatique*, 1999.

Brady, Anne-Marie, "State Confucianism, Chineseness, and Tradition in CCP Propaganda," in Anne-Marie Brady (ed), *China's Thought Management*, Oxford: Routledge, 2012.

Braun, Benjamin, Schindler, Sebastian, and Wille, Tobias, "Rethinking Agency in International Relations: Performativity, Performances and Actor-Networks," *Journal of International Relations and Development* 22 (2019): 787–807.

Brink, David O., "Some Forms and Limits of Consequentialism," in David Copp (ed), *The Oxford Handbook of Ethical Theory*, Oxford: Oxford University Press, 2007.

Brock, Gillian, *Global Justice: A Cosmopolitan Account*, Oxford: Oxford University Press, 2009.

Brooks, David, "When Dictators Find God," *The New York Times*, 9 September 2021, https://www.nytimes.com/2021/09/09/opinion/autocracy-religion-liberalism.html.

Brostrom, Jannika, "Morality and the National Interest: Towards a 'Moral Realist' Reaserch Agenda," *Cambridge Review of International Affairs* 29, no. 4 (2015): 1624–39.

Bucher, Bernd, "Moving beyond the Substantialist Foundations of the Agent-Structures Dichotomy: Figuration Thinking in International Relations," *Journal of International Relations and Development* 20, no. 2 (2017): 408–33.

Bueger, Christian and Bethke, Felix S., "Actor-Networking the 'Failed State': An Enquiry into the Life of Concepts," *Journal of International Relations and Development* 17, no. 1 (2014): 30–60.

Bull, Hedley, *The Anarchical Society: A Study of Order in World Politics*, New York: Columbia University Press, 1977.

Burhnam, James, *The Machiavellians: Defenders of Freedom*, New York: The John Day Company, 1943.

Burn, Will, "The Demolition of US Diplomacy," *Foreign Affairs*, 14 October 2019, https://www.foreignaffairs.com/articles/2019-10-14/demolition-us-diplomacy.

Buzan, Barry, "The Level of Analysis Problem in International Relations Reconsidered," in Ken Booth and Steve Smith (eds), *International Relations Theory Today*, Cambridge: Polity, 1995.

Buzan, Barry, *From International to World Society? English School Theory and the Social Structure of Globalisation*, Cambridge: Cambridge University Press, 2004.

Buzan, Barry, "How and How not to Develop IR Theories: Lessons from Core and Periphery," in Yaqing Qin (ed), *Globalizing IR Theory Critical Engagement*, London: Routledge, 2020.

Carlsnaes, Walter, "The Agent–Structure Problem in Foreign Policy Analysis," *International Studies Quarterly* 36, no. 3 (1992): 245–70.

Carr, Edward Hallett, *The Twenty Years' Crisis: 1919–1939: An Introduction to the Study of International Relations*, London: Macmillan, 1940.

Carr, Edward Hallett, *The Twenty Years' Crisis, 1919–1939*, New York: Harper & Row, 1964.

Caverley, Jonathan D. and Dombrowski, Peter, "Too Important to the Left to the

Admirals: The Need to Study Maritime Great-Power Competition," *Security Studies* 29, no. 4 (2020): 580.

Cederman, Lars-Erik and Daase, Christopher, "Endogenizing Corporate Identities: The Next Step in Constructivist IR Theory," *European Journal of International Relations* 9, no. 1 (2003): 6.

Chan, Joseph. *Confucian Perfectionism: A Political Philosophy for Modern Times*, Princeton: Princeton University Press, 2013.

Checkel, Jeffrey T., "The Constructivist Turn in International Relations Theory," *World Politics* 50, no. 2 (1998): 325–7.

Cheng, Evelyn, "Fallout from US-China Trade Conflict Could be (Even Worse) than WWI, Kissinger Says," 22 November 2019, CNBC.com.

*China's National Defense in the New Era*, Beijing: Foreign Languages Press, 2019, https://www.xinhuanet.com/english/2019-07/24/c_138253389.htm.

Christensen, Thomas J., *Useful Adversaries: Grand Strategy, Domestic Mobilization, and Sino-American Conflict, 1947–1958*, Princeton: Princeton University Press, 1996.

Christensen, Thomas J., "The Advantages of an Assertive China," *Foreign Affairs* 90, no. 2 (2011): 59–62.

Christensen, Thomas J., *The China Challenge: Shaping the Choices of a Rising Power*, New York: W.W. Norton, 2015.

Christensen, Thomas J., "'There Will Not Be a New Cold War': The Limits of US-Chinese Competition," *Foreign Affairs*, 24 March 2021, https://www.foreignaffairs.com/articles/united-states/2021-03-24/there-will-not-be-new-cold-war.

Cirincione, Joseph, "Strategic Collapse: The Failure of the Bush Nuclear Doctrine," Arms Control Association, November 2008, https://www.armscontrol.org/act/2008-11/features/strategic-collapse-failure-bush-nuclear-doctrine#authbio.

Cooley, Alexander and Nexon, Daniel, *Exit from Hegemony: The Unraveling of the American Global Order*, New York: Oxford University Press, 2020.

Cooper, Richard N., "Economic Aspects of the Cold War, 1962–1975," in Melvyn P. Leffler and Odd Arne Westad (eds), *Cambridge History of the Cold War, Crises and*

*Détente*, Cambridge: Cambridge University Press, 2010.

Copeland, Dale C., "The Constructivist Challenge to Structural Realism: A Review Essay," *International Security* 25, no. 2 (2000): 189–91.

Crowley, Michael, "Biden, Covering Range of Thorny Issues, Talks with Xi for First Time as President," *The New York Times*, 11 February 2021.

Cunningham, Fiona S. and Fravel, Taylor M., "Assuring Assured Retaliation: China's Nuclear Posture and US-China Strategic Stability," *International Security* 40, no. 2 (2015): 7–50.

Davis, Bob and Wei, Lingling, *Superpower Showdown: How the Battle between Trump and Xi Threatens a New Cold War*, New York: HarperCollins, 2020.

Davis, Bob and Wei, Lingling, "Biden Plans to Build a Grand Alliance to Counter China," *Wall Street Journal*, 6 January 2021, https://www.wsj.com/articles/biden-trump-xi-china-economic-trade-strategy-policy-11609945027.

De Benoist, Alain, *Contre le liberalisme* (Against Liberalism), Monaco: Le Rochée, 2019.

Debray, Regis, *L'Europe Phantôme* (Europe as a Phantom), Paris: Gallimard, 2019.

De Grazia, Victoria, *Irresistible Empire: America's Advance through Twentieth-Century Europe*, Cambridge, MA: Harvard University Press, 2006.

Dessler, David, "What's at Stake in the Agent–Structure Debate?" *International Organization* 43, no. 3 (1989): 441–73.

Deudney, Daniel and Ikenberry, G. John, "Liberal World: The Resilient Order," *Foreign Affairs* 94, no. 4 (2018): 1–15.

Dian, Matteo, "The Rise of China Between Global IR and Area Studies: An Agenda for Cooperation," *Italian Political Science Review*, no. 52 (2022): 252–67.

Donagan, Alan, *The Theory of Morality, Chicago*: University of Chicago Press, 1977.

Doty, Roxanne L., "Aporia: A Critical Exploration of the Agent–Structure Problematique in International Relations Theory," *European Journal of International Relations* 3, no. 3 (1997): 365–92.

Doucouliagos, Hristos and Ulubaşoğlu, Mehmet, "Democracy and Economic Growth: A Meta-Analysis," *American Journal of Political Science* 52 (2008): 61–83, https://

www.fmprc.gov.cn/mfa_eng/wjdt_665385/zyjh_665391/ t1305051.shtm.

Dougherty, James E. and Pfaltzgraff, Robert L. Jr, *Contending Theories of International Relations*, 5th edition, New York: Longman, 2001.

Doyle, Michael, *Empires*, Ithaca: Cornell University Press, 1986.

Dryer, June Teufel, "The 'Tianxia Trope: Will China Change the International System?" *Journal of Contemporary China* 24, no. 96 (2015): 1015–31.

Easton, David, *The Political System: An Inquiry into the State of Political Science*, New York: Knopf, 1953.

Eco, Umberto, "It's Culture, Not War, That Cements European Identity," *The Guardian*, 26 January 2012, https://www.theguardian.com/world/2012/jan/26/umberto-eco-culture-war-europa.

Elster, Jon, *The Cement of Society: A Study of Social Order*, Cambridge: Cambridge University Press, 1989.

Epstein, Charlotte, "Theorizing Agency in Hobbes's Wake: The Rational Actor, the Self, or the Speaking Subject?" *International Organization* 67 (2013): 287–316.

Ettinger, Aaron, "Rumors of Restoration: Joe Biden's Foreign Policy and What It Means for Canada," *Canadian Foreign Policy Journal* April (2021): 1–18.

Farnham, Barbara, *Roosevelt and the Munich Crisis: A Study of Political Decision-Making*, Princeton: Princeton University Press, 1997.

Fearon, James and Wendt, Alexander, "Rationalism v. Constructivism: A Skeptical View," in Walter Carlsnaes, Thomas Risse, and Beth Simmons, *Handbook of International Relations*, London: Sage, 2001.

Feng, Huiyun, *Chinese Strategic Culture and Foreign Policy Decision-Making: Confucianism, Leadership and War*, London: Routledge, 2007.

Feng, Huiyun and He, Kai, "A Dynamic Strategic Culture Model and China's Behaviour in the South China Sea," *Cambridge Review of International Affairs* 34, no. 4 (2021): 510–29.

Feng, Huiyun and He, Kai (eds), *China's Challenges and International Order Transition: Beyond "Thucydides's Trap,"* Ann Arbor: University of Michigan Press, 2020.

Feng, Huiyun, He, Kai, and Yan, Xuetong (eds), *Chinese Scholars and Foreign Policy:*

*Debating International Relations*, London: Routledge, 2019.

Finkielkraut, Alain, "Nul n'est Prêt a' Mourir pour l'Europe (Nobody Is Ready to Die for Europe)," *Le Point*, 30 June 2016, https://www.lepoint.fr/monde/alain-finkielkraut-nul-n-est-pret-a-mourir-pour-l-europe-30-06-2016-2050917_24.php.

Finnemore, Martha and Sikkink, Kathryn, "International Norm Dynamics and Political Change," *International Organization* September (1998): 888, 894.

Flower, Harriet I., *Roman Republics*, Princeton: Princeton University Press, 2011.

Fouskas, Vassilis K. and Gökay, Bülent, "The Power Shift to the Global East," in *The Fall of the US Empire: Global Fault-Lines and the Shifting Imperial Order*, London: Pluto Press, 2012.

Fraser, Chris, "Major Rival Schools: Mohism and Legalism," in William Edelglass and Jay L. Garfield (eds), *The Oxford Handbook of World Philosophy*, Oxford: Oxford University Press, 2011.

Friedberg, Aaron L., *The Weary Titan: Britain and the Experience of Relative Decline, 1895–1905*, Princeton: Princeton University Press, 1988.

Fukuyama, Francis, *The End of History and The Last Man*, London: Penguin, 1992.

Gaddis, John Lewis, *Strategies of Containment*, Oxford: Oxford University Press, 2005.

Gaddis, John Lewis, *The Cold War: A New History*, London: Penguin Books, 2006.

Gauthier, David, "The Social Contract as Ideology," *Philosophy and Public Affairs* 6, no. 2 (1977): 139.

Gelber, Lionel M., *The rise of Anglo-American friendship: a study in world politics, 1898–1906*, London: Oxford University Press, 1938.

Gilpin, Robert, *War and Change in World Politics*, New York: Cambridge University Press, 1981.

Gilpin, Robert and Gilpin, Jean M., *The Political Economy of International Relations*, Princeton: Princeton University Press, 1987.

Glencross, Andrew and Trechsel, Alexander (eds), *EU Federalism and Constitutionalism: The Legacy of Spinelli*, London: Lexington, 2010.

Gould-Davies, Nigel, "Rethinking the Role of Ideology in International Politics During the Cold War," *Journal of Cold War Studies* 1, no. 1 (1999): 90–110.

Gourevitch, Peter, "The Second Image Reversed: The International Sources of Domestic Politics," *International Organization* 32, no. 4 (1978): 888.

Grieco, Joseph, *Cooperation among Nations*, Ithaca, NY: Cornell University Press, 1990.

Haass, Richard N., "The High Price of American Withdrawal from Syria," *The Project Syndicate*, 17 October 2019, https://www.project-syndicate.org/commentary/high-price-of-american-withdrawal-from-syria-by-richard-n-haass-2019-10.

Haass, Richard N., "How a World Order Ends: And What Comes in Its Wake," *Foreign Affairs* 98, no. 1 (2019): 30.

Habermas, Jürgen, *The Divided West*, Malden: Polity Press, 2006.

Haenle, Paul and Bresnick, Sam, "Trump is Beijing's Best Asset," *Foreign Policy*, 15 October 2019, https://foreignpolicy.com/2019/10/15/china-trump-trump2020-deal-beijing-best-asset/?.

Hampton, Jean, *Hobbes and the Social Contract Tradition*, Cambridge: Cambridge University Press, 1986.

Hassner, Pierre, "L'Europe et le Spectre des Nationalismes (Europe and the Specter of Nationalisms)," *Esprit*, 1991.

He, Kai, "A Realist's Ideal Pursuit," *Chinese Journal of International Politics* 5, no. 2 (2012): 183–97.

He, Kai, Feng, Huiyun, Chan, Steve, and Hu, Weixing, "Rethinking Revisionism in World Politics," *The Chinese Journal of International Politics*, no. 2 (2021): 159–86.

Heath, Timothy R. and Thompson, William R., "Avoiding US-China Competition Is Futile: Why the Best Option Is to Manage Strategic Rivalry," *Asia Policy* 13, no. 2 (2018): 91–119.

Heilmann, Sebastian, *Red Swan: How Unorthodox Policy Making Facilitated China's Rise*, HK: The Chinese University Press, 2018.

Herborth, Benjamin, "Die via media als konstitutionstheoretische Einbahnstraße: Zur Entwicklung des Akteur-Struktur-Problems bei Alexander Wendt (The via Media as a One-Way Street in Constitutional Theory: On the Development of the Agent-

Structure Problem in Alexander Wendt's Work)," *Zeitschrift für Internationale Beziehungen* 11, no. 1 (2004): 61–87.

Hermann, Margaret G., "Explaining Foreign Policy Behaviour Using the Personal Characteristics of Political Leaders," *International Studies Quarterly* 24, no. 1 (1980): 7–46.

Hermann, Margaret G. and Hagan, Joe D., "International Decision Making: Leadership Matters," *Foreign Policy* 110 (1998): 132–5.

Hermann, Margaret G., Hermann, Charles F., and Hagan, Joe D., "How Decision Units Shape Foreign Policy Behaviour," in Charles F. Hermann, Charles W. Kegley, and James N. Rosenau (eds), *New Directions in the Study of Foreign Policy*, Boston: Allen and Unwin, 1987.

Herz, John H., "Idealist Internationalism and the Security Dilemma," *World Politics* 2, no. 2 (1950): 157–80.

Hintze, Otto, "Military Organization and the Organization of the State," in Felix Gilbert (ed), *The Historical Essays of Otto Hintze*, New York: Oxford, 1975.

Hirschman, Albert, *A Bias for Hope — Essays on Development and Latin America*, New Haven: Yale University Press, 1971.

Hobbes, Thomas, *Leviathan*, edited by Michael Oakeshott, Oxford, UK: Basil Blackwell, 1946(1651).

Hoffmann, Stanley, *Janus and Minerva: Essays in the Theory and Practice of International Politics*, Boulder, Colo.: Westview, 1987.

Holsti, Ole R., "The Political Psychology of International Politics: More than a Luxury," *Political Psychology* 10, no. 3 (1989): 497.

Holsti, Ole R., "Theories of International Relations and Foreign Policy: Realism and Its Challengers," in *Controversies in International Relations Theory*, London: Red Globe Press, 1995.

Huang, Cary, "China Takes Aim at the US for the First Time in its Defense White Paper," *South China Morning Post*, 7 August 2019, scmp.com.

Hughes, Richard L., Ginnett, Robert C., and Curphy, Cordon J., *Leadership: Enhancing the Lessons of Experience*, 5th edition, New York: The McGraw-Hill Companies

Inc., 2006.

Huntington, Samuel P., "The West Unique not Universal," *Foreign Affairs*, 1998.

Hutton, Eric L. (trans), *Xunzi: The Complete Text*, Princeton: Princeton University Press, 2014.

Hwang, Yih-Jye, "Reappraising the Chinese School of International Relations: A Postcolonial Perspective," *Review of International Studies*, published online by Cambridge University Press, 12 April 2021, https://www.cambridge.org/core/journals/review-of-international-studies/article/reappraising-the-chinese-school-of-international-relations-a-postcolonial-perspective/8035C0A9D7A73A130CB902145A19E487.

Ikenberry, G. John, "The Future of International Leadership," *Political Science Quarterly* 111, no. 3 (1996): 385, 388–96.

Ikenberry, G. John, *The Liberal Leviathan*, Princeton: Princeton University Press, 2001.

Ikenberry, John (ed), *America Unrivalled: The Future of the Balance of Power*, Ithaca: Cornell University Press, 2002.

Ikenberry, G. John, "Liberal Internationalism 3.0: America and the Dilemmas of Liberal World Order," *Perspectives on Politics* 7, no. 1 (2009): 71–87, 84.

Ikenberry, G. John, "Between the Eagle and the Dragon: America, China, and Middle State Strategies in East Asia," *Political Science Quarterly* 131, no. 1 (2016): 9–43.

Ikenberry, G. John, "Why the Liberal World Order Will Survive," in "Rising Powers and the International Order," special issue, *Ethics & International Affairs* 32, no. 1 (2018): 17–29.

Ikenberry, G. John and Kupchan, Charles, "Socialization and Hegemonic Power," *International Organization* 44, no. 3 (1990): 283–315.

Isocrates, *On the Peace*, 8, 134.

Ivanhoe, Philip J., "Virtue Ethics and the Chinese Confucian Tradition," in Daniel C. Russell (ed), *The Cambridge Companion to Virtue Ethics*, Cambridge: Cambridge University Press, 2013.

Jackson, Ian, *The Economic Cold War: America, Britain and East-West Trade, 1948–63*, Houndsmill, Basingstoke, Hampshire: Palgrave, 2001.

Jakes, Lara, Ismay, John, and Myers, Steven Lee, "Biden's Goals Converge in Top

Envoys' Trip to Asia," *The New York Times*, 16 March 2021.

Jepperson, Ronald L., Wendt, Alexander, and Katzenstein, Peter J., "Norms, Identity, and Culture in National Security," in Peter Katzenstein (ed), *The Culture of National Security*, New York: Columbia University Press, 1996.

Jervis, Robert, *Perception and Misperception in International Politics*, Princeton: Princeton University Press, 1976.

Jervis, Robert, "Cooperation under the Security Dilemma," *World Politics* 30, no. 2 (1978): 167–214.

Jervis, Robert, "Do Leaders Matter and How Would We Know?" *Security Studies* 22, no. 2 (2013): 153.

Johnson, Keith and Gramer, Robbie, "The Great Decoupling," *Foreign Policy*, 14 May 2020, https://foreignpolicy.com/2020/05/14/china-us-pandemic-economy-tensions-trump-coronavirus-covid-new-cold-war-economics-the-great-decoupling/.

Johnston, Alastair Iain, *Cultural Realism*, Princeton: Princeton University Press, 1992.

Johnston, Alastair Iain, "What (if Anything) Does East Asia Tell Us about International Relations Theory," *Annual Review of Political Science* 15 (2012): 53–78.

Johnston, Alastair Iain, *Cultural Realism: Strategic Culture and Grand Strategy in Chinese History*, Princeton: Princeton University Press, 1998.

Johnston, Ian, *The Mozi: A Complete Translation*, Hong Kong: The Chinese University Press, 2010.

Judt, Tony, *Postwar: A History of Europe Since 1945*, London: Penguin Books, 2005.

Kagan, Robert, *The Jungle Grows Back: America and Our Imperiled World*, New York: Knopf Doubleday Publishing Group, 2019.

Kallet, Lisa, "Thucydides Workshop of History and Utility outside the Text," in Antonios Rengakos and Antonios Tsakmakis (eds), *Brills Companion to Thucydides*, Boston: Brills, 2006.

Kant, Immanuel, translated by Mary Gregor and Jens Timmermann, *Groundwork of the Metaphysics of Morals*, Cambridge: Cambridge University Press, 2012.

Kaplan, Morton, *System and Process in International Politics*, New York: John Wiley & Sons, Inc., 1957.

Katzenstein, Peter J., *The Culture of National Security: Norms and Identity in World Politics*, New York: Columbia University Press, 1996.

Katzenstein, Peter J., "The Second Coming? Reflections on a Global Theory of International Relations," in Yaqing Qin (ed), *Globalizing IR Theory Critical Engagement*, London: Routledge, 2020, pp 27–38.

Kennedy, Andrew B. and Lim, Daren J., "The Innovation Imperative: Technology and US-China Rivalry in the Twenty-First Century," *International Affairs* 94, no. 3 (2018): 554–7.

Kennedy, Paul, *The Rise and Fall of the Great Powers: Economic Change and Military Conflict from 1500 to 2000*, London: Vintage, 1989.

Keohane, Robert O., *After Hegemony: Cooperation and Discord in the World Political Economy*, Princeton: Princeton University Press, 1984.

Keohane, Robert (ed), *Neorealism and Its Critics*, New York: Columbia University Press, 1986.

Keohane, Robert O., *International Institutions and State Power: Essays in International Relations Theory*, New York: Westview Press, 1989.

Keohane, Robert O. and Nye, Joseph, *Power and Interdependence: World Politics in Transition*, Little, Brown, 1977.

Keohane, Robert O. and Morse, Julia C., "Counter-multilateralism", in Jean-Frederic Morin et al (eds), *The Politics of Transatlantic Trade Negotiations: TTIP in a Globalized World*, New York: Routledge, 2015.

Kindleberger, Charles P., *The World in Depression: 1929–1939*, Berkeley: University of California Press, 1973.

Kindleberger, Charles P., "Dominance and Leadership in the International Economy: Exploitation, Public Goods, and Free Rides," *International Studies Quarterly* 25, no. 2 (1981): 242–54, 57.

Kindleberger, Charles P., *World Economic Primacy: 1500–1990*, Oxford: Oxford University Press, 1996.

Kirshner, Jonathan, "Handle Him with Care: The Importance of Getting Thucydides Right," *Security Studies* 28, no. 1 (2019): 1–24.

Kirshner, Jonathan, "Offensive Realism, Thucydides Traps, and the Tragedy of Unforced Errors: Classical Realism and US–China Relations," *China International Strategy Review* 1, no. 1, (2019); 51–63.

Knafo, Samuel, "Critical Approaches and the Legacy of the Agent/Structure Debate in International Relations," *Cambridge Review of International Affairs* 23, no. 3 (2010): 493–516.

Kontos, Pavlos, *Aristotle's Moral Realism Reconsidered: Phenomenological Ethics*, New York: Routledge, 2011.

Krasner, Stephen, "Sovereignty, Regimes, and Human Rights," in Volker Rittberger (ed), *Regime Theory and International Relations*, Oxford: Clarendon Press, 1993.

Krauthammer, Charles, "The Unipolar Moment," *Foreign Affairs* 70, no. 1 (1990): 23–33, doi:10.2307/20044692.

Kroening, Mathew, *The Return of Great Power Rivalry: Democracy Versus Autocracy from the Ancient World to the US and China*, New York: Oxford University Press, 2020.

Kubalkova, Vendulka, *Foreign Policy in a Constructed World*, New York: Routledge, 2001.

Kuhn, Philipp, "Can China Be Governed from Beijing? Reflections on Reform and Regionalism," in Wang Gungwu and John Wong (eds), *China's Political Economy*, Singapore: Singapore University Press, 1998.

Kuhn, Philipp, *Origins of the Modern Chinese State*, Stanford, CA: Stanford University Press, 2002.

Kupchan, Charles A., "Empire, Military Power, and Economic Decline," *International Security* 13, no. 4 (1989): 36–53.

Kupchan, Charles A., *No One's World: The West, the Rising Rest, and the Coming Global Turn*, New York: Oxford University Press, 2012.

Kynge, James and Liu, Nian, "Tech's New Rulemaker," *Financial Times*, 8 October 2020.

Lake, David, A., "International Economic Structures and American Economic Policy, 1887–1934," *World Politics* 35, no. 4 (1983): 519–21.

Lake, David A., "Regional Hierarchy: Authority and Local International Order," *Review of International Studies* 35 (2009): 20–21, 35–39

Lake, David A., "Legitimating Power: The Domestic Politics of US International Hierarchy," *International Security* 38, no. 2 (2013): 74–111.

Landes, David S., *The Poverty and Wealth of Nations*, New York: W.W. Norton and Company, 1999.

Larson, Deborah Welch, *Origins of Containment: A Psychological Explanation*, Princeton: Princeton University Press, 1985.

Larson, Deborah Welch, "Can China Change the International System? The Role of Moral Leadership," *The Chinese Journal of International Politics* 13, Issue 2 (2020), 163–86.

Larson, Deborah Welch, "Policy or Pique? Trump and the Turn to Great Power Competition," *Political Science Quarterly* 136, no. 1 (2021): 54–5, 57, 61–2.

Lau, D.C., *Analects*, Book XIV, Verse 16, New York: Penguin Classics, 1979.

Lebow, Richard Ned, *The Tragic Vision of Politics*, Cambridge: Cambridge University Press, 2003.

Lebow, Richard Ned, *A Cultural Theory of International Relations*, Cambridge: Cambridge University Press, 2008.

Levy, Jack S., "Power Transition Theory and the Rise of China," in *China's Ascent: Power, Security, and the Future of International Politics*, edited by Robert S. Ross and Zhu Feng, Ithaca, NY: Cornell University Press, 2008.

Levy, Jack S., "Psychology and Foreign Policy Decision-Making," in Leonie Huddy, David O. Sears, and Jack S. Levy (eds), 2nd edition, *The Oxford Handbook of Political Psychology*, New York: Oxford University Press, 2013.

Levy, Jack S., "Counterfactuals, Causal Influence and Historical Analysis," *Security Studies* 24, no. 3 (2015): 378–402.

Liff, Adam P. and Ikenberry, G. John, "Racing towards Tragedy?: China's Rise, Military Competition in the Asia Pacific, and the Security Dilemma," *International Security* 39, no. 2 (2014): 57–8.

Lipset, Seymour Martin, "Some Social Requisites of Democracy: Economic Development and Political Legitimacy," *American Political Science Review* 53, no. 1 (1959): 69–105.

Lipset, Seymour Martin, *Political Man and the Social Bases of Politics*, New York: Doubleday & Company, 1960.

Liu, Ruonan and Liu, Feng, "To Ally or not to Ally? Debating China's Nonalignment Strategy in the 21st Century," in Huiyun Feng, Kai He, and Yan Xuetong (eds), *Chinese Scholars and Foreign Policy: Debating International Relations*, New York: Routledge, 2019.

Lowsen, Ben, "China's New Defense White Paper: Reading Between the Lines," 30 July 2019, *The Diplomat*, https://thediplomat.com/2019/07/chinas-new-defense-white-paper-reading-between-the-lines/.

Lu, Peng, "Chinese IR Sino-Centrism Tradition and Its Influence on the Chinese School Movement," *Pacific Review* 25 (2018): 150–67.

Luce, Edward, "US Democracy Is Still in the Danger Zone," *Financial Times*, 27 May 2021, https://www.ft.com/content/bb554492-9b15-4af0-8954-ee0f2063327c.

Lundestad, Geir, "Empire by Invitation," *Journal of Peace Research* 23, no. 3 (1987): 263–77.

Lynch, Timothy J. and Singh, Robert S., *After Bush: The Case for Continuity in American Foreign Policy*, Cambridge: Cambridge University Press, 2008.

Mabee, Bryan, "Levels and Agents, States and People: Micro-Historical Sociological Analysis and International Relations," *International Politics* 44 (2007): 431–49.

Macias, Amanda, "Biden says there will be 'extreme competition' with China, but Won't Take Trump Approach," 7 February 2021, CNBC News, https://www.cnbc.com/2021/02/07/biden-will-compete-with-china-but-wont-take-trump-approach.html.

Magnus, George, "China and the US Are too Intertwined to Keep up the Trade War," *Financial Times*, 7 June 2019, https://www.cfr.org/backgrounder/made-china-2025-threat-global-trade.

Mann, James, *The China Fantasy: Why Capitalism Will not Bring Democracy to China*, London: Penguin Random House, 2007.

Mansfield, Harvey C., *Manliness*, New York: Yale University Press, 2007.

March, James G. and Olsen, Johan P., "The Institutional Dynamics of International Political Orders," *International Organization* 52, no. 4 (1998): 943–69.

Mastanduno, Michael, "Strategies of Economic Containment: US Trade Relations with the Soviet Union," *World Politics* 37, no. 4 (1985): 503–31.

Mastanduno, Michael, *Economic Containment: CoCom and the Politics of East-West Trade*, Ithaca, NY: Cornell University Press, 1992.

Mathews, Jessica T., "Power Shift," *Foreign Affairs* 76, no. 1 (1997): 50–66.

McBride, James and Chatsky, Andrew, "Is 'Made in China 2025' a Threat to Global Trade?," *Council on Foreign Relations*, 13 May 2019, https://www.cfr.org/backgrounder/made-china-2025-threat-global-trade.

Mearsheimer, John J., *The Tragedy of Great Power Politics*, New York: W.W. Norton, 2001.

Mearsheimer, John J., "The Gathering Storm: China's Challenge to US Power in Asia," *Chinese Journal of International Politics* 3 (2010): 381–96.

Mearsheimer, John J., *Great Delusion: Liberal Dreams and International Realities*, New Haven: Yale University Press, 2018.

Mearsheimer, John J., "Bound to Fail: The Rise and Fall of the Liberal International Order," *International Security* 43, no. 4 (2019): 7–50.

Mearsheimer, John J. and Walt, Steven M., "Leaving Theory Behind: Why Simplistic Hypothesis Testing Is Bad for International Relations," *European Journal of International Relations* 19, no. 3 (2013): 427–57.

Medeiros, Evan S., "The Changing Fundamentals of US-China Relations," *Washington Quarterly* 42, no. 3 (2019): 100.

Menaldo, Mark A., *Leadership and Transformative Ambition in International Relations*, Northampton, MA: Edward Elgar, 2013.

Menon, Shivshankar, "Book Review: Yan Xuetong, Leadership and the Rise of Great Powers," *China Report* 56, no. 1 (2020): 139–59.

Mitter, Rana, "The World China Wants: How Power Will–and Won't–Reshape Chinese Ambitions," *Foreign Affairs* 100, no. 1: (2021)161–75.

Moody, Peter, *Conservative Thought in Contemporary China*, Lanham, MD: Lexington Books, 2007.

Morgan, Ruth P., "Reviewed Work(s): The Presidential Character: Predicting Performance in the White House. by James David Barber," *The Journal of Politics* 37, no. 1 (1975): 305–6.

Morgenthau, Hans. J., *Politics among Nations: The Struggle for Power and Peace*, New York: Alfred Knopf, 1948.

Morgenthau, Hans J., *Politics among Nations: The Struggle for Power and Peace*, 3rd edition, New York: Knopf, 1960.

Morgenthau Hans J., *Politics among Nations: The Struggle for Power and Peace*, 5th edition, New York: Knopf, 1978.

Morgenthau, Hans J., *Scientific Man vs. Power Politics*, Chicago: University of Chicago Press, 1946.

Mukunda, Gautan, *Indispensable: When Leaders Really Matter*, New York: Harvard Business Review Press, 2014.

Neal, Patrick, "Hobbes and Rational Choice Theory," *Western Political Quarterly* 41, no. 4 (1988): 635–52.

Niquet, Valerie, "'Confu-talk': The Use of Confucian Concepts in Contemporary Chinese Foreign policy," in Anne-Marie Brady (ed), *China's Thought Management*, London and New York: Routledge, 2012.

Norden, Bryan W. Van (trans), *Mengzi: With Selections From Traditional Commentaries*, Indianapolis: Hackett, 2008.

North, Douglas, "Transaction Costs, Institutions and Economic History," *Journal of Institutional and Theoretical Economics* 140 (1984): 7–17.

Northouse, Peter G., *Leadership: Theory and Practice*, 7th edition, Thousand Oaks: SAGE Publications, Inc, 2015.

Nuyen, A.T., "Moral Obligation and Moral Motivation in Confucian Role-Based Ethics," *Dao* 8 (2009): 1–11.

Nye, Joseph, "Transformational Leadership and US Grand Strategy," *Foreign Affairs* 85, no. 4 (2006): 68.

Nye Jr, Joseph S., *Do Morals Matter? Presidents and Foreign Policy from FDR to Trump*, New York: Oxford University Press, 2020.

Nye Jr, Joseph S., *The Powers to Lead*, New York: Oxford University Press, 2008.

Obama, Barack, "Remarks of President Barack Obama–As Prepared for Delivery State of the Union Address," White House: President Barack Obama, Washington, DC, 20 January 2015, https://obamawhitehouse.archives.gov/the-press-office/2015/01/20/remarks-president-barack-obama-prepared-delivery-state-union-address.

Oksenberg, Michael, "Will China Democratize," *Journal of Democracy* 9, no. 1 (1998): 27–34.

Onuf, Nicholas G., "World of our Making: Rules and Rule," in *Social Theory and International Relations*, Columbia, SC: University of South Carolina Press, 1989.

Organski, A.F.K., *World Politics*, New York: Alfred A. Knopf, 1958.

Organski, A.F.K. and Kugler, Jacek, *The War Ledger*, Chicago: University of Chicago Press, 1980.

Orwin, Clifford, "Justifying Empire: The Speech of the Athenians at Sparta and the Problem of Justice in Thucydides," *The Journal of Politics* 48, no. 1 (1986): 72–85.

Orwin, Clifford, *The Humanity of Thucydides*, New Jersey: Princeton University Press, 1994.

Parent, Joseph M. and Baron, Joshua M., "Elder Abuse: How the Moderns Mistreat Classical Realism," *International Studies Review* 13, no. 2 (2011): 193、213.

Parsons, Talcott, *The Social System*, London: Routledge, 1951.

Pass, Jonathan, "Gramsci Meets Emergentist Materialism: Towards a Neo Neo-Gramscian Perspective on World Order," *Review of International Studies* 44, no. 4 (2018): 595–618.

Passoth, Jan-H. and Rowland, Nicholas J., "Who Is Acting in International Relations?" in Daniel Jacobi and Annette Freyberg-Inan (eds), *Human Beings in International Relations*, Cambridge: Cambridge University Press, 2015.

Patrick, Stewart M., *The Best Laid Plans: The Origins of American Multilateralism and the Dawn of the Cold War*, New York: Rowman and Littlefield, 2009.

Pei, Minxin, "Transition in China? More Likely Than You Think," *Journal of Demo-

*cracy* 27, no. 4 (2016): 5–20.

Platias, Athanassios, "The Grand Strategy of Themistocles," in *Thermopylae and Salamis: Assessing their Importance in the Modern World*, Athens: MV Publications, 2021.

Platias, Athanasios and Koliopoulos, Constantinos, *Thucydides on Strategy: Grand Strategies in the Peloponnesian War and their Relevance Today*, New York: Columbia University Press, 2010.

Platias, Athanassios and Koliopoulos, Constantinos (in Greek), *Sun Tzu: The Art of War*, Athens: Diavlos, 2015.

Platias, Athanassios and Trigkas, Vasilis, "Unravelling the Thucydides Trap: Inadvertent Escalation or War of Choice?" *Chinese Journal of International Politics* 14, no. 2 (2021).

Platias, Athanassios and Trigkas, Vasilis, "Strategic Universality in the Axial Age: The Doctrine of Prudence in Political Leadership," *Strategic Analysis* 46, no. 2 (2022): 157–70.

Politi, James, Sevastopulo, Demetri, and Lockett, Hudson, "Trump Blacklist Ups Ante with China," *Financial Times*, 20 December 2020.

Polybius, T*he Histories*, translated by R. Patton, Loeb Classical Library: Harvard University Press, 1979–06.

Porpora, Douglas, "Four Concepts of Social Structure," *Journal for the Theory of Social Behaviour* 19, no. 2 (1989): 195–212.

Porter, Michael E., Rivkin, Jan W., Desai, Mihir A., Gehl, Katherine M., Kerr, William R., and Raman, Manjari, "A Recovery Squandered: The State of US Competitiveness," Harvard Business School, https://www.hbs.edu/competitiveness/Documents/a-recovery-squandered.pdf.

Putnam, Robert D., Leonardi, Robert, and Nanetti, Raffaella Y., *Making Democracy Work: Civic Traditions in Modern Italy*, New Jersey: Princeton University Press, 1993.

Qin, Yaqing, "A Multiverse of Knowledge: Cultures and IR Theories," in Yaqing Qin (ed), *Globalizing IR Theory Critical Engagement*, London: Routledge, 2020.

Rajagopalan, Rajesh, "Book Reviews," *India Quarterly* 75, no. 3 (2019): 407.

Reinhold, Niebuhr, *Beyond Tragedy*, New York: Charles Scibner's Sons, 1938.

Renshon, Stanley Allen and Larson, Deborah Welch, *Good Judgment in Foreign Policy: Theory and Application*, Lanham, MD: Rowman and Littlefield, 2003.

Ringmar, Erik, "How the World Stage Makes Its Subjects: An Embodied Critique of Constructivist IR Theory," *Journal of International Relations and Development* 19, no. 1 (2016): 101–25.

Ripsman, Norin M., Taliaferro, Jeffrey W., and Lobell, Steven E., *Neoclassical Realist Theory of International Politics*, New York: Oxford University Press, 2016.

Risse, Mathias, On Global Justice, Princeton: Princeton University Press, 2012. Risse-Kappen, Thomas, *Cooperation among Democracies: European Influence on US Foreign Policy*, Princeton: Princeton University Press, 1995.

Rolland, Nadège, *China's Vision for a New World Order, National Bureau of Asian Research*, NBR Special Report #83, January 2020.

Roosevelt, Theodore, *An Autobiography*, New York: Macmillan, 1913, https://www.bartleby.com/55/6.html.

Rose, Gideon, "Neoclassical Realism and Theories of Foreign Policy," *World Politics* 51, no. 1 (1998): 144–72.

Rosemont, Henry Jr, *Against Individualism: A Confucian Rethinking of the Foundations of Morality, Politics, Family, and Religion*, Lanham: Lexington, 2015.

Ruggie, John Gerard (ed), *Multilateralism Matters: The Theory and Praxis of An Institutional Form*, New York: Columbia University Press, 1993.

Sachs, Jeffrey D., *A New Foreign Policy: Beyond American Exceptionalism*, New York: Columbia University Press, 2018.

Saint Augustine, *The City of God*, translated by Marcus Dods, 2 volumes, New York: Hafner Publishing Co, 1948.

Sanger, David E. and Perlez, Jane, "Trump Hands the Chinese a Gift: The Chance for Global Leadership," *The New York Times*, 1 June 2017, https://www.nytimes.com/2017/06/01/us/politics/climate-accord-trump-china-global-leadership.html.

Sanger, David E., "Looking to End 'America First' and Re-engage with the World," *The*

*New York Times*, 10 November 2020.

Sanger, David E., Erlanger, Steven., and Cohen, Roger, "Biden Reaffirms Alliances' Value for US Policies," *The New York Times*, 20 February 2021.

Sanger, David E. and Crowley, Michael, "A Pivotal Reset on China Policy by Biden's Team," *The New York Times*, 18 March 2021.

Sanger, David E., "Biden Stakes Out his Challenge with China: 'Prove Democracy Works'," *The New York Times*, 27 March 2021.

Schaik, Louise van., Sarris, Stefano., and Lossow, Tobias von, *Fighting an Existential Threat: Small Island States Bringing Climate Change to the UN Security Council*, The Hague: Clingendael Institute, 2018.

Scharpf, Fritz W., "After the Crash: A Perspective on Multilevel European Democracy," *European Law Journal* 21, no. 3 (2015): 384–405.

Schell, Orville and Shirk, Susan L., "Course Correction: Towards an Effective and Sustainable China Policy," *Asia Society and Center on US-China Relations*, February 2019, https://asiasociety.org/center-us-china-relations/course-correction-towards-effective-and-sustainable-china-policy.

Scobell, Andrew, "Perception and Misperception in US-China Relations," *Political Science Quarterly* 135, no. 4 (2020–21): 637–64.

Selin, Jennifer L., "What Makes an Agency Independent?" *American Journal of Political Science* 59, no. 4 (2015): 971–87.

Silove, Nina, "The Pivot before the Pivot: US Strategy to Preserve the Power Balance in Asia," *International Security* 40, no. 4 (2016): 45–88.

Singer, J. David, "The Level-of-Analysis Problem in International Relations," *World Politics* 14, no. 1 (1961): 77–92.

Slote, Michael, *Morals from Motives*, Oxford: Oxford University Press, 2001, Kindle version, location 2140.

Smith, Noah, "Trump Blazed a Trail that Clears the Way for Biden," *Bloomberg Opinion*, 20 April 2021.

Smith, Steven, *Reading Althusser*, Ithace: Cornell University Press, 1984.

Snyder, Quddus Z., "Taking the System Seriously: Another Liberal Theory of

International Politics," *International Studies Review* 15, no. 4 (2013): 539–61.

Stephen, Matthew D. and Skidmore, David, "The AIIB in the Liberal International Order," *Chinese Journal of International Politics* 12, no. 1 (2019): 61–91.

Stephens, Philip, "Supply Chain 'Sovereignty' Will Undo the Gains of Globalisation," *Financial Times*, 19 March 2021.

Sterling-Folker, Jennifer, "Realist Environment, Liberal Process, and Domestic Level Variables," *International Studies Quarterly* 41, no. 1 (1997), pp. 4–8.

Streeck, Wolfgang, *Buying Time: The Delayed Crisis of Democratic Capitalism*, London and New York: Verso, 2013.

Taliaferro, Jeffrey W., "Neoclassical Realism and Resource Extraction: State Building for Future War," *Security Studies* 15, no. 3 (2006): 464–95.

Telò, Mario, *International Relations: A European Perspective*, New York: Routledge, 2009.

Telò, Mario, "The Three Historical Epochs of Multilateralism," in Mario Telò (ed), *Globalization, Europe, Multilateralism: Towards a Better Global Governance?*, Burlington: Ashgate, 2014.

Telò, Mario, "Building a Common Language in Pluralist International Relations Theories," *The Chinese Journal of International Politics* 13, no. 3 (2020): 455–83.

Telò, Mario and Yuan, Feng (eds), *China and the EU in the Era of Regional and Interregional Cooperation: The Belt and Road Initiative in a Comparative Perspective*, Brussels and London: Peter Lang, 2020.

Tetlock, Philip E., *Expert Political Judgment*, Princeton: Princeton University Press, 2009.

The State Department, "The United States of America and The Republic of Korea on Working Together to Promote Cooperation between the Indo-Pacific Strategy and the New Southern Policy," 2021, https://www.state.gov/the-united-states-of-america-and-the-republic-of-korea-on-working-together-to-promote-cooperation-between-the-indo-pacific-strategy-and-the-new-southern-policy/.

Tobin, Daniel, "How Xi Jinping's 'New Era' should have Ended US Debate on Beijing's Ambitions," Center for Strategic and International Studies, May 2020, https://www.csis.org/analysis/how-xi-jinpings-new-era-should-have-ended-us-debate-beijings-ambitions.

Tobin, Liza, "Xi's Vision for Transforming Global Governance: A Strategic Challenge for Washington and its Allies," *Texas National Security Review* 2, no. 1 (2018): 155–66.

Tooze, Adam, "The H-Word by Perry Anderson-Follow the Leader," *The Financial Times*, 28 April 2017, https://www.ft.com/content/2367a896-29b5-11e7-bc4b-5528796fe35c.

Toynbee, Arnold, *A Study of History Abridged and Illustrated*, Oxford: Oxford University Press, 1972.

Trachtenberg, Marc, *The Craft of International History*, New Jersey: Princeton University Press, 2006.

Trigkas, Vasilis, "Chimerica on Decline," *The Diplomat*, 4 May 2015, https://thediplomat.com/2015/05/chimerica-in-decline/.

Trigkas, Vasilis, "China Has Its DARPA but Does It Have the Right People?" *The Diplomat*, 9 August 2017, https://thediplomat.com/2017/08/china-has-its-darpa-but-does-it-have-the-right-people/.

Trigkas, Vasilis, "By Reaching out to Japan and Reassuring India, China Can Stop the Quad before It Even Starts," *The South China Morning Post*, 23 November 2018, https://www.scmp.com/comment/insight-opinion/asia/article/2174610/reaching-out-japan-and-reassuring-india-china-can-stop.

Trigkas, Vasilis, "Review of Unrivalled: Why America Will Remain the World's Sole Superpower by Michael Beckley," *International Affairs* 95, no. 3 (2019): 750–2.

Trigkas, Vasilis, "On Global Power Differentials, Moral Realism, and the Rise of China: A Review Essay," *Journal of Contemporary China* 29, no. 126 (2020): 950–63.

Trigkas, Vasilis, "R[eview of the Book: The Long Game: China's Strategy to Displace American Order by Rush Doshi," *Pacific Affairs* 95, no. 1 (2022): 132–4.

Tunsjø, Østen, *The Return of Bipolarity in World Politics: China, the United States, and Geostructural Realism*, New York: Columbia University Press, 2018.

Vogel, Ezra, "The Leadership of Xi Jinping: A Dengist Perspective," *Journal of Contemporary China* 30, no. 131, (2021): 693–6.

Wallerstein, Immanuel, *The Modern World System*, New York: Academic Press, 1974, 1980, 1989.

Walt, Stephen M., The *Origins of Alliances*, Ithaca: Cornell University Press, 1987.

Walt, Stephen M., "US Grand Strategy after the Cold War: Can Realism Explain it, Should Realism Guide it?" *International Relations Journal* 32, no. 1 (2018): 1–20.

Walt, Stephen M., "Afghanistan Hasn't Damaged US Credibility," *Foreign Policy*, 21 August 2021, https://foreignpolicy.com/2021/08/21/afghanistan-hasnt-damaged-us-credibility/.

Waltz, Kenneth W., *Man, the State, and War*, New York: Columbia University Press, 1954.

Waltz, Kenneth W., *Foreign Policy and Democratic Politics: The American and British Experience*, London: Longmans, 1968.

Waltz, Kenneth W., *Theory of International Politics*, New York: McGraw-Hill, 1979.

Waltz, Kenneth N., "Evaluating Theories," *American Political Science Review* 91, no. 4 (1997): 913–17.

Waltz, Kenneth W., "Structural Realism after the Cold War," *International Security* 25, no. 1 (2000): 5–41.

Wang, Shaoguang, "Representational and Representative Democracy," *Open Times*, 2014.

Warren, Aiden and Bartley, Adam, *US Foreign Policy and China: The Bush, Obama, Trump Administrations*, Edinburgh: Edinburgh University Press, 2021.

Waters, Richard, Hille, Kathrin, and Lucas, Louise, "Trump Risks a Tech Cold War," *Financial Times*, May 2019, pp. 25–6.

Webb, Michael C. and Krasner, Stephen D., "Hegemonic Stability Theory: An Empirical Assessment," *Review of International Studies* 15, no. 2 (1989): 184–6.

Weber, Cynthia, "Performative States," *Millennium Journal of International Studies* 27, no. 1 (1998): 77–95.

Weiss, Jessica C., "How Hawkish Is the Chinese Public? Another Look at 'Rising Nationalism' and Chinese Foreign Policy," *Journal of Contemporary China* 28, no. 119 (2019): 679–95.

Welch, Barbara, "Shortcut to Greatness: The New Thinking and the Revolution in Soviet

Foreign Policy," *International Organization* 57, no. 1 (2003): 77–109.

Wendt, Alexander, "The agent–structure problem in international relations theory," *International Organization* 41, no. 3 (1987): 335–70.

Wendt, Alexander, "Anarchy Is What States Make of It: The Social Construction of Power Politics," *International Organization* 46, no. 2 (1992): 391–425.

Wendt, Alexander, "Collective Identity Formation and the International State," *American Political Science Review* 88, no. 2 (1994): 388–92.

Wendt, Alexander, *Social Theory of International Politics*, New York: Cambridge University Press, 1999.

Westad, Arne, *The Global Cold War: Third World Interventions and the Making of Our Times*, Cambridge: Cambridge University Press, 2006.

Wight, Colin, *Agents, Structures and International Relations: Politics as Ontology*, Cambridge: Cambridge University Press, 2006.

Wolfers, Arnold, *Discord and Collaboration: Essays on International Politics*, Baltimore: The Johns Hopkins University Press, 1962.

Wong, Edward, "US vs. China: Why This Power Struggle Is Different," *The New York Times*, 27 June 2019.

World Bank, "Gross Domestic Product 2020," *World Development Indicators Database*, 1 July 2021, https://databank.worldbank.org/data/download/ GDP.pdf.

Wright, Thomas J., *All Measures Short of War*, New Haven: Yale University Press, 2017.

Wu, Guoguang, "The King's Men and Others: Emerging Political Elites under Xi Jinping," *China Leadership Monitor*, 1 June 2019, https://www.prcleader.org/wusummer.

Wu, Xinbo, "China in Search of a Liberal Partnership International Order," *International Affairs* 94, no. 5 (2018): 1017.

Xi, Jinping, "Secure a Decisive Victory in Building a Moderately Prosperous Society in All Respects and Strive for the Great Success of Socialism with Chinese Characteristics for a New Era, speech at the 19th National Congress of the Communist Party of China," 28 October 2017, https://www.xinhuanet.com/english/download/Xi_Jinping%27s_report_at_19th_CPC_National_Congress.pdf.

Xi, Jinping, 'Work Together to Build a Community of Shared Future for Mankind, speech at UN Office at Geneva," 19 January 2019, www.xinhuanet.com/english/2017-01/19/c_135994782.htm.

Xi, Jinping. "Working Together to Forge a New Partnership of Win-Win Cooperation," report at the 19th CPC National Congress, https://www.chinadaily.com.cn/m/qingdao/2017-11/04/content_34771557.htm.

Xu, Jin and Sun Xuefeng, "Tsinghua Approach and Directions of Chinese International Relations Researches," *Global Review* 6 (2014): 19–29.

Yan, Xuetong, "The Rise of China in Chinese Eyes," *Journal of Contemporary China* 10, no. 26 (2001): 36.

Yan, Xuetong, Daniel A. Bell and Sun Zhe (eds), Edmund Ryden (trans), *Ancient Chinese Thought, Modern Chinese Power*, Princeton: Princeton University Press, 2011.

Yan, Xuetong, "Why Is There No Chinese School of International Relations Theory," in *Ancient Chinese Thought, Modern Chinese Power*, Princeton: Princeton University Press, 2011.

Yan, Xueyong, "From Keeping a Low Profile to Striving for Achievement," *Chinese Journal of International Politics* 7, no. 2 (2014): 153–84.

Yan, Xuetong, "The Age of Uneasy Peace: Chinese Power in a Divided World," *Foreign Affairs* 98, no. 1 (2019): 46.

Yan, Xuetong, *Inertia of History: China and the World by 2023*, Newcastle: Cambridge Scholars Publishing, 2019.

Yan, Xuetong, "IR Moral Realism Epistemology," *India Quarterly: A Journal of International Affairs* 76, no. 2 (2020): 338–42.

Yan, Xuetong, "Xunzi's and Kautilya's Thoughts on Inter-state Politics," *Strategic Analysis* 44, no. 4 (2020): 299–311.

Yan, Xuetong and Mearsheimer, John, "Managing Strategic Competition," Tsinghua University Campus, 17 October 2019, https://mp.weixin.qq.com/s/rhxWW4OHIPMx79MceCnFdw.

Yan, Xuetong, Bell, Daniel A., Sun, Zhe (eds), and Edmund Ryden (trans), *Ancient Chinese Thought, Modern Chinese Power*, Princeton: Princeton University Press,

2011.

Yang, Dali L., "China's Long March to Freedom," *Journal of Democracy* 18, no. 3 (2007): 58–64.

Yang, Oran, "Political Leadership and Regime Formation: On the Development of Institutions in International Society," *International Organization* 45, no. 3 (1991): 285.

Yang, Qianru, "An Examination of the Research Theory of Pre-Qin Interstate Political Philosophy," in Yan, Xuetong, Bell, Daniel A. and Zhe, Sun (eds), *Ancient Chinese Thought, Modern Chinese Power*, Princeton: Princeton University Press, 2011.

Yang, Yuan, "Escape Both the 'Thucydides Trap' and the 'Churchill Trap': Finding a Third Type of Great Power Relations under the Bipolar System," *Chinese Journal of International Politics* 11, no. 2 (2018): 213–18, 229–33.

Zakaria, Fareed, "Realism and Domestic Politics: A Review Essay," *International Security* 17, no. 1 (1992): 177–98.

Zakaria, Fareed, *From Wealth to Power: The Unusual Origins of America's World Role*, Princeton: Princeton University Press, 1998.

Zhang, Denghua, "The Concept of 'Community of Common Destiny' in China's Diplomacy: Meaning, Motives and Implications," *Asia & the Pacific Policy Studies* 5, no. 2 (2018): 196–207.

Zhang, Feng, "The Rise of Chinese Exceptionalism in International Relations," *European Journal of International Relations* 19, no. 2 (2011): 310–22.

Zhang, Feng, "China's New Thinking on Alliances," *Survival* 54, no. 5 (2012): 129–48.

Zhang, Feng, "The Tsinghua Approach and the Inception of Chinese Theories of International Relations," *The Chinese Journal of International Politics* 5, no. 1 (2012): 73–102.

Zhang, Feng, "The Xi Jinping Doctrine of China's International Relations," *Asia Policy* 14, no. 3 (2019): 7–23.

Zhang, Feng and Lebow, Richard Ned, *Taming Sino-American Rivalry*, Oxford: Oxford University Press, 2020.

Zhang, Zhidong, "The 'Self-Strengthening' Movement in China, 1898," *Columbia*

*University Resources for Educators*, https://www.columbia.edu/cu/weai/exeas/resources/pdf/opium-self-strength.pdf.

Zhang, Zhidong, "The Concept of 'Community of Common Destiny'," *Asia & the Pacific Policy Studies* 5, no. 2 (2018): 196–207.

Zhao, Shuisheng, "A State-Led Nationalism: The Patriotic Education Campaign in Post-Tiananmen China," *Communist and Post-Communist Studies* 31, no. 3 (1998): 287–302, 535–53.

Zhao, Suisheng, "Xi Jinping's Maoist Revival," *Journal of Democracy* 27, no. 3 (2016): 83–97.

Zhao, Tingyang, "Rethinking Empire from a Chinese Concept 'all-under-Heaven'," *Social Identities* 12, no. 1 (2006): 29–41.

Zhen, Han and Paul, T.V., "China's Rise and Balance of Power Politics," *The Chinese Journal of International Politics* 13, no. 1 (2020): 1–26.

Zheng, Yongnian, "China's de facto federalism," in He, Baogang, Galligan, Brian, and Inoguchi, Takashi (eds), *Federalism in Asia*, Cheltenham: Edward Elgar, 2007: 213–41.

常健，殷浩哲. 国际领导地位新更替周期研究 [M]// 张骥. 国际领导：权力的竞争与共享（复旦国际关系评论第 27 辑）. 上海：上海人民出版社，2020:18–41.

陈奇猷. 韩非子新校注 [M]. 上海：上海古籍出版社，2000.

郭树勇. 国际关系：呼唤中国理论 [M]. 天津：天津人民出版社，2005.

黄怀信. 论语汇校集释 [M]. 上海：上海古籍出版社，2008.

钱穆. 中国文化史导论 [M]. 北京：商务印书馆，1994.

商务印书馆辞书研究中心. 新华词典（2001 年修订版）[M]. 北京：商务印书馆，2001.

尚书 [M]. 罗志野，英译，周秉钧，今译. 长沙：湖南人民出版社，1997.

世界知识出版社. 世界知识年鉴 1991/92 年 [M]. 北京：世界知识出版社，1992.

世界知识出版社. 世界知识年鉴 2004/2005[M]. 北京：世界知识出版社. 2005.

阎学通，徐进，等. 王霸天下思想及启迪 [M]. 北京：世界知识出版社，2009.

阎学通. 世界权力的转移：政治领导与战略竞争 [M]. 北京：北京大学出版社，2015.

俞沂暄. 超越霸权——国际关系中领导的性质及其观念基础 [M]// 张骥. 国际领导：

权力的竞争与共享（复旦国际关系评论第 27 辑）. 上海：上海人民出版社，2020:42–59.

布赞, 巴里. 英国学派及其当下发展 [J]. 李晨, 译. 国际政治研究, 2007(2):101–112.

蔡如鹏. 吹响中国学派的总号角 [J]. 中国新闻周刊, 2017(46):16–19.

陈志敏, 周国荣. 国际领导与中国协进型领导角色的构建 [J]. 世界经济与政治, 2017(3):15–34, 156–157.

黄伟合. 墨子的义利观 [J]. 中国社会科学, 1985(3):115–124.

姜辰蓉, 刘潇. 何尊：刻于"心中"的"中国"[N], 新华每日电讯, 2021-7-6(8).

徐坚. 以人类命运共同体理念为引领加强中国特色国际关系理论建设 [J]. 国际展望, 2021(5):2–6.

阎学通. 改革能力影响国家实力 [N]. 人民日报, 2016-10-16(5).

阎学通. 国际关系理论是普世性的 [J]. 世界经济与政治, 2006(2):1.

杨倩如. 汉匈西域战略成败的原因——兼论大国的对外战略导向与战略信誉 [J]. 国际政治科学, 2016, 1(3):53–90.

尹继武. 心理与国际关系：个体心理分析的理论与实践 [J]. 欧洲研究, 2004(1):65–79, 157.

# 索 引

(索引词后数字系本书页码)

## #

2008 年金融危机 financial crisis 2008 060, 136, 202

5G 网络 5G networks 278, 285

## A

阿尔都塞, 路易 Louis Althusser 067

阿尔基比阿德斯 Alcibiades 213

阿富汗 Afghanistan 044–046, 202, 320, 331, 332

阿拉斯加 Alaska 226

阿什利, 理查德 Richard Ashley 140

埃尔多安, 雷杰普·塔伊普 Recep Tayyip Erdoğan 079

埃科, 翁贝托 Umberto Eco 256, 264

艾利森, 格雷厄姆 Graham Allison 280, 293

爱 ai 162, 177

安德森, 佩里 Perry Anderson 196

安乐哲 Roger T. Ames 166–167

安明傅 Amitav Acharya 079, 100, 116, 363, 365, 368

安全困境 security dilemma 092, 255, 282–283, 342

奥巴马, 贝拉克 Barack Obama 008, 077, 149, 251, 261, 263, 278, 281, 310, 329, 357

奥根斯基, A. F. K. A. F. K. Organski 196, 222

奥努夫, 尼古拉斯 Nicholas Onuf 066

澳大利亚 Australia 200, 201, 252

## B

巴伯, 詹姆斯·戴维 James David Barber 012–013

巴博内斯, 萨尔瓦托雷 Salvatore Bab-

401

ones 035，036，042

巴迪，贝特朗 Bertrand Badie 256

《巴黎气候变化协定》 Paris Climate Change Agreement/COP 21Paris Treaty 252，286

《巴黎宣言》 La Déclaration de Paris: Une Europe en laquelle nous pouvions croire 256

巴斯卡尔，罗伊 Roy Bhaskar 069，073

巴西 Brazil 116，239，240，252

霸道（霸） badao (ba) 60，160，168，169，170，283，311

霸权 hegemony 011，021，023–025，037，079，097，110，111，117，144，149，171，191，201，212，217，221，222，223，233，235，240，245–255，257–263，265，279，280，282，311，312，319，322，323，324，325，332，352，344–345

霸权转移 hegemonic transition 193–197，208，209–211，219，221–222，224，230，231，331

柏拉图 Plato 015，232

拜登，乔 Joe Biden 015，024，045，077，080，088，099，134，135，149，200，204，228，264，274，278，285，287–288，320，332，333

霸权国 hegemon 007–008，020，038，041，043，102，106，143，176，196，199，222，286，324，334，352

霸权稳定 hegemonic stability 010，092，254

霸权型（国际领导） hegemonic inter-state leadership 018，024，040，043，076，109–111，129，144，172，180，258–263，283–284，311，324–325

班农，史蒂夫 Steve Bannon 241

鲍莫尔，威廉·J. William J. Baumol 219

北约（北大西洋公约组织） NATO (North Atlantic Treaty Organization) 045，046，048，098，099，110，180–181，200，241，243，262，288，329，343，353

北约盟约第五条 Article 5 (NATO) 288

贝淡宁 Daniel A. Bell 026

贝克利，迈克尔 Michael Beckley 197–198，199–200，221，222，223，224，225

本体论 ontology 002，008，021，023，034，057，061，065-069，072，078，085，203，206，216，227，363

庇提娅 Pythia 191

波尔波拉，道格拉斯·V. Douglas V.

Porpora　066

波兰　Poland　045, 099, 243, 256, 262

波里比阿　Polybius　233

波普尔，卡尔　Karl Popper　070

波斯（帝国）　Persian Empire　191, 211, 212

伯里克利　Pericles　213, 233, 234

伯罗奔尼撒邦联　Peloponnesian confederate　217

伯罗奔尼撒战争　Peloponnesian War　213, 234, 280

伯罗奔尼撒同盟　Peloponnesian league　247

伯纳姆，詹姆斯　James Burnham　223

伯努瓦，阿兰·德　Alain de Benoist　256

勃兰特，威利　Willy Brandt　252

博比奥，诺贝尔托　Norberto Bobbio　256

博尔顿，约翰　John Bolton　286

博索纳罗，雅伊尔　Jair Bolsonaro　252

《不扩散核武器条约》　Non-Nuclear Proliferation Treaty

布迪厄，皮埃尔　Pierre Bourdieu　256

布尔，赫德利　Hedley Bull　011, 241

布雷顿森林会议　Bretton Woods conference　259

布雷顿森林体系　Bretton Woods institutions　244, 250, 261

布林肯，安东尼　Antony Blinken　88

布罗代尔，费尔南　Fernand Braudel　253

布罗斯特伦，詹尼卡　Jannika Brostrom　064

布什（老），乔治·H. W.　George H. W. Bush　263, 310

布什（小），乔治·W.　George W. Bush　077, 242, 261, 263, 281, 305, 310, 328

布赞，巴里　Barry Buzan　037, 364–365

部分-整体　parts-whole　057

C

朝鲜　Democratic People's Republic of Korea (DPRK)　315

常健　Chang Jian　011

陈祖为　Joseph Chan　166

陈志敏　Chen Zhimin　011

楚庄（王）　King Zhuang of Chu　170

创业型领导　entrepreneurial leadership　010, 012

春秋（时期）　Spring and Autumn period　014, 229

D

戴蒙德，贾雷德·M.　Jared M. Diamond　010

单极　unipolarity　019, 048, 096, 133,

索 引　　　　　403

200，204，205，218，222，228，305，326，341，347，353

道 *dao* 176

道德律 moral law 162

道德实在论 moral realism 016，081

道德义务 moral obligation 169，173，177

道德哲学 moral philosophy 160，161，162，163，183

德布雷，雷吉斯 Regis Debray 256

德尔斐神谕 Delphic Oracle 191

德国 Germany 043，115，235，256，303，305，306，318，327，354

德斯勒，戴维 David Dessler 066

邓小平 Deng Xiaoping 043，098，202，224，234，367

狄奥多图斯 Diodotos 234

迪安，马泰奥 Matteo Dian 036，040

第21届联合国气候变化大会（巴黎气候大会） 21st United Nations Climate Change Conference (Paris COP 21) 252

第三次世界大战 World War III 281

东地中海 Eastern Mediterranean 191

东盟（东南亚国家联盟） ASEAN (Association of Southeast Asian Nations) 087，201，252

东南亚 South East Asia 226，260，285

东欧 Eastern Europe 099，181，200，216，226，259

东亚 East Asia 119，226，279，280，281，283，289

杜金，亚历山大 Alexander Dugin 256

杜特尔特，罗德里戈 Rodrigo Duterte 079

对外政策分析 foreign policy analysis (FPA) 068，128

敦巴顿橡树园会议 Dumbarton Oaks conference 259

多边主义 multilateralism 47，251，255，265，284，333

多蒂，罗克珊 Roxanne Doty 067

多极 multipolarirty 116，205，222，239，240，241，2，260，265，305，326，327，357

E

俄罗斯 Russia 023，045，046-047，048，099，133，180，181，200，225，239，240，241，252，256，260，275，288，327，353，358

另见苏联

二元论理论 dualist theory 008，071，344

二战（第二次世界大战） WWII (World War II) 011，080，098，109，117，

244，256，277，288，311，321，352

## F

法 fa 164

法国 France 107，223，244，253，256，277，303，306，318，327，354

法家 legalism 164，366

范式 paradigm 008，021，036，050，132，206，221，255，256，257，327，367

范亚伦 Aaron Friedberg 097

非从属 non-subordinate 013，306

非主流性取向群体（女同性恋者、男同性恋者、双性恋者、跨性别者、非异性恋者 / 疑性恋者、间性人及无性恋者） LGBTQIA+ (Lesbian, Gay, Bisexual, Transgender, Queer/Questioning, Intersex and Asexual+) 333

非组织 non-organizational 014

菲律宾 Philippines 079

费伦，詹姆斯 James Fearon 071

分析层次 level of analysis 001，010，014，020，024，057，064，068，070，126，193，203，205，206，227，230，275，303，304，352

芬基尔克罗，阿兰 Alain Finkielkraut 256

芬兰 Finland 099

芬尼莫尔，玛莎 Martha Finnemore 105，106

弗劳尔，哈丽雅特 Harriet Flower 223

福山，弗朗西斯 Francis Fukuyama 244，354

## G

格拉奇科夫，叶夫根尼·N. Yevgeny N. Grachikov 035

格鲁吉亚 Georgi 181，260

葛兰西，安东尼奥 Antonio Gramsci 067，246–249，254，262，266

个体层次变量 unit-level variable 203，205，208，331

公共物品 public goods 007，008，108，117，148，249–250，251，254，260，262，315–316

功利主义 utilitarianism 162–163，210，234

共产主义 communism 135，220，333，366

古典现实主义 classical realism 058–059，060，061，069，111，113，128，131，132，160，175，182，205，208，209，228，229，232，252，273，322，365

关税与贸易总协定（关贸总协定）General Agreement on Tariff and Trade (GATT) 117, 259

管仲（管子）Guan Zhong (Guanzi) 015, 095, 113, 191, 246, 254

国际规范 international norms 001, 016, 017, 040, 057, 065, 087, 096, 101, 104, 105–106, 108–109, 125, 129, 131, 138, 140, 144–145, 147, 172, 174, 180, 203, 250, 259, 274, 282, 283, 287, 288, 314, 321, 323, 324–325, 329, 334, 352, 353

国际货币基金组织 International Monetary Fund (IMF) 148, 244, 259, 261

国际权威 international authority 061, 198, 199, 217, 250, 289

国际秩序 international order 001, 002, 017, 019, 022, 040, 044, 047, 048, 059, 060, 065, 076, 080, 081, 093, 096, 101, 104, 106, 108, 109, 111, 112, 117, 125, 126, 128, 133, 134, 136, 137, 143, 147–149, 150, 151, 154, 172, 224, 244, 247, 252, 253, 321–323, 334, 343, 353

国际组织 international institutions 041, 071, 148, 313, 323

国家利益 national interests 020, 021, 024, 036, 059, 063, 064, 072, 092, 093, 095, 101, 102–105, 107, 111, 113, 114, 130–132, 138, 139, 146, 148, 160, 174, 175, 177, 181, 194, 229, 252, 286, 304, 307, 308, 324, 325, 329

国家认同 state identity 036, 103, 108, 111

国内领导（国家领导）domestic leadership (state leadership) 002, 014, 017, 018, 022, 025, 043, 044, 045, 064, 074, 075, 076, 095, 096, 112, 114, 126, 129, 130, 137, 141, 142–144, 150, 1741, 179, 216, 229, 301, 302–309, 303, 308, 312, 315, 316, 319, 326, 328, 329, 330, 331, 333, 334, 345

国内生产总值 Gross Domestic Product (GDP) 327

H

哈贝马斯，尤尔根 Jürgen Habermas 242, 256

哈金，伊恩 Ian Hacking 069

哈斯纳，皮埃尔 Pierre Hassner 256

海湾战争 Gulf War 317

韩非子 Hanfeizi (Han Fei) 015，164

韩国 Republic of Korea (ROK) 077，087，251，277，288

合法性 legitimacy 010，011，014，017，174，199，213，216，217，304–305，306，329，334，343

何艾克 Eric L. Hutton 168，185

何尊 He Zun 366

荷兰 Holland 253，256

赫尔曼，玛格丽特·G. Margaret G. Hermann 012

赫希曼，阿尔伯特 Albert Hirschman 220

黑格尔，格奥尔格 George Hegel 139，180

亨廷顿，塞缪尔·P Samuel P. Huntingdon 079，218

后喻文化 post-figurative culture 354，355

后主权主义 post-sovereignism 256

胡佛，赫伯特 Herbert Hoover 077

华尔兹，肯尼思 Kenneth Waltz 023，067–068，092，101，102，105，114，115，125，196，203，205，206，219，220，221，227，232，249，252，253，323，341，347，353，358

华盛顿，乔治 George Washington 310

华为 Huawei 278，354

华约（华沙条约组织） Warsaw Pact 216，262，347

怀特，科林 Colin Wight 066，083

黄义杰 Yih-Jye Hwang 035，042

昏庸 anemocracy 111

昏庸型（国际领导） anemocractic inter-state leadership 018，043，076，109，112，129，144，180，258，59，264，268，345，

霍布斯，托马斯 Thomas Hobbes 015，059，145

霍布斯文化 Hobbesian culture 106，108

J

基督教 Christian 161，162，167，256

基欧汉，罗伯特 Robert Keohane 066，249，250，254

基辛格，亨利 Henry Kissinger 228，279

吉尔，斯蒂芬 Stephen Gill 246，248

吉尔平，罗伯特 Robert Gilpin 092–093，101，111，115，194，196，199，219，220，222，246，252–253，254，279

吉纳特，罗伯特 Robert Ginnett 302

加尼，穆罕默德 Mohammad Ghani

044–046

建构主义 constructivism 021，022，026，063，066，069–072，085，091–094，100–107，110–112，118，126，130，132，201，206，249，314，322，365

角色伦理 role ethics 022，160，161，166–167，168，179–180，183

江忆恩 Alastair Iain Johnston 119

杰维斯，罗伯特 Robert Jervis 227，230

结构决定论 structural determinism 059，078，253

结构马克思主义者 structural Marxist 067

结构型领导 structural leadership 010，012

结果论 consequentialism 022，160，161，162–163，165，167，177，181，183

捷克斯洛伐克 Czechoslovakia 259

《解放宣言》 Emancipation Proclamation 310

金德尔伯格，查尔斯 Charles Kindleberger 010，117，250

金里奇，纽特 Newt Gingrich 282

金宪俊 Hun Joon Kim 039

晋文（公） Duke Wen of Jin 170

经济互助委员会（经互会） Council for Mutual Economic Assistance (COMECON) 262

经济全球化 economic globalization 240

居鲁士 Cyrus 191

崛起国 rising state 008，012，018，020，038，041，064，074，076，078，096，101，102，111，114，125，127，128，130，143，144，146，154，180，193，196，199，222，274，277，279，280，324，342，343，344，352

君子 junzi 075，162，165，176

K

卡尔，E. H E. H. Carr 128，139，224，247

卡根，罗伯特 Robert Kagan 241，261

卡莱尔，托马斯 Thomas Carlyle 207

卡莱特，莉萨 Lisa Kallet 233

卡普兰，莫顿 Morton Kaplan 249

卡钦斯基，雅罗斯瓦夫 Jaroslaw Kacynski 256

卡赞斯坦，彼得·J. Peter J. Katzenstein 034，038

凯南，乔治 George Kennan 131,235

康德，伊曼努尔 Immanuel Kant 107，108，110，145，162，180，244

康德式民主国家 Kantian democratic

states 111

考茨基，卡尔 Karl Kautsky 248

考底利耶 Kautilya 209，356

考夫曼，S. J. S. J. Kaufman 356

考克斯，罗伯特 Robert Cox 246，254

柯菲，戈登 Gordon Curphy 302

柯庆生 Thomas J. Christensen 230

科索沃 Kosovo 048

克劳塞维茨，卡尔·冯 Carl von Clausewitz 217

克里昂 Cleon 234

克里斯滕森，P. M. P. M. Kristensen 049

克林顿，比尔 Bill Clinton 043，261，263，305，310，328，343

克鲁兹，特德 Ted Cruz 204

克罗伊斯 Croesus 191

肯尼迪，保罗 Paul Kennedy 116，196，219

肯尼迪，约翰·F. John F. Kennedy 046，047，249

孔子 Confucius (Kongzi) 015，060，074，075，112，162，169，176，178

恐怖主义 terrorism 240，311，312

库恩，菲利普 Philip Kuhn 197

库格勒，亚采克 Jacek Kugler 222

库普乾，查尔斯 Charles Kupchan 108

跨大西洋贸易与投资伙伴关系（《跨大西洋贸易与投资伙伴关系协定》） Transatlantic Trade and Investment Partnership (TTIP) 108，251，263

跨太平洋伙伴关系（《跨太平洋伙伴关系协定》） Trans-Pacific Partnership (TPP) 108，149，251，263，286

L

拉贾戈帕兰，拉杰什 Rajesh Rajagopalan 003，121，349–355

莱克，戴维 David Lake 011

老子 Laozi 015

勒博，理查德·内德 Richard Ned Lebow 175

勒庞，玛丽娜 Marine Le Pen 256

冷战（美苏冷战） Cold War (US-Soviet Cold War) 024，043，048，107，133，135，137，147，192，216，228，239，243，244，250，258，259，260，261，262，273，274，275–276，277，279，281，284，289，311，312，316，318，322，324，325，344，353，354，357

冷战后（后冷战） post-Cold War 043，060，079，180，192，193，244，260，305，310，320，322，324，353

礼 li (rites of propriety) 100，167，176，179，180

里根，罗纳德　Ronald Reagan　077，262

里塞-卡彭，托马斯　Thomas Risse-Kappen　103

利比亚　Libya　048，240

利特尔，R.　R. Little　356

例外论　exceptionalism　039–040，049

联合公民诉联邦选举委员会案　Citizens United case　198

联合国　United Nations (UN)　046，078，117，148，215，244，252，259，261，262，284，303，317，318，321，329，352

联合国安理会（联合国安全理事会）UN Security Council　046，303，318，329

联合国安理会五个常任理事国（联合国五常）Permanent Five (F5)　046，303

联合国大会　UN General Assembly　284

联合国儿童基金会　UN International Children's Emergency Fund (UNICEF)　262

联合国教科文组织（联合国教育、科学及文化组织）UNESCO (UN Educational, Scientific and Cultural Organization)　262

联合国开发计划署　UN Development Programme (UNDP)　262

《联合国宪章》UN Charter 1945　117，259

两国集团　G2　241

两极　bipolariy　019，023，038–039，079，096，116，133–135，137，147，197，198，205，222，239–242，245，259，261，265，273，275，305，325，326–327，328，344，347，353，357

林肯，亚伯拉罕　Abraham Lincoln　310

零和　zero-sum　053，111，242，276，280，289，348

领导困境　leadership dilemma　007，008

领导类型　leadership types　001，016，017–018，043，045，046，064–065，074，077，142，145，246，258，261，262，263，301，309，311–312，321，323，331，332，333，334，335，345，346，349，350，352

卢梭，让-雅克　Jean-Jacques Rousseau　015

鲁吉，约翰·杰勒德　John Gerard Ruggie　268

鲁鹏　Lu Peng　042

罗米伊，雅克利娜·德　Jacqueline de Romilly　214

罗思文　Henry Rosemont Jr　166–167

罗斯福，富兰克林·D.　Franklin D. Roosevelt (FDR) 043，063，077，098，109，174，249，259，261，303，310，321

罗斯福，西奥多 Theodore Roosevelt 327

洛克，约翰 John Locke 015，145，244

洛克文化 Lockean culture 107，108

伦肖恩，斯坦利·艾伦 Stanley Allen Renshon 234

吕底亚帝国 Lydian Empire 191

## M

马基雅维里，尼科洛 Niccolò Machiavelli 138，223

马基雅维里主义 Machiavellianism 138

马克龙，埃马纽埃尔 Emmanuel Macron 243，305

马克思，卡尔 Karl Marx 015

马克思主义 Marxism 024，220，248，253，367

马歇尔计划（1947—1957年） Marshall Plan (1947–57) 259

麦卡锡主义 McCarthyism 260

毛泽东 Mao Zedong 043，254，259

茂木敏充 Toshimitsu Motegi 088

梅洛斯大屠杀 Massacre in Melos 213

美德伦理 virtue ethics 022，160，161，164–166，168，169，170，176，177，179，183

美国国防部 US Defense Department 282

美国国务院 US State Department 087，287

美国商务部 US Commerce Department 278

美国最高法院 Supreme Court (US) 198

门罗主义 Monroe Doctrine 280

孟德斯鸠，夏尔·德·塞孔达 Charles de Secondat Montesquieu 244

孟子 Mencius (Mengzi) 015，060，075，162，165，178，311

米尔斯海默，约翰 John Mearsheimer 047，203，228，280

民粹主义 populism 136，242，255，256，333，334

民粹主义领导 populist leadership 007，008，323

民主 Democracy 007，026，045，079，100，103，107，108，110，136，192，193，195，197，198，200，205，218，219，220，233，234，241，244，257，260，284，287，314，324，329，333，354

民主党 Democrats 098

民族学 ethnology 367

民族主义 nationalism 012，202，226，227，241，243，255–257，331，

索 引 411

333，366

明代　Ming Dynasty　102

摩尔多瓦　Moldova　260

摩根索，汉斯·J.　Hans J.Morgenthau　059，111，113，128，131，139，175，365

莫德尔斯基，乔治　George Modelski　196

莫迪，纳伦德拉　Narendra Modi　241，350

莫劳夫奇克，安德鲁　Andrew Morarcsik　227

墨家　Mohism　163，164，366

墨索里尼，贝尼托　Benito Mussolini　256

墨子　Mozi　015，163，164，

默克尔，安格拉　Angela Merkel　263，305

牧野之战　War of Muye　112

慕尼黑安全会议（2021）　Munich Security Conference (2021)　288

穆迪，彼得　Peter Moody　218

## N

纳粹　Nazism　043，128，216，258

纳弗，塞缪尔　Samuel Knafo　057

奈，约瑟夫　Joseph Nye　009，010，012，020，022，063，063，079，174，175，203，231，350

南海　South China Sea　201，281

南美洲　South America　260，264

南斯拉夫　Yugoslavia　259

南亚　South Asia　285，319

尼布尔，莱因霍尔德　Reinhold Niebuhr　059

尼尔，帕特里克　Patrick Neal　059

尼尔森，R. T.　R. T. Nielsen　049

尼克松，理查德　Richard Nixon　249

尼克松图书馆　Nixon Library　135

倪宁灵　Nele Noesselt　033，036

逆全球化　deglobalization　003，322，323

诺思，道格拉斯　Douglass North　115，267

## O

欧尔班·维克托　Orbán Vikto　079，256

欧共体（欧洲共同体）　EC (European Community)　261

欧盟（欧洲联盟）　EU (European Union)　023，048，110，239，240，241，251，252，254，255-256，260，261，263，267，288，303，316

《欧盟-南方共同市场协议》　EU-Mercosur agreement　252

《欧盟绿色协议》 EU Green deal 252, 267

欧洲协调 Concert of Europe 255

## P

帕萨尼亚斯 Pausanias 212

帕森斯，塔尔科特 Talcott Parsons 249

潘兴导弹 Pershing Euro missiles 262

庞德，埃兹拉 Ezra Pound 256

佩里，伊丽莎白 Elizabeth Perry 221

佩洛西，南希 Nancy Pelosi 204, 282, 283

彭慕兰 Kenneth Pomeranz 115

蓬佩奥，迈克 Mike Pompeo 135

普遍主义 universalism 160

普京，弗拉基米尔 Vladimir Putin 045, 046, 047, 048, 129, 181, 260,

普鲁塔克 Plutarch 233, 247

普特南，罗伯特 Robert Putnam 227

## Q

齐桓（公） Duke Huan of Qi 043, 170, 191

启蒙 Enlightenment 162

强权 tyranny 101, 109, 111, 129, 144, 145, 245, 246, 247, 248, 253, 254, 258, 260, 261, 284

强权型（国际领导） tyrannical inter-state leadership 018, 043, 076, 109, 111, 129, 143, 144, 180, 258, 259, 274, 345

秦朝 Qin Dynasty 043

秦亚青 Qin Yaqing 034, 035, 049, 248, 249, 253, 255, 365

情境型领导 situational leadership 012

丘吉尔，温斯顿 Winston Churchill 303, 310

《区域全面经济伙伴关系协定》 Regional Comprehensive Economic Partnership (RCEP) 251

去全球化 counter-globalization 003, 007, 323

权力结构 power structure 001, 007, 014, 015, 025, 064, 065, 076, 105, 203, 304, 321, 322, 323

权力均衡 power balances 012

权力转移理论 power transition theory 073, 219, 222, 274, 279, 280

权威 authority 014, 061, 073, 168, 224, 235, 247, 248, 250, 261, 262, 283, 284, 287, 289, 343

另见王道、国际权威

全面联合行动计划 Joint Comprehensive Plan of Action 286

《全面与进步跨太平洋伙伴关系协定》 Comprehensive and Progressive Agreement for Trans-Pacific Partnership (CPTPP) 251，263

全球国际关系理论 global international relations theories (GIR) 100，363

全球化 globalization 048，130，147，240，274，276，277，290，310，324，244

## R

人权 human rights 048，110，117，145，243，283，310，314

仁 ren 075，100，113，162，164，166，167，176，177，178

日本 Japan 023，077，088，116，200，201，239，240，241，251，258，277，286，288，318，327，346，353，354，358

儒家 Confucianism 022，091，099，100，110，111，112，159，160，162，165，166，167，170，175，176–180，182，183，246，284，366

阮，A. T. A. T. Nuyen 179

瑞典 Sweden 099

## S

萨尔维尼，马泰奥 Matteo Salvini 256

塞密斯托克利斯 Themistocles 023，211，212，213，233，234

赛什，安东尼 Antony Saich 221

三角模型 Triangular Model 011

色诺芬 Xenophon 233，247

沙普夫，弗里兹 Fritz Scharpf 257

商（朝） Shang Dynasty 060，109

上海合作组织 Shanghai Cooperation Organization 288

社会达尔文主义 social Darwinism 114

社会主义 socialism 220，276，366

身份危机 identity crisis 243

圣人 sage (sheng ren) 165，176

圣王 sage king 176

施动者–结构 agent-structure 021，057–058，065–066，068，071，078，079

施罗德，保罗 Paul Schroeder 356

施米特，卡尔 Carl Schmitt 257

施特雷克，沃尔夫冈 Wolfgang Streeck 257

时殷弘 Shi Yinhong 049

史密斯，诺亚 Noah Smith 077

世界贸易组织 World Trade Organization (WTO) 108，117，148，259，260，261，316，328

《世界人权宣言》 Universal Declaration of Human Rights 117

世界卫生组织 World Health Organization (WHO) 007，262

世界银行 World Bank (WB) 117，148，

259,261

恕 shu 178

斯巴达 Sparta 212,234,247,280

斯大林,约瑟夫 Joseph Stalin 248,259,303,310

斯德哥尔摩国际和平研究所 Stockholm International Peace Research Institute (SIPRI) 240

斯蒂格利茨,约瑟夫 Joseph Stiglitz 258

斯多葛派 Stoic thought 161

斯洛特,迈克尔 Michael Slote 179

斯皮内利,阿尔蒂耶罗 Altiero Spinelli 256

四方安全对话 Quadrilateral Security Dialogue (QUAD) 077,241,251

宋明理学 Neo-Confucians 095,102,114,178

苏格拉底 Socrates (Σωκράτης) 015

苏联(苏维埃社会主义共和国联盟) Soviet Union (Union of Soviet Socialist Republics, USSR) 046,095,098,135,216,217,235,243,248,250,254,258,259,262,263,276,318,325,347
　　另见俄罗斯

苏联的马列主义 Soviet Marxism-Leninism 276

T

塔利班 Taliban 046,320

台湾海峡 Taiwan Strait 283

太平洋 Pacific Ocean 201,226,251

谭德塞 Tedros Adhanom Ghebreyesus 007

汤因比,阿诺德 Arnold Toynbee 196

唐太宗 Emperor Taizong of the Tang Dynasty 074,075

特朗普,唐纳德 Donald Trump 008,021,043

特朗普主义 Trumpism 204

提洛同盟 Delian League 212,247

图尔奇诺夫,亚历山大 Oleksandr Turchynov 045

土耳其 Turkey 079,275

推 tui 178

W

万隆会议十项原则 Bandung principles 257

王道 humane authority (*wangdao*/*wang*) 039,041,060,076,160,168,169,172,175,180,201,283,311,312,

王道型(国际领导) humane authority interstate leadership 018,026,040,041,043,076,091,109,111,

索引　　　　　　　　　　　　　　　　　　　　　　　　　　　　　　　　　　　415

112，129，130，131，134，142，143，144，146，150，151，172，180，251，252，259，260，261，262，274，283，284，287，311，344，345，346，348

王阳明　Wang Yangming　102

威　wei　170

《威斯特伐利亚和约》　Treaty of Westphalia　106，107

微观-宏观　micro-macro　057

韦伯，马克斯　Max Weber　015，104，115，342

唯物主义　materialism　126，130，131，193

唯心主义　ideationalism　126，130，131，132

维尔德斯，海尔特　Geert Wilders　256

维拉萨，吉列尔梅　Guilherme Vilaça　041

委内瑞拉　Venezuela　240

温特，亚历山大　Alexander Wendt　068–069，070，071，072，104，106，107，108，110，111，145

文明　civilization　041，099，100，118，192，209，216，245，255，265

翁弗雷，米歇尔　Michel Onfray　256

沃尔弗斯，阿诺德　Arnold Wolfers　138

沃尔福思，W. C.　W. C. Wohlforth　356

沃尔特，斯蒂芬　Stephen Walt　225

沃勒斯坦，伊曼纽尔　Immanuel Wallerstein　067，248，253，254

沃伦，伊丽莎白　Elizabeth Warren　204

乌克兰　Ukraine　044–045，046，080，134，181，260，288

无政府　anarchy　013，018，026，043，072，076，092，093，094，101，102，103，106，109，112，130，139，145，174，241，273，280，302，304，305，306，309，318，322，329

阖闾（吴王）　King Helü of Wu　170

X

西金克，凯瑟琳　Kathryn Sikkink　105，106

西蒙，赫伯特　Herbert Simon　115

西周　Western Zhou Dynasty　043，366

希伯来-基督教概念　Hebrew-Christian conception　162

希腊（古）　Ancient Greece　023，166，191，193，194，210–215，231，232，233，254

希腊语　Hellenic　235，247，268，311

希罗多德　Herodotus　191，247

希特勒，阿道夫　Adolf Hitler　043，258

狭隘主义　parochialism　209，356

夏（朝） Xia Dynasty 060

先秦 Pre-Qin 014–015, 037, 038, 040, 042, 043, 060, 129, 150, 210, 214, 273

小岛屿国家联盟 Alliance of Small Island States (AOSIS) 078

效用最大化 utility maximizers 069, 093, 093, 101

谢淑丽 Susan Shirk 098

《芯片和科学法案》 CHIPS and Science Act 279

辛格，J. 戴维 J. David Singer 227

辛格，罗伯特·S. Robert S. Singh 077

辛格，曼莫汉 Manmohan Singh 351

新古典现实主义 neoclassical realism 023, 131, 193, 205–208, 209, 229, 230, 342

新冠疫情（新型冠状病毒疫情） COVID-19 pandemic (Coronavirus Disease 2019 pandemic) 007, 134, 135, 136, 286, 287, 307

新教 Protestantism 115

新经济论坛 New Economy Forum 279

新开发银行 New Development Bank 260, 288

新马克思主义者 neo-Marxist 067

新权威主义 neo-authoritarianism 366

新西兰 New Zealand 252

新现实主义 neorealism 021, 024, 059, 067, 068, 069, 091–096, 100–103, 105, 111, 118, 125, 209, 222, 246, 249, 253, 322, 358

新制度主义 neo-institutionalism 024, 249, 253

新自由主义 neoliberalism 067, 092, 093, 108, 244, 322

信 xin 022, 023, 169, 170–173, 180, 181

行为主义 behaviourism 065

匈奴 Hun Empire 313

匈牙利 Hungary 079, 243, 256

休谟，大卫 David Hume 166

休斯，理查德 Richard Hughes 302

修昔底德 Thucydides 023, 210–214, 229, 232, 233, 234, 247, 280, 293

徐进 Xu Jin 037, 042

叙利亚 Syria 048, 226, 240

荀子 Xunzi 015, 022, 043, 060, 074, 109, 117, 129, 159, 160, 168–173, 176–177, 180, 181, 182, 209, 213, 214, 215, 246, 254, 311, 314, 356

Y

雅典 Athens 023, 211–214, 217, 233,

索 引 417

234，235，247，280

雅恩，贝亚特　Beate Jahn　035，036

雅尔塔会议　Yalta Conference　303，310

雅尔塔体系　Yalta system　065

亚里士多德　Aristotle　015，165

亚太（地区）　Asia-Pacific region　251，263，281，282

亚洲基础设施投资银行（亚投行）Asian Infrastructure Investment Bank (AIIB)　108，260，288

扬，奥兰　Oran Yang　010，012

"一带一路"倡议　Belt and Road Initiative (BRI)　215，252，260，267，284，285

一战（第一次世界大战）　WWI (World War I)　279，352

伊肯伯里，G. 约翰　G. John Ikenberry　010，012，108，148，154，218，251，258，264

伊拉克　Iraq　048，202，228，317

伊朗　Iran　104，226，240，243

伊斯顿，戴维　David Easton　249

伊索克拉底　Isocrates　214，233

义　yi　022，167，168–172，176，185

义务论　Deontology　022，160，161–162，165，167，169，170，172，173，177，180，183

意大利　Italy　223，243，256

意大利马克思主义　Italian Marxism　024，253

殷浩哲　Yin Haozhe　011

印度　India　023，116，200，201，210，239，240，241，264，275，315，344，346，350，351，353，354，356，357，358

印度尼西亚　Indonesia　200，201

印太（地区）　Indo-Pacific region　087，088，099，282，344，346，350

印太战略框架　Indo-Pacific strategic framework　077

英国　Britain (UK)　097，104，226，230，235，244，253，277，318，327，354，364

英国脱欧　Brexit　136，242，256，260

英国学派　English School　036，066，147，241，364，365

嬴政　Ying Zheng　043

俞沂暄　Yu Yixuan　011

越南　Vietnam　200，249，251，262，346

Z

Z世代　Generation Z　354

泽连斯基，弗拉基米尔　Volodymyr Zelenskyy　044–046，129

扎卡里亚，法里德　Fareed Zakaria　097

战国（时期）Warring States period 014, 229
战略诚信 zhanlüe chengxin 168, 169, 284
张勇进 Yongjin Zhang 034, 035, 038, 039
正义 righteousness 016, 112, 160, 163, 164, 165, 167, 168, 177, 182, 185, 186, 314
政策主权 policy sovereignty 011
政府道义 governmental morality 018, 063, 083, 138, 140, 160, 174, 177, 313–314
政治决定论 political determinism 014, 015, 141, 194, 195
政治能力 political capability 128, 193, 343
政治心理学 political psychology 012–013, 074, 208, 231, 331
政治制度 political institutions 038, 061, 074, 136, 141, 197, 198, 218, 234, 276, 309, 327, 328, 329
制度型领导 institutional leadership 012
制度主义 institutionalism 192, 246, 364
智力型领导 intellectual leadership 010, 012
中等收入陷阱 middle income trap 278

中东 Middle East 080, 201, 202, 204, 205, 226, 241, 252, 285
中国共产党 Chinese Communist Party (CPC) 215, 221, 280, 284
中国国际关系理论 Chinese IR Theories (Chinese IRTS) 033, 034, 035, 036, 037, 038, 039, 042, 049, 159, 183, 363, 365
中国学派 Chinese School (CS) 003, 020, 033–040, 042, 049, 363–368
中国中心主义 Sinocentrism 020, 042, 049
中亚 Central Asia 201, 285, 313
种族中心主义 ethno-centric 100
周（朝）Zhou Dynasty 043, 060, 109, 112, 258
周国荣 Zhou Guorong 011
《周礼》Zhou rites 109
轴心时代 Axial Age 209
主权 Sovereignty 048, 107, 138, 147, 148, 255, 257, 258, 281, 282
主体间性 inter-subjectivity 248
准冷战 quasi-Cold War 260
资本主义 capitalism 115, 198, 248, 253, 261, 262, 276, 366
自然法 natural law 162
自然法则 law of nature 162

本书系国家社会科学基金重大项目
"新时代下国际领导力研究"(项目批准号:21&ZD167)的部分成果